高职高专系列教材

统计学原理与实务

主　编　瞿孙平

副主编　于云波　俞　林

参　编　蒋宏成　蒋红华

主　审　周桂瑾

机械工业出版社

本书系统地介绍了统计思想、统计理论和统计方法,以"什么是统计学→数据从哪里来→数据如何整理→数据如何分析"为主线安排章节的编写,结合常用的统计软件 Excel 和 SPSS 讲解统计工作的实施,具有很强的实践操作性,使统计工作从繁重、复杂的计算中解脱出来,变得轻松有趣、形象直观。每章附有本章小结、主要公式、练习与案例分析和实践训练项目,供读者巩固和扩展所学知识。

本书配有电子课件、练习题答案、案例数据、统计软件操作视频等教学配套资源。本书既适合作为管理学、经济学等专业高职高专学生的教材使用,也可供从事统计实践工作的各类人员自学使用。

图书在版编目(CIP)数据

统计学原理与实务/瞿孙平主编. —北京:机械工业出版社,2018.3
(2022.8 重印)
高职高专系列教材
ISBN 978-7-111-59387-4

Ⅰ. ①统… Ⅱ. ①瞿… Ⅲ. ①统计学—高等职业教育—教材
Ⅳ. ①C8

中国版本图书馆 CIP 数据核字(2018)第 047804 号

机械工业出版社(北京市百万庄大街 22 号 邮政编码 100037)
策划编辑:孔文梅 责任编辑:董宇佳 徐永杰 孔文梅
责任校对:张晓蓉 封面设计:鞠 杨
责任印制:常天培

北京机工印刷厂有限公司印刷

2022 年 8 月第 1 版第 2 次印刷
184mm×260mm · 16.75 印张 · 407 千字
标准书号:ISBN 978-7-111-59387-4
定价:49.00 元

电话服务 网络服务
客服电话:010-88361066 机 工 官 网:www.cmpbook.com
　　　　　010-88379833 机 工 官 博:weibo.com/cmp1952
　　　　　010-68326294 金 书 网:www.golden-book.com
封底无防伪标均为盗版 **机工教育服务网:www.cmpedu.com**

前 言

　　统计学是作为认识社会和管理国家的工具而产生的，至今已有三百多年的历史。21 世纪是信息大爆炸的时代。在工作和生活中，人们需要从大量的、杂乱纷繁的数据中发掘出事物的规律，做出正确的判断，以制定合适的行动方针。学习统计知识、掌握统计思想、运用统计方法已是现代社会发展的必然趋势。

　　本书主要通过介绍基本的统计思想、统计理论和统计方法，教会学生用统计思想思考问题，用统计方法解决某些社会实际问题。全书按"什么是统计学→数据从哪里来→数据如何整理→数据如何分析"的逻辑编写。第一章概论，介绍什么是统计学；第二章统计调查，介绍统计数据从哪里来；第三章统计整理，介绍统计数据应该如何整理；第四～八章，介绍统计数据分析的方法，包括统计指标、抽样推断、相关与回归、动态数列分析和统计指数。书中列举了大量案例，并借助 Excel 和 SPSS 软件进行分析，希望能提高读者学习统计学的兴趣，增强读者应用统计方法分析解决实际问题的能力。

　　本书具有以下特点：

　　第一，内容精练、语言通俗、资料翔实。全书用通俗的语言叙述统计的概念、相关知识点和统计方法，易于理解和掌握。丰富翔实的实证资料可以帮助学习者理解概念、掌握要领、融会贯通。

　　第二，密切联系实际。本书提供了大量的实例，用发生在身边的事实解释统计的概念，以理论联系实际的方式阐述统计思想，从而提高读者的学习兴趣。

　　第三，结合 Excel 和 SPSS 两种软件的统计分析功能。本书介绍了 Excel 和 SPSS 在实际操作中的基本图表功能和相关数据分析功能，使复杂枯燥的数据处理变得生动、直观和形象。

　　本书由无锡职业技术学院瞿孙平主编，无锡职业技术学院于云波、俞林担任副主编，无锡职业技术学院蒋宏成、蒋红华参与编写，并由无锡职业技术学院周桂瑾教授主审。于云波编写第一、二章；俞林编写第三、四章；瞿孙平编写第五～八章，并负责全书软件操作部分的编写，以及最后的修改统稿工作；蒋宏成、蒋红华提供了部分案例和例题；周桂瑾完成全书主审工作。

　　本书在出版过程中得到了无锡职业技术学院"统计学原理"精品在线开放课程建设项目的支持，得到了机械工业出版社相关领导和编辑的大力支持和帮助，在此一并表示感谢。限于编者的水平，书中难免存在疏漏和不妥之处，恳请读者批评指正。

　　为方便教学，本书配备了电子课件等教学资源。凡选用本书作为教材的教师均可登录机械工业出版社教育服务网 www.cmpedu.com 免费下载。如有问题请致电 010-88379375，QQ：945379158。

编　者

CONTENTS

目　录

第一章 概论

■ 学习目标 ■

☑ 了解统计活动与社会发展的关系，理解统计的含义、特点、性质、职能与工作任务。

☑ 了解统计认识的基本方法和过程。

☑ 掌握统计学中常用的基本概念。

☑ 了解统计指标设计的一般问题，并能根据统计研究的目的，进行简单的统计指标体系的框架设计。

引导案例 >>> **Mead 公司的统计工作**

Mead 股份有限公司（简称 Mead 公司）是一家生产纸张和林业制品的企业，其产品包括：纸张、木桨、木材和纸质运输容器及饮料包装袋等。公司内部的顾问组通过抽样进行决策分析，为 Mead 公司提供大量信息，以保证企业获得可观的产品收益，并在该行业保持竞争力。

例如，Mead 公司拥有大量的森林资源，为其提供生产多种产品所需的原料——树木。管理人员需要掌握关于木材及森林准确而可靠的信息，如森林的现有储量如何，森林以往的生长情况如何，森林未来计划生长情况如何等。Mead 公司的管理人员基于这些重要问题的答案，估计公司满足未来所需原料的能力，从而制订树木的长期种植计划和采伐时间表。

Mead 公司如何获取其所需要的大量森林资源的有关信息呢？收集遍布森林的抽样点数据是对公司拥有的树木总体进行了解的基础。为了辨明抽样点，Mead 公司的分析家首先按照位置和树种将森林分成三部分，并通过使用地图和随机数，从每部分森林中选取 1/7～1/5 英亩⊖的树木作为随机抽样点。这些抽样点即是 Mead 公司林务员收集数据和了解森林总体的地方。

Mead 公司规定由全体林务员参加数据的搜集过程。他们两人一组定期收集每一抽样点中每棵树的信息。这些抽样数据被录入公司的森林永续存货计算机系统。该系统所提供的报告对树木类型，现有森林储量，森林以往生产率以及未来森林的种植、采伐计划和储量做出统计，其中汇总了大量有关数据频率分布的信息。

⊖ 1 英亩=4 046.856 平方米。

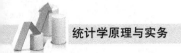

第一节　统计的性质和特点

一、统计与统计学的含义

统计作为一种社会实践活动已有悠久的历史。在外语中，"统计"一词与"国家"一词来自同一词源。因此，可以说自从有了国家就有了统计实践活动。最初，统计只用于统治者为管理国家的需要而搜集资料，弄清国家的人力、物力和财力，作为国家管理的依据。

如今，"统计"一词已被人们赋予多种含义，因此很难给出一个简单的定义。在不同场合，统计一词可以具有不同的含义。它可以是指统计数据的搜集活动，即统计工作；也可以是指统计活动的结果，即统计数据资料；还可以是指分析统计数据的方法和技术，即统计学。

（一）统计工作

统计工作，是指搜集、整理、分析和研究统计数据资料的工作过程。统计工作在人类历史上出现比较早。随着历史的发展，统计工作逐渐发展和完善起来，使统计成为国家、部门、事业和企业单位、科研单位以及个人认识与改造客观世界和主观世界的一种有力工具。统计工作，可以简称为统计。例如，某统计师在回答自己的职业时，会说"我是做统计的"。这里所说的统计指的就是统计工作。

（二）统计数据资料

统计数据资料，是指统计工作活动中通过搜集、整理、分析和研究所取得的各项数字资料、文字资料以及与之相关的其他资料的总称。无论是个人、企业，还是国家，都离不开统计数据资料。个人要进行学习、工作和家政管理，需要对有关的统计数据资料进行搜集和分析，以指导自己的学习、工作和生活；企业要管理好生产和销售，必须进行市场调研、生产控制、质量管理、人员培训、成本评估等，这就需要对有关的生产资料、市场资料、成本资料、人员资料、质量数据等进行搜集、整理、分析和研究；国家要进行经济建设和社会发展，更离不开有关国民经济和社会发展的统计数据资料。

（三）统计学

一般来说，统计学是对研究对象的数据资料进行搜集、整理、分析和研究，以显示其总体的特征和规律性的学科。统计学是以搜集、整理、分析和研究等统计技术为手段，对所研究对象的总体数量关系和数据资料去伪存真、去粗取精，从而达到显示、描述和推断被研究对象的特征、趋势和规律性的目的。统计学，亦可简称为统计。例如，学校中所教授的统计课，实际指的是统计学课程。

早期统计学的学派之一，"政治算术学派"的创始人威廉·配第，首先在其著作《政治算术》中使用统计数字和图表等方法来分析研究社会、经济和人口现象，这不仅为人们进一步认识社会提供了一种新的方法和途径，也为统计学的发展奠定了基础。

目前，随着统计方法在各个领域的应用，统计学已发展成为具有多个分支学科的大家族。因此，要给统计学下一个能够被普遍接受的定义是十分困难的。在本书中，我们对统计学做如下解释：统计学是一门收集、整理和分析统计数据的方法科学，其目的是探索数据的内在数量规律性，以达到对客观事物的科学认识。

统计数据的收集是取得统计数据的过程，它是进行统计分析的基础。离开了统计数据，统计方法则失去了用武之地。如何取得所需的统计数据是统计学研究的内容之一。

统计数据的整理是对统计数据的加工处理过程，其目的是使统计数据系统化、条理化，并符合统计分析的需要。数据整理是介于数据收集与数据分析之间的一个必要环节。

统计数据的分析是统计学的核心内容，它是通过统计描述和统计推断的方法探索数据内在规律的过程。

可见，统计学是一门有关统计数据的科学，统计学与统计数据有着密不可分的关系。在英文中，"Statistics" 一词有两个含义：当它作为单数名词出现时，则表示作为一门科学的统计学；当它作为复数名词出现时，则表示统计数据或统计资料。从中可以看出，统计学与统计数据之间有着密不可分的关系。统计学是由一套收集和处理统计数据的方法所组成的，这些方法来源于对统计数据的研究，目的也在于对统计数据的研究。统计数据不用统计方法去分析也仅仅是一堆数据而已，无法得出任何有益的结论。

其次，统计数据不是指单个的数字，而是由多个数据构成的数据集。单个的数据显然无法用统计方法进行分析，仅凭一个数据点，我们也不可能得出事物的规律。只有经过对同一事物多次观察或计量而得到大量的数据，才能利用统计方法探索出其内在的规律性。

阅读材料

关于单词 Statistics

"统计" 一词起源于国情调查，最早意为国情学。

在 17 世纪的英格兰，人们开始对 "政治算术" 感兴趣。1662 年，英国学者约翰·格朗特（John Graunt）发表了他第一本也是唯一一本手稿，《Natural and Political Observations Made upon the Bills of Mortality》，分析了出生的婴儿中男孩和女孩的比例，创造了现在保险公司所使用的死亡率表。英文的 Statistics 一词在 18 世纪中叶由德国学者戈特弗里德·阿亨瓦尔（Gottfried Achenwall）所创造，是由拉丁文的 Status（状态）和德文的政治算术联合推导得出的，1797 年出现在《Encyclopaedia Britannica》中。

二、统计的特点

一般来说，统计的研究对象是自然、社会客观现象总体的数量关系。无论是自然领域，还是社会经济领域，客观现象总体的数量方面，都是统计学所要分析和研究的。统计的特点包括以下几点：

（一）数量性

统计的首要特点是从数量上说明社会现象。主要包括三个方面的内容：数量的多少、数量之间的关系、事物质与量互变的数量界限。数量性是统计学研究对象的基本特点，因为数字是统计的语言，数据资料是统计的原料。一切客观事物都有质和量两个方面，事物的质与量总是密切联系，共同规定着事物的性质。没有无量的质，也没有无质的量。一定的质规定着一定的量，一定的量也表现为一定的质。但在认识的角度上，质和量是可以区分的，可以在一定的质的情况下，单独地研究数量方面，通过认识事物的量进而认识事物的质。因此，事物的数量是我们认识客观现实的重要方面。通过分析研究统计数据资料，研究和掌握统计的规律性，可以达到我们进行统计分析研究的目的。例如，要分析和研究国民生产总值，就要对其数量、构成及数量变化趋势等进行认识，这样才能正确地分析和研究国民生产总值的规律性。

（二）总体性

统计学的研究对象是自然、社会经济领域中现象总体的数量方面，即统计的数量研究是对总体普遍存在着的事实进行大量观察和综合分析，得出反映现象总体的数量特征和资料的规律性。自然、社会经济现象的数据资料和数量对比关系等一般是在一系列复杂因素的影响下形成的。在这些因素当中，有起着决定和普遍作用的主要因素，也有起着偶然和局部作用的次要因素。由于种种原因，在不同的个体中，这些因素相互结合的方式和实际发生的作用都不可能完全相同。所以，对于每个个体来说，就具有一定的随机性，而对于有足够多数个体的总体来说又具有相对稳定的共同趋势，显示出一定的规律性。例如，对工资的统计分析，我们并不是要分析和研究个别人的工资，而是要反映、分析和研究一个地区、一个部门、一个企业或事业单位的总体的工资情况及其显示出来的规律性。统计研究对象的总体性，是从对个体实际表现的研究过渡到对总体数量表现的研究的。例如，工资的统计分析中，要反映、分析和研究一个地区的工资情况，先要从每个职工的工资开始统计，再综合汇总得到该地区工资的总体情况。只有从个体开始，才能对总体进行分析研究。研究总体的统计数据资料，不排除对个别事物的深入调查研究，但其是为了更好地分析研究现象总体的统计规律性。

（三）具体性

统计学研究的数量是客观存在、实际具体的数量表现。社会经济现象中的具体事物，都是在一定地点、一定时间、一定条件下发生的，其量的表现都带有特定场合和特定历史条件的痕迹。离开具体地点、具体时间和具体条件，是无法说明社会经济现象的本质及其运行规律的。正因为统计的数量是客观存在、实际具体的数量表现，才能独立于主观世界，不以人们的主观意志为转移。统计资料作为主观对客观的反映，必然是存在第一性、意识第二性，即存在决定意识。只有如实地反映具体的、已经发生的客观事实，才能为我们进行统计分析研究提供可靠的基础，才能分析、探索和掌握事物的统计规律性。与此相反，虚假的数据资料是不能成为统计数据资料的，因为其违背了统计研究对象客观具体的这一特点。

（四）社会性

社会经济统计所研究的数量不是纯数量研究，更不是抽象数字，而是具体的、已发生的社会现实。统计与撇开自然和社会现象的具体内容进行抽象研究的纯数学研究有显著差异，统计是紧密结合社会经济现象中质的内容研究量的关系。其定量研究是以定性分析为前提的，而定性分析使其在客观研究上有了社会关系的内涵。社会经济现象与自然科学问题是不同的，站在不同的立场，持有不同的观点，运用不同的方法，可以得出差别较大的结论，甚至得出完全相反的结论。这些都体现出社会经济统计活动的社会性。

（五）变异性

统计研究对象的变异性是指构成统计研究对象总体的各单位，除了在某一方面必须是同质的以外，在其他方面又要有所差异，而且这些差异并不是由某种特定的原因事先给定的。也就是说，总体的各单位除了必须有某一共同标志表现作为它们形成统计总体的客观依据以外，还必须在所要研究的标志上存在变异的表现。否则，就失去了进行统计分析研究的意义。例如，商场作为统计对象时，除了都具有从事商业活动这一共同性质之外，各商场在商场经营的产品种类、商场规模、商场经营模式等各方面又具有差异。这样，统计分析研究才能对其表现出来的差异探索统计规律性。

三、统计的性质

在统计的产生和发展中我们知道，统计作为一项社会实践活动已有四五千年的历史，但作为统计科学的产生与发展则只有三百多年。由于统计在认识社会中具有其他科学无法替代的作用，因而人们在进行统计活动的同时，还对统计理论进行了艰苦细致的研究。先后出现的统计学派，推动着统计科学的发展。国势学派，代表人物是德国的赫尔曼·康令和戈特弗里德·阿亨瓦尔，阿亨瓦尔在其代表作《近代欧洲各国国势学概论》中，首次提出统计学名称，把统计学理解为国家重要事项的记述，如人口、领土等都用文字阐述，而不用数字计量。因而国势学派又被称为"有名无实"学派。政治算术学派，代表人物是英国人威廉·配第和约翰·格朗特，威廉·配第发表了《政治算术》一书，对英国、法国、荷兰三国的经济实力从数量上进行系统分析，用数字、重量和尺度来说话。由于配第没有使用统计学之名，因而政治算术学派又被称为"有实无名"学派。近、现代统计学派把概率论引入统计学，提出了"大量观察法"，越来越多地运用数理统计知识研究社会经济现象。

任何一门学科都有其特定的研究对象。统计学的研究对象是客观现象总体的数量方面，研究对这一特定对象的认识活动和认识过程，研究揭示现象总体的本质及其发展规律的方法，以指导统计实践活动。因此，统计学与统计工作不同，统计学的主要研究任务不在于具体探讨在一定时间、地点、条件下，某一社会总体现象的数量表现和数量关系，而是作为一门有特定研究对象的方法论科学，为统计实质性科学的研究提供指导原则和方式方法。尽管不同学派有所争论，但多数学者认为统计学是一门具有方法论性质的学科。

统计学的方法论性质决定了马克思主义哲学是指导统计学的最高层次理论。无论从认识对象上讲还是从认识过程和认识方法上讲，马克思主义哲学对统计学均具有普遍的指导作用。统计学是密切联系事物的质，对事物进行定量描述、推断、预测的一门方法论学科，这决定了系统论、控制论、信息论等学科是统计学理论基础的重要组成部分。另外，社会经济统计学还必须以马克思主义的政治经济学、微观经济学、宏观经济学等学科作为自己的理论指导，把抽象的社会经济现象及其相关领域内的理论具体化，并运用这些理论指导研究过程，透视统计结果。

马克思主义哲学、政治经济学等有关社会科学对社会经济统计学提供理论指导，是统计认识的基础；统计研究的方法与认识结果，又为有关社会科学提供进一步研究的依据，促进它们的发展。统计学和有关社会科学之间的作用是双向的，既相互依存，又相互作用。

四、统计的职能与工作任务

（一）统计的职能

统计是在质的规定的前提下，对客观事物进行量的研究。它既可以观察量的活动范围，又可以研究质的数量界限，还可以观察现象之间相互影响的数量关系。因此，统计具有信息、咨询、监督三大职能。

统计的信息职能是最基本的职能，是指根据自己的研究对象，运用科学的统计调查方法，灵敏、系统地采集、处理、传递、存贮和提供大量的以数量描述为基本特征的各类信息。

统计的咨询职能是统计信息职能的延续和深化，是指利用已经掌握的丰富的统计信息资源，运用科学的分析方法和先进的技术手段，深入开展综合分析和专题研究，为经济活动的科学决策和管理提供各种可供选择的咨询建议与决策方案。

统计的监督职能是通过信息反馈来评判、检验和调整决策方案，是指根据统计调查和统计分析资料，及时、准确地从总体上反映社会经济的运行状态，并对其实行全面、系统的定量检查、监督和预警，以促进国民经济按照客观规律的要求持续、稳定、协调地发展。

上述三种统计职能彼此依存、相互关联，构成协调统一的整体，故又称为整体功能。没有信息功能，咨询和监督则成了无源之水、无本之木；没有咨询功能，统计信息功能就不能深入；没有监督功能，则无法反映统计信息的可靠性。

（二）统计工作的任务

统计的职能决定了统计工作的任务。《中华人民共和国统计法》规定："统计的基本任务是对经济社会发展情况进行统计调查、统计分析，提供统计资料和统计咨询意见，实行统计监督。"与其相适应的具体任务是：调查、整理社会经济活动的各种数字资料；在此基础上，对社会经济活动过程及其结果进行主观与客观、横向与纵向、静态与动态的综合分析，并提供信息产品；判断社会经济活动的运行状态，提出相应的咨询意见，监督社会经济活动的运行过程，为国民经济宏观调控、企业经营管理和科学研究提供客观依据。为完成上述任务，统计工作必须做到"准确、公正、及时、方便"，这是衡量统计工作质量的重要标准。

1. 准确

统计是一项严肃的科学工作，必须如实反映情况。统计数字的准确性是统计工作的生命。只有在统计数字和来源准确可靠的基础上进行的科学分析，才能如实地反映客观情况，得出正确的调查报告或分析报告。

2. 公正

统计数据要尊重客观事实，要始终坚持真理、伸张正义，不受各种外界环境因素的影响和干扰。统计数据要能够公正地反映客观事实。

3. 及时

统计是一项时效性很强的工作，统计信息的时间价值在国民经济宏观调控和企业经营管理中显得尤为重要。时间变化，统计信息数据就会发生变化。所以，统计工作要及时。

4. 方便

统计信息是统计工作的产品，统计信息的价值则在于运用，为统计信息的使用者提供方便的条件是统计工作不可忽视的一项基本要求。

第二节　统计工作的基本方法与过程

一、统计工作的基本方法

认识事物的方法是有层次性的。哲学方法是适用于各个领域的根本方法，是认识方法的最高层次。由于不同学科有自己特定的研究对象和目的，便产生了与之相适应的特殊方法。统计是研究客观现象总体数量方面的一门学科，因而也有其自己的一些认识方法。这些方法相互联系、相互影响，构成统计认识方法体系。以下是在统计活动全过程中起着重要作用的几种基本认识方法：

1. 大量观察法

统计所要研究的社会经济现象是从某一总体角度出发的。这种对总体总量观察足够多的单位数进行调查和综合分析的方法，称为大量观察法。大量观察法的数理根据是大数定律。大数定律的一般概念是：在观察过程中，每次取得的结果不同，这是由偶然性所致的，但大量、重复观察结果的平均值却几乎接近确定的数值。例如，当我们观察个别家庭或少数家庭的婴儿出生时，不同家庭生男生女的比例极为参差不齐，有的是生男不生女，有的是生女不生男，有的是女多男少，有的是男多女少，然而经过大量观察，男婴、女婴的出生比率则趋向均衡。也就是说，随着观察次数的增多，频率出现了稳定性。这就表明，同质的大量现象是有规律的，尽管个别现象受偶然性因素的影响出现偏差，但观察数量达到一定程度时就会呈现出规律性，这就是大数定律的作用。

2. 统计分组法

按照某一标志或几个标志，将总体划分为若干组成部分的研究方法称为统计分组。这种方法可以把相同的部分归并在一起，把组与组明显区别开来。它是对总体进一步研究，区分总体内部差异的方法。

> 📖 **阅读材料**
>
> **中国出生人口男女比例七连降**
>
> 据中华人民共和国国家统计局（以下简称国家统计局）发布数据显示，2015 年中国总人口为 137 462 万人，男性人口 70 414 万人，女性人口 67 048 万人，总人口性别比为 105.02（以女性为 100）。此外，2015 年中国出生人口性别比为 113.51，自 2009 年以来出现连续第七年下降。
>
> 一般来说，造成一个国家和地区的性别比失衡有两大主要原因：移民和出生性别比失衡。由于移民比例很小，中国人口性别比失衡的根本原因是出生性别比失衡。

在正常的自然情况下，出生性别比一般保持在 103～107。中国的出生性别比在 20 世纪 80 年代之前基本处于正常范围，在 1982 年为 107，但之后迅速攀升，到 2004 年已高达 121.18。尽管自 2009 年以来出生性别比有所下降，但仍然徘徊在 117 左右的高位。

（资料来源：新浪新闻中心 http://news.sina.com.cn/o/2016-01-21/doc-ifxnuvxc1506158.shtml。）

3. 统计指标法

统计指标法就是运用统计指标来反映和研究社会经济现象总体的数量状况，以认识事物数量特征的本质或规律性的方法。统计指标法和统计分组法是贯穿整个统计工作过程且相互联系的两种主要方法。通过统计分组而形成的统计指标，可以帮助我们认识总体内部的数量差异和数量关系，以及总体之间的联系与区别。

4. 统计模型法

统计模型法就是用一套相互联系的统计分组和统计指标，对客观存在的总体及其运动过程做出比较完整的、近似的反映或描述的方法。这种方法通常有两种表达方式：统计数学模型和统计逻辑模型。例如，统计研究中的抽样推断属于统计数学模型表达方式，而国民经济指标体系则属于统计逻辑模型表达方式。统计模型法是大量观察法、统计分组法、统计指标法的进一步综合化、系统化。

5. 统计推断法

社会经济现象是一个十分庞大的系统，有时是无力进行全面调查研究的；还因为社会经济现象的联系性和相似性，在很多情况下也不需要进行全面的统计调查。因此，在实际工作中较多地运用统计推断法，即根据部分总体单位组成的样本的数量特征去推断总体的特征。统计推断法有两种情况：一是依据同一时间的样本指标去推断总体指标，称为静态统计推断；二是依据前一段时间的指标去推断后一段时间的指标，称为动态统计推断。

统计的五种工作方法相互联系、相互补充，可以描述和说明社会经济现象的过去、现在和将来。

二、统计认识的侧重点

作为统计研究对象的社会经济活动的数量方面，除含有物质交换过程的复杂性以外，还涉及各种经济关系；它不仅受社会经济因素的制约，还会受到自然环境和科学技术条件的影响；不同层次的社会经济活动，其目的和影响因素也不一样。统计是从数量方面认识社会经济现象的，通过定性认识到定量认识，再到定量认识与定性认识的结合。这就决定了统计认识的侧重点：

（1）强调质与量的辩证统一，突出量的认识。
（2）注意环境因素，突出主体认识。
（3）区别层次差异，重视规律性认识。

三、统计工作过程

统计研究社会经济领域里的大量社会经济现象的数量方面，一般要经过统计设计、统计调查、统计整理和统计分析四个阶段，才能完成定性认识、定量认识、定性认识与定量认识相结合的完整过程，从而得到认识的升华。

1．统计设计

统计设计是指根据统计活动的目的，结合研究对象的性质和特点，对统计范围、指标体系、分类目录、资料搜集整理方法、分析要求以及有关组织工作等方面做出的整体规划。统计设计的结果一般表现为统计调查方案或统计报表制度。

2．统计调查

统计调查是指根据统计活动的目的所确定的统计指标体系，将研究对象中各总体单位的某些必须了解的特征记录下来。统计调查是统计整理和统计分析的基础。

3．统计整理

统计整理是指根据统计设计的要求，将统计调查资料进行审核、分组、汇总，并编制统计表等科学加工处理的过程，以便清晰地反映研究总体的综合特征。

4．统计分析

统计分析是指根据统计研究的任务，以统计数据为基础，结合具体情况，运用静态分析和动态分析方法进行分析研究，肯定结果，发现问题，找出原因，探索事物的本质及其规律性，提出解决问题的办法，从而更好地为社会主义现代化建设服务。统计分析是完成统计工作的重要阶段，也是统计研究过程中的最终环节。

统计设计、统计调查、统计整理和统计分析是密切联系的四个阶段，它们构成了一个完整的统计过程。在设计和调查、整理资料阶段要考虑到分析的需要，在分析研究阶段还存在进一步调查、整理的问题，因此不应将四个阶段截然分开。

四、统计组织管理

统计活动涉及三个方面：统计主体，即统计组织及其工作人员；统计客体，即统计认识对象和提供统计资料者；统计宿体，即统计资料的运用者。这三方面相互联系、相互作用，其内部又是多因素、多层次的组合，难免存在各种各样的矛盾，因而需要进行科学的协调管理，以保证统计活动有效运行。

1．计划管理

统计工作必须按照事先编制且经过批准的计划进行。

2．质量管理

统计数据质量应满足准确性、时效性、全面性、适用性、系统性等几个方面的要求。

3．服务管理

统计服务方式可分为有偿服务和无偿服务两种。

4．法制管理

统计法是国家制定或认可的调整参与统计活动各个方面权利与义务关系的法律规范的总称。统计法的制定和实施，是我国依法治国的重要内容。

第三节 统计学中的常用基本概念

在论述统计学的理论与方法时，要运用一些专门的概念，本节就其中几个基本的、常用的概念加以阐述。

一、总体和总体单位

（一）总体和总体单位的概念

凡是客观存在的并至少具有某一相同性质而结合起来的许多个别事物构成的整体，当其作为统计的研究对象时，就称为统计总体，简称总体。构成总体的每一个事物，就称为总体单位。

例如，研究无锡市工业发展情况时，总体是无锡市所有的工业企业，总体单位则是无锡市每一个工业企业。再比如，在了解全国高等学校的情况时，总体是全国全部的高等学校，总体单位则是国内每一所高等学校。

总体可以分为有限总体和无限总体。如果总体所包含的单位数是有限的，则称为有限总体，如人口数、企业数、商店数等。如果总体所包含的单位数是无限的，则称为无限总体，如连续生产的某种产品的生产数量、大海里的鱼资源数等。对有限总体可以进行全面调查，也可以进行非全面调查。但对无限总体只能抽取其部分单位进行非全面调查，据以推断总体。

确定总体与总体单位时，必须注意以下两个方面：

（1）构成总体的单位必须是同质的，不能把不同质的单位混在同一总体之中。例如，研究工人的工资水平时，只能将赚取工资收入的职工列入统计总体的范围。同时，也只能对职工的工资收入进行考察，对职工自其他方面取得的收入则要加以排除，这样才能正确地反映职工的工资水平。

（2）总体与总体单位具有相对性，随着研究任务的改变而改变。同一单位可以是总体也可以是总体单位。例如，在了解全国工业企业职工的工资收入情况时，全部工厂是总体，各个工厂是总体单位。而如果旨在了解某个企业职工的工资收入情况，则该企业即是总体，每位职工的工资即是总体单位。

（二）总体的特征

一个统计总体既有其质的规定性又有量的规定性。只有同时具备了同质性、大量性、差异性这三个主要特征，才能形成统计总体，三者的统一是构成统计总体的必要条件。

1. 同质性

同质性是指总体内的各个单位至少具有某一相同的性质。同质性是将总体各单位结合起来构成总体的基础，也是总体的质的规定性。例如，无锡市所有工业企业作为统计总体，则每个总体单位都必须具有从事工业生产活动的企业特征，不具有这种特征的就不能称之为工业企业。如果违反同质性，把不同性质的单位结合在一起，对这样的总体进行统计研究，不仅没有实际意义，甚至还会产生虚假和歪曲的分析结论。

2．大量性

大量性是指总体不能由个别的总体单位构成，而必须由许多单位组成。当若干单位组成的集合能反映总体的特征和发展变化的规律时，这若干单位才符合大量性的要求。否则，还应增加符合总体要求的总体单位的数量。

当总体的单位数属有限时，这种总体称为有限总体。例如我国第六次人口普查，截至2010 年 11 月 1 日，全国总人口为 13.705 4 亿人。尽管其总体单位数多到数以亿计，但仍是有限的，属有限总体。社会经济统计中的研究总体一般都是有限总体。

当总体的单位数多到无限时，则称为无限总体。例如，对连续流水作业的产品检验，对原始森林林木量的调查，这一类总体就属无限总体。

3．差异性

差异性是指总体内的各个总体单位除了某个或某几个性质相同以外，在其他方面存在的不同特征。如工业企业在同质性的条件下，各企业在职工人数、产量产值、利润成本等方面的具体表现又不尽相同、互有差别。同质性是构成总体的基础，差异性才使统计研究成为必要。如果总体内的各个总体单位之间不存在差异，那么统计研究就成了毫无意义的活动。

二、标志和标志表现

（一）标志和标志表现的概念

统计标志简称标志，是指统计总体各单位所具有的共同特征的名称。从不同角度考察，每个总体单位可以有许多表现自己的特征。例如，当我们研究无锡市工业发展情况时，每个工业企业的产值、产量、资金、利润、人均工资等都是其具有的标志。这些标志有的可以用文字表示，有的只能用数字表示。

标志表现是标志特征在各总体单位的具体体现。例如，某职工的性别是"女"，年龄为"30 岁"，民族为"汉族"等，这里"女""30 岁""汉族"就是性别、年龄、民族的具体体现，即标志表现。

（二）标志的分类

1．按标志的表现形式不同，可将标志分为品质标志和数量标志

品质标志是表明总体单位质的特征的名称。例如，职工的性别、民族、职业、工种等标志都属于品质标志。数量标志是表明总体单位量的特征的名称。如年龄、工资、劳动生产率、销售额、利润额等标志都属于数量标志。

判别品质标志和数量标志的一个显著特征就是看其标志的具体表现：凡是以文字表现的标志即是品质标志；凡是以数值表现的标志即是数量标志。例如，在了解学生的情况时，学生的性别、民族、籍贯、政治面貌、担任班级职务等属于品质标志；年龄、出生日期、入学年份、每月生活费、考试成绩等则属于数量标志。

数量标志进一步细分，还可以分为连续型和离散型两种。连续型数量标志的特点是取值是连续的，取值空间是整个实数空间，或者某一段实数空间，如身高可以取 170.1 厘米，或者 170.11 厘米；离散型数量标志的特点是取值是间断的，取值空间是一段整数空间，或者可以与一段整数空间相对应，如在商店买啤酒只能买整数瓶，某人的收入如果用元表示，将包

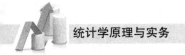

括两位小数，如 1 528.25 元，但如果转换成分，则只能表示为整数。

离散型变量与连续型变量并非截然分开的。当离散型变量的取值空间较大，取值点比较密集时，也可以视为连续型变量，例如收入就往往被当作一个连续型变量进行处理。

2．按标志的变异情况不同，可将标志分为不变标志和变动标志

当一个标志在各个单位的具体表现都相同时，这个标志称为不变标志；当一个标志在各个单位的具体表现有可能不同时，这个标志称为可变标志或变动标志。如中国第六次人口普查规定："人口普查的对象是具有中华人民共和国国籍并在中华人民共和国国境内常住的人。"按照这一规定，在作为调查对象的人口总体中，国籍和在国境内居住是不变标志，而性别、年龄、民族、职业等则是变动标志。不变标志是构成统计总体的基础，因为总体中必须有至少一个不变标志将各总体单位联结在一起，才能使其具有"同质性"，从而构成一个总体。而变动标志则是统计研究的主要内容，若所有标志在各总体单位之间的表现都相同，就没有进行统计分析研究的必要了。

区别不变标志和变动标志的一个显著特征是看其标志表现在总体各单位间是否相同。

📝 **课堂讨论**

　　在分析全班学生学习情况的调查研究中，作为总体单位的学生有哪些标志？其中哪些是数量标志，哪些是品质标志？哪些是可变标志，哪些是不可变标志？

三、变异、变量和变量值

（一）变异

变动标志在各个总体单位上的具体属性或数值是不尽相同的，这种差别称为变异。变异是普遍存在的，变异是统计研究的前提，有变异才有统计。

（二）变量和变量值

变动的数量标志简称变量。变量的具体表现就是变量值或标志值。如在分析全班学生学习情况的调查研究中，每个学生的年龄、身高、体重、成绩等就是变量，对应的 19 岁、1.70 米、52 千克、97 分等就是变量值。再如，职工人数是一个变量，因为各个工厂的职工人数不同。某工厂有 5 612 人，另一工厂有 15 320 人，第三个工厂有 733 人等，这些则是职工人数这个变量的具体数值，也就是变量值。要注意区分变量和变量值。如上例中，5 612 人、15 320 人、733 人三个变量值的平均数，不能说是三个"变量"的平均数，因为这里只有"职工人数"这一个变量，并没有三个变量。

变量值按是否连续可分为连续变量与离散变量两种。在一定区间内可任意取值的变量称为连续变量，其数值是连续不断的，相邻两个数值可做无限分割，即可取无限个数值。例如，生产零件的规格尺寸，人体测量的身高、体重等为连续变量，其数值只能用测量或计量的方法取得。可按一定顺序一一列举其数值的变量叫离散变量，其数值表现为断开的，通常为整数。例如，企业数、职工人数、设备台数等，都只能按计量单位数计数，离散变量的数值一般用计数方法取得。在统计实践中有时为了简化，理论上的连续变量可以作为离散变量处理，如年龄。

四、指标和指标体系

（一）指标的概念

指标是说明总体数量特征的概念及其综合数值，故又称为综合指标。如我国 2016 年工业增加值为 247 860.1 亿元，这就是一个指标。在实际工作中，进行统计设计或理论研究时，把说明总体数量特征的概念也称为指标。如国内生产总值、工业增加值、社会消费品零售总额等。又如，一个班的学生构成一个总体，每一个学生的身高称为该名学生的身高标志，但所有学生的平均身高则称为该班学生的平均身高指标。

（二）指标与标志的关系

1．指标与标志的区别

（1）反映的范围大小不同。指标是说明总体特征的；标志是说明总体单位特征的。

（2）表述形式不同。指标必须能以数值表示；标志既有能用数值表示的数量标志，又有不能用数值只能用文字表述的品质标志。

2．指标与标志的联系

（1）具有对应关系。在统计研究中，标志与统计指标名称往往是同一概念，具有对应关系。因此，标志是统计指标的核算基础，没有标志就没有指标。

（2）具有汇总关系。许多统计指标的数值是由总体单位的数量标志值汇总而来的。如研究无锡市 2017 年上半年工业增加值完成情况，无锡市 2017 年上半年工业增加值就是无锡市所有工业企业的工业增加值之和。这里，无锡市的工业增加值就是统计指标，各工业企业的工业增加值则是数量标志。

（3）具有变换关系。如前所述，由于统计研究目的的不同，统计总体和总体单位可以相互转换，这使统计指标和标志也不是严格确定的。随着研究目的的变化，原来的统计总体可能转变为总体单位，而相对应的统计指标也就成为数量标志，反之亦然。如上例的研究目的改为江苏省 2017 年上半年工业增加值完成情况，则无锡市 2017 年上半年工业增加值由统计指标转变为数量标志，新的统计指标则是江苏省各市工业增加值之和。

（三）指标的特点

1．数量性

所有的统计指标都是可以用数值来表现的，这是统计指标最基本的特点。统计指标所反映的就是客观现象的数量特征，这种数量特征，是统计指标存在的形式，没有数量特征的统计指标是不存在的。正因为统计指标具有数量性的特点，它才能对客观总体进行量的描述，才使在统计研究中运用数学方法和现代计算技术成为可能。

2．综合性

综合性是指统计指标既是同质总体大量个别单位的总计，又是大量个别单位标志差异的综合，是许多个体现象数量标志综合的结果。例如，某人的年龄、某人的存款额不能称为统计指标，一些人的平均年龄、一些人的储蓄总额、人均储蓄才能称为统计指标。统计指标的形成都必须经过从个体到总体的过程，它是通过个别单位数量差异的抽象化来体现总体综合数量的特点的。

3．具体性

统计指标的具体性有两个方面的含义：一是统计指标不是抽象的概念和数字，而是具体的社会经济现象的量的反映，是在质的基础上的量的集合。这一点使社会经济统计与数理统计、数学相区别。二是统计指标说明的是客观存在的、已经发生的事实，它反映了社会经济现象在具体地点、时间和条件下的数量变化。这一点又使其与计划指标相区别。统计指标反映的是过去的事实和根据这些事实综合计算出来的实际数量，而计划指标则是说明未来所要达到的具体目标。

（四）指标的分类

1．指标按其说明的总体内容不同，分为数量指标和质量指标

数量指标是反映总体范围、总体规模、总体水平的指标，也称为外延指标。例如，企业总数、人口总数、国民收入、工业总产值、商品销售额等。数量指标一般用绝对数表示。质量指标是反映总体内部数量关系或发展变化的指标，也称为内涵指标。例如，产品合格率、劳动生产率、人均国民收入、单位产品成本等。质量指标一般用相对数或平均数表示。

2．指标按其数量对比关系不同，分为总量指标、相对指标和平均指标

总量指标与数量指标是同等概念，只是称谓不同而已。相对指标和平均指标都是以总量指标为基础而计算得出的派生指标。相对指标是将两个有联系的总量指标对比而形成的质量指标。平均指标是说明某一数量标志在总体各单位上一般水平的指标。

3．指标按其反映社会现象存在的状况不同，分为显性指标和隐性指标

显性指标是具体事物的物质记录，是具有外在性的统计指标。隐性指标是人们精神活动的产物，是具有模糊性的统计指标。

4．指标按其反映社会经济的功能不同，分为描述指标、评价指标和预警指标

描述指标是反映社会经济现象的现实状况、变化过程和运行结果的统计指标。评价指标是用于考核、评估、比较社会经济活动质量及其效果的统计指标。预警指标是对社会经济活动过程中的关键点进行监测，通过与正常值的比较而发出警示的统计指标。

> **课堂练习**
>
> 以班级作为总体，试分析下列指标哪些是质量指标，哪些是数量指标？
> （1）班级人数。
> （2）全班英语考试的平均分。
> （3）班级男女生比例。
> （4）统计考试中，90分以上（包含90分）的人数。

（五）指标体系

由于现象的复杂多样性，各种现象之间相互联系的性质，只用个别统计指标来反映是不够的，需要采用指标体系来进行描述。统计指标体系是由各种相互联系的统计指标所构成的一个有机整体，用来说明所研究现象各个方面相互依存和相互制约的关系。统计指标体系因各种现象本身联系的多样性和统计研究的目的不同而分为不同的类别。

　　根据所研究问题的范围大小，可以建立宏观统计指标体系和微观统计指标体系。宏观统计指标体系是反映整个现象大范围的统计指标体系，如反映整个国民经济和社会发展的统计指标体系。微观统计指标体系则是反映现象较小范围的统计指标体系，如反映企业或事业单位的统计指标体系。介于这两者之间的可以称为中观统计指标体系，如反映各地区或各部门的统计指标体系。

　　根据所反映现象的范围内容不同，统计指标体系可以分为综合性统计指标体系和专题性统计指标体系。综合性统计指标体系是较全面地反映总系统及其各子系统的综合情况的统计指标体系，如国民经济和社会发展统计指标体系。专题性统计指标体系则是反映某一个方面或问题的统计指标体系，如经济效益指标体系。

　　统计指标体系也可以指将若干个统计指标之间的联系表现为一个方程关系。例如，工资总额=平均工资×职工人数；商品销售额=商品销售量×商品销售价格等。统计指标体系对于统计分析和研究具有重要的意义。通过设计一个科学的统计指标体系，可以描述现象的全貌和发展的全过程，分析和研究现象总体存在的矛盾以及各种因素对现象总体变动结果的作用方向和程度，也可以对未来的指标进行计算和预测，从而对未来现象发展变化的趋势进行预测。

第四节　统计指标和指标体系的设计

一、统计指标的设计要求

1．目的性

设计任何一个统计指标，首先应当明确需要解决什么问题，达到何种目的。换言之，设计统计指标取决于统计研究的目的。

2．科学性

设计统计指标要求以正确、科学的理论为指导，以客观现象内部事物之间的本质联系为依据。无论是统计指标名称与含义的确定，还是统计指标计算方法的选择，都应准确地反映研究对象内部及其彼此之间的联系。

3．度量性

统计指标是用数据反映社会经济现象特征的，是可以测定和计量的，没有不能用数量表现的统计指标。设计统计指标要求现象总体的数量特征在量化层次、计量单位、量化方法和形式等方面具有可操作性。

4．可比性

设计统计指标时应注意各地区、各部门指标的一致性和不同时期统计指标的相对稳定性，以便同类指标能在不同空间和不同时间上相互比较。修改统计指标时必须考虑其前后时期的可比性，特别是在指标口径、分类标准、计量单位和计算方法等方面变更时，应当规定统一的换算方法。

二、统计指标的内容设计

1．确定统计指标的名称和含义

确定统计指标的名称和含义要以相应学科的理论为依据。统计指标的内涵确定后，还需要明确其外延；并判断应统计哪些内容，不应统计哪些内容，即确定指标口径。

2．确定统计指标的空间标准和时间标准

统计指标数值的大小受一定的空间范围影响，空间范围包括全国范围、地区范围和系统范围。统计指标按时间标准可分为两种，即时期指标和时点指标。时期指标需规定时间长度和具体的起止日期；时点指标则需规定统一的标准时点，如分别在 1953 年、1964 年、1982年、1990 年进行的第一～四次全国人口普查标准时间都是相应年份的 7 月 1 日零时，2000年第五次和 2010 年第六次全国人口普查标准时间则是 11 月 1 日零时。

3．确定统计指标的计量单位和计算方法

统计指标计量单位的确定主要取决于所研究的社会经济现象的内容特征。有些统计指标在明确了总体范围和指标口径后不需要再规定具体的计算方法；有些统计指标的计算则比较复杂，这些指标必须以一定的经济理论为依据来确定其计算方法。

三、统计指标的体系设计

统计研究的对象是社会经济现象总体的数量方面，因此，必须借助统计指标体系，从不同的角度、不同的层面揭示现象总体的数量特征及其发展变化的规律性。由于统计研究目的不同，指标体系的设计也会有所变化，但其基本要求是一致的，即都要遵循统计指标设计的目的性、科学性、度量性和可比性原则。现以企业生产经营活动统计指标体系为例进行介绍。设计企业生产经营活动统计指标体系应考虑以下问题：

1．将全面系统与精简节约相结合，突出重点指标

在设计统计指标体系时，应尽可能地从各个方面、各个环节反映企业生产经营活动的全貌。既要有投入方面的内容，也要有产出方面的成果；既要反映当前的生产经营状况，也要反映长远的发展问题。同时，还应保持指标的系统性和指标间的逻辑性，并尽可能减少指标数，本着少而精的原则进行筛选，选出其中富有综合性、代表性、实用性和可操作性的指标。

2．将静态分析与动态分析相结合，突出动态分析

静态分析着重于企业的现实状况，反映企业生产经营活动在现阶段达到的水平、规模和发展程度。动态分析则是揭示企业生产经营活动发展变化的过程和趋势。静态分析的结果为动态分析提供基础，而动态分析的成果可以指导和影响企业生产经营决策，这在相当大的程度上决定着企业的生存和发展。

3．将定性分析与定量分析相结合，突出定量分析

一个产品的研发，一种营销方式的诞生，一个重大决策的形成等，都是大量的定性分析和定量分析综合而成的结果。由于企业的生产经营活动过程具有渐进性和微观性的特点，因而定量分析显得特别重要。企业的生产经营活动大多需要量化而且可以量化，这种量化是进

行内部分析和外部判断的重要依据。

4．将微观分析与宏观分析相结合，突出微观分析

企业生产经营活动是构成国民经济运行的基本要素，反之国民经济总体运行也会对企业的生产经营活动产生影响。因此，在建立指标体系时不仅要看到本企业内部状况，还要看到同行业、相关行业以至整个国民经济的状况；不仅要观察国内市场，还要观察国际市场；不仅要分析生产、流通，还要分析科技进步；不仅要研究经济因素，还要研究非经济因素。当然，在微观与宏观结合的过程中要突出为微观服务，围绕微观看宏观，以便分析企业的利弊得失。影响企业生产经营活动的因素是多种多样的，除了本企业的内部状况以外，还有许多与本企业生产经营活动有关的外部因素，这决定了企业生产经营活动统计指标体系内容的广泛性和复杂性。为此，设计统计指标体系时，应抓住主要因素进行。

统计指标体系是研究社会经济现象总体数量方面的一个重要工具，企业可以根据不同的研究目的设计不同的指标体系。随着时间的推移和客观环境条件的变化，同一企业在不同时期也可以设计不同的指标体系，以便有重点地研究和解决一些问题。在现实的统计工作中，国家统计部门和各地统计部门都设计了一些标准的社会经济方面的统计指标体系，其中相当一部分已作为制度下发执行，研究社会经济问题时可以直接运用或借鉴这些统计指标体系。

本章小结

统计学是关于数据搜集、整理、归纳、分析的方法论的科学。统计学与统计实践的关系是理论与实践的关系，统计是统计实践活动的成果。人们对统计的要求是：客观性、准确性和及时性。统计学的研究对象是客观事物的特征和数量关系。统计学研究对象的特点是数量性、总体性、具体性、社会性和变异性。统计具有信息、咨询、监督三大职能。三种统计职能彼此依存、相互关联，构成协调统一的整体。统计工作的基本方法有大量观察法、统计分组法、统计指标法、统计模型法和统计推断法，五种工作方法相互联系、相互补充。经过统计设计、统计调查、统计整理和统计分析四个阶段，才能完成定性认识、定量认识、定性认识与定量认识相结合的完整过程，从而得到认识的升华。

统计总体是客观存在的并至少具有某一相同性质而结合起来的许多个别事物构成的整体。构成总体的每一个事物，就称为总体单位。总体和总体单位的概念是相对的。

标志是反映总体各单位的属性或特征，单位是标志的承担者。标志按表现形式不同，分为品质标志和数量标志；而按其变异情况不同，标志又可分为不变标志和变动标志。

指标按其说明的总体内容不同，分为数量指标和质量指标；按其数量对比关系不同，分为总量指标、相对指标和平均指标；按其反映社会现象存在的状况不同，分为显性指标和隐性指标；按其反映社会经济的功能不同，分为描述指标、评价指标和预警指标。由于现象的复杂多样性，各种现象之间相互联系的性质，只用个别统计指标来反映是不够的，需要采用指标体系来进行描述。统计指标体系是各种相互联系的统计指标所构成的一个有机整体，用来说明所研究现象各个方面相互依存和相互制约的关系。

练习与案例分析

一、单项选择题

1. 在实际应用中，统计的含义是指（　　）。
   A. 统计理论与统计实践
   B. 统计设计、统计调查与统计整理
   C. 统计工作、统计资料与统计学
   D. 统计分析报告与统计预测模型

2. 构成总体，必须同时具备（　　）。
   A. 总体性、数量性与同质性
   B. 总体性、同质性与差异性
   C. 社会性、同质性与差异性
   D. 同质性、大量性与差异性

3. 要了解某工业企业职工的文化水平，则总体单位是（　　）。
   A. 该工业企业的全部职工
   B. 该工业企业的每一个职工
   C. 该工业企业每一个职工的文化程度
   D. 该工业企业全部职工的平均文化程度

4. 下列属于品质标志的是（　　）。
   A. 身高
   B. 工资
   C. 年龄
   D. 文化程度

5. 统计工作的基础是（　　）。
   A. 统计设计
   B. 统计调查
   C. 统计整理
   D. 统计分析

6. 统计的认识过程是（　　）。
   A. 定性认识到定量认识
   B. 定量认识到定性认识再到定量认识
   C. 定量认识到定性认识
   D. 定性认识到定量认识再到定量认识与定性认识相结合

7. 一个总体（　　）。
   A. 只能有一个标志
   B. 可以有多个标志
   C. 只能有一个指标
   D. 可以有多个指标

8. 某职工的月工资为 1 800 元，"工资"是（　　）。
   A. 品质标志
   B. 数量标志
   C. 变量值
   D. 指标

9. 统计工作与统计学的关系是（　　）。
   A. 统计实践与统计理论
   B. 统计活动过程与活动成果
   C. 内容与本质
   D. 时间先后

10. 对某市工业企业职工的收入情况进行研究，总体是（　　）。
    A. 每个工业企业
    B. 该市全部工业企业
    C. 每个工业企业的全部职工
    D. 该市全部工业企业的全部职工

二、多项选择题

1. 下列属于统计学中常用的基本概念有（　　）。
   A. 总体
   B. 总体单位
   C. 标志
   D. 变量
   E. 指标

2．下列标志中属于数量标志的有（　　　）。

A．商品零售额　　　　　　　　B．工龄

C．计划完成百分数　　　　　　D．合同履约率

E．企业经济类型

3．下列各项中，属于离散变量的有（　　　）。

A．全国总人口　　B．年龄　　　C．平均工资　　　D．钢铁产值

E．某市三资企业个数

4．统计的工作过程一般包括（　　　）。

A．统计设计　　　　　　　　　B．统计预测与决策

C．统计调查　　　　　　　　　D．统计整理

E．统计分析

5．总体的基本特征有（　　　）。

A．同质性　　　　B．大量性　　　C．差异性　　　　D．相对性

E．绝对性

6．统计设计阶段的结果有（　　　）。

A．统计报表制度　　　　　　　B．统计调查方案

C．统计分类目录　　　　　　　D．统计指标体系

E．统计分析报告

7．在全国人口普查中，（　　　）。

A．全国人口数是总体

B．每一个人是总体单位

C．全部男性人口数是统计指标

D．人口的平均年龄是统计指标

E．人口的性别比是总体的品质标志

三、判断题

1．统计是指对与某一现象有关的数据的搜集、整理、计算和分析等活动。　（　　　）

2．统计学是先于统计工作而发展起来的。　（　　　）

3．指标是说明总体特征的，而标志是说明总体单位特征的。　（　　　）

4．品质标志是不能用数值表示的。　（　　　）

5．总体的同质性和总体单位的变异性是进行统计核算的条件。　（　　　）

6．标志的具体表现是在标志名称之后所表明的属性。　（　　　）

7．对有限总体只能进行全面调查。　（　　　）

8．总体的同质性是指总体中的各个单位在所有标志上都相同。　（　　　）

9．有限总体是指总体中的单位数是有限的。　（　　　）

10．某工业企业作为总体单位时，该企业的工业增加值是数量标志；若该企业作为总体，则企业的工业增加值是统计指标。　（　　　）

11．总体与总体单位，标志与指标的划分都具有相对性。　（　　　）

四、案例分析

什么是农民工调查

随着城镇化步伐不断加快,不少农民走进城镇,成为中国经济建设的重要力量,他们的辛勤劳动支撑起我国社会和经济发展的大厦。调查农民工规模、就业情况、居住情况,所享受的基本公共服务和社会保障水平,以及随迁儿童教育等情况,是住户调查的重要内容,也为促进农民工更快融入城市、享受城市公共服务,以及科学制定农民工政策提供了重要依据。

国家统计局开展了两项与农民工有关的调查,一项是 2008 年开始的农民工监测调查,从输出地农村的角度反映农民工的规模、流向和分布;另一项是 2015 年起开展的农民工市民化监测调查,从输入地城镇的角度反映新型城镇化进程中农民工现状以及基本公共服务均等化的情况。这两项农民工调查共同构成了国家统计局农民工调查的有机整体,为制定农民工政策提供了可靠依据。

农民工监测调查的调查范围是全国 31 个省(自治区、直辖市)的农村地域,以省为总体,按照科学抽样方法在 31 个省(自治区、直辖市)的农村地区抽取约 9 000 个村、9 万户农村家庭和 23 万名农村劳动者作为调查样本。

农民工市民化监测调查的调查范围是全国 31 个省(自治区、直辖市)的城镇地域,按照科学抽样方法抽取了 4 万多户进城农民工样本,由调查员使用手持电子采集终端(PDA),直接入户面访,每年 10 月开展年度一次性调查。

要求:试分析在农民工调查中,统计总体、总体单位分别是什么?列举多个统计指标和统计标志,并指出哪些是数量指标,哪些是质量指标?哪些是数量标志,哪些是品质标志?

实践训练

实训目标:

(1)增强对统计的感性认识。

(2)培养理解统计专业术语的能力。

实训内容与要求:

按班级 4~6 人一组建立小组,每组确定一名组长,自拟调研题目,确定总体、总体单位,列举多种标志和指标,并分析所列举指标和标志的类型。

实训成果与检测:

各组就各自分析的结果在班级进行交流、讨论后,在教师主持下就实训的结果进行评判,并做出评价打分。

第二章　统计调查

- 认识统计调查在整个统计工作中的基础地位和作用，了解统计调查的种类。
- 基本掌握统计调查方案的制订方法，能依据某一实际问题初步设计统计调查方案。
- 理解统计调查问卷的基本结构，能依据某一实际问题初步拟订统计调查问卷。
- 各种统计调查组织方式的特点和应用范围，把握搜集统计资料的方法技术。
- 掌握统计调查方案和统计调查问卷的设计方法。

引导案例 >>>　　**为什么要进行人口普查**

　　我国是世界上人口最多的国家，我们进行社会主义现代化建设，发扬社会主义民主，做好民生工作，都需要有翔实准确的人口数据，而人口普查就是取得人口数据的重要途径。定期开展人口普查的目的是查清我国人口在数量、结构、分布和居住环境等方面的情况变化，为科学制定国民经济和社会发展规划，统筹安排人民的物质和文化生活，实现可持续发展战略，以及构建社会主义和谐社会提供科学准确的统计信息支持。

　　随着经济全球化深入发展，世界经济大变革、大调整步伐加快，全球人口状况也发生了较大变化。各国为了应对挑战，更好地制定相关政策，都对人口进行普查。2005 年以来，世界上已经有 70 多个国家和地区进行了人口普查，另有 150 多个国家和地区将开展人口普查。自 1949 年以来，中国分别在 1953 年、1964 年、1982 年、1990 年、2000 年与 2010 年进行了共六次的全国性人口普查。

　　在新的形势下开展人口普查对于科学制定发展战略和政策、促进经济社会又好又快发展和人的全面发展，具有十分重要的现实意义。制定人口政策、劳动就业政策、教育政策、社会福利政策和民族政策等均需要翔实可靠的人口数据。积极稳妥地推进城镇化是扩大内需和调整结构的一项重要工作，需要通过人口普查进一步摸清进城务工农民和流动人口的规模、构成和流向等情况。真实的人口统计数据还是做好民生工作的重要基础，无论是扩大居民消费、增加就业，还是提供义务教育、基本医疗、基本住房以及推进基本公共服务均等化，都需要在翔实人口数据的基础上进行分析。

　　（资料来源：国家统计局网站 http://www.stats.gov.cn/ztjc/zdtjgz/zgrkpc/dlcrkpc/dlcrhpczs/201004/
t20100419_69994.htm。）

统计调查的种类与技术

一、统计调查的意义

（一）统计调查的概念

统计调查是根据统计研究的预定目的、要求和任务，运用各种科学的调查方法，有计划、有组织地搜集、登记总体各单位事实资料的工作过程。

（二）统计调查的基本任务

统计资料的搜集包括两方面内容：一是直接搜集反映调查对象的个体原始资料，又称为初级资料；二是根据研究的目的，搜集已经加工、整理出来的，说明现象总体的第二手资料，又称次级资料。由于第二手资料来源于原始资料，因此，统计调查的基本任务是搜集反映社会经济现象总体、总体单位及其相关的原始资料。

（三）统计调查的基本要求

为了更好地完成统计工作任务，发挥统计调查的作用，在统计调查过程中必须达到以下基本要求：

1．准确性

统计调查的准确性是指搜集的资料必须能如实反映客观实际，做到真实、可靠，既不修饰，也不渲染。这是保证统计资料质量的首要环节，是统计工作的生命。

2．及时性

统计调查的及时性是指及时上报各种统计调查资料，以满足各方面的需要。

3．完整性

统计调查的完整性是指调查单位不重复、不遗漏，所列调查项目的资料都需要搜集齐全。

统计调查资料的准确性、及时性和完整性，是对统计工作的基本要求，它们之间存在着有机的联系。其中，准确性是统计调查工作的基础，要准中求快、准中求全。

二、统计调查的种类

社会经济现象错综复杂，调查对象千差万别，统计研究的任务多种多样，因此，在组织统计调查时，应根据不同的调查对象和调查目的，灵活采用不同的调查方式。统计调查方式一般可以按不同的标志划分为若干类型。

（一）全面调查和非全面调查

统计调查按调查对象包括的范围不同，可分为全面调查和非全面调查。

1．全面调查

全面调查是对总体中的全部单位无一例外地进行登记或观察的调查方式，如人口普查、经济普查。这种调查方式能掌握所有调查单位的全面情况，但需要耗费较多的人力、物力和财力。全面调查只适用于有限总体，且调查内容应限于反映国情国力的重要统计指标。由于全面调查是对全部单位进行的调查，因此不会出现以偏概全的误差。

全面调查存在着如下一些缺陷：

（1）成本大、周期长。由于全面调查要涉及总体的所有单位，而总体单位数有时多达数万甚至上亿的量，进行全面调查的工作量是非常大的。例如，我国每十年进行一次人口普查，每次均需动用数十万名调查员，耗用大量的资金。

（2）经济上不可行。有一些调查如果采用普查的方式，在经济上成本过大，超过了调查可能带来的收益，从而是不可行的。

（3）对于破坏性调查，不可能进行普查。一些调查活动本身对于调查对象是有破坏性的，例如，在购买橘子时，如果对要购买的每一个橘子都打开尝一尝，这些橘子就无法销售了。

（4）质量控制困难。由于全面调查涉及的单位数较多，调查人员多、时间长，因而质量控制往往难以保证。如果不能保证调查过程中手段的严格，就难以保证调查的质量。

2．非全面调查

非全面调查是指对总体中的一部分单位进行登记或观察的调查方式，如抽样调查。这种调查方式所涉及的调查单位较少，可以用较少的人力、财力和时间取得较为细致深入的资料，但无法取得反映所有调查单位的全面资料。非全面调查主要包括三种方式：

（1）重点调查。对总体中影响全局的主要单位进行调查，而对不影响全局的单位不进行调查。例如，为了解全国的钢铁产量，对全国最大的十家钢铁厂进行调查。重点调查一般用于快速地掌握全局的情况，以便进行某方面的决策。重点调查关注的是宏观现象，对于微观主体的状况不进行深入研究。

（2）典型调查。对总体中具有代表性的单位进行调查。例如，为了解居民对某一事件的看法，在街头选择工人、干部、学生等代表进行访问。典型调查的主要着眼点在于对各类具体单位的微观分析，而不关注整体的宏观情况。

（3）抽样调查。按随机原则从总体中抽选一部分单位进行调查。抽样调查的结果既可以对整体的宏观状况进行推断，又能够反映出微观主体的行为，从而成为研究社会经济现象的主要手段。

重点调查和典型调查都具有主观选择的特征，均是由调查人员根据自己的判断去选择样本。在选择的过程中，调查人员主观认识上的差异，可能会导致调查结果出现偏差。由于不同的研究人员可能采用不同的选择标准，因此调查结果的可移植性比较差，其他人很难直接使用这些调查结果。

抽样调查则是采取客观抽样的方式，所有的选择过程都是有科学依据的。只要抽样人员在工作中没有出现失误，抽样结果就可以是客观真实的。由于抽样调查的抽样依据是公认的，所以不同研究者所进行的调查活动，相互之间可以理解并引用。

抽样调查与重点调查和典型调查相比，操作的过程更为严格，同时要求达到一定的样本量，从而增加了调查难度，提高了调查成本，不如重点调查和典型调查那样简单易行。

> **课堂讨论**
>
> 若要调查研究江苏省大学生日常生活费用的支出情况，您认为用什么调查方式比较合适，并说明理由。

（二）经常性调查和一次性调查

统计调查按调查登记时间是否连续可分为经常性调查和一次性调查。

经常性调查是指在一定时期内对客观事物的发展变化情况连续不断地进行登记的调查方式。如工业产品产量、主要原材料和燃料消耗等，其数值变动大、变化快，只有进行连续登记观察，才能满足统计需要。

一次性调查是指间隔一定时期，对事物在某一时点上的状况进行登记观察的调查方式。如固定资产总值、人口数等，其数值变动小、变化慢，可采用一次性调查的方式搜集资料。

这种划分和调查对象的范围没有关系，不能把经常性调查误认为是全面调查，也不能误认为经常性调查就是调查时期现象，而一次性调查就是调查时点现象。

（三）统计报表和专门调查

统计调查按调查组织方式不同，可以分为统计报表和专门调查。

统计报表是指按照统一规定的表式要求，自上而下地统一布置、自下而上地逐级汇总上报的调查方式，其目的在于掌握经常变动的、对国民经济有重大意义的指标的统计资料。专门调查是为研究某些专门问题，由调查单位专门组织进行的一种调查方式，包括抽样调查、普查、重点调查和典型调查等几种调查方法。

上述各种分类并非相互排斥，而是从不同的角度对统计调查进行不同的分类，它们是相互联系、交叉融合的。如人口普查，既是一种专门调查，又是一次性调查，也是全面调查。一项具体的统计调查应采用何种方式方法，要根据调查对象的特点、调查任务的要求，结合时间、任务、准确度等各种因素加以灵活恰当地选用，有时还需将几种方法结合起来应用，从而准确、及时、全面、经济地取得有关统计资料。

三、统计调查技术

统计调查技术是指搜集资料的具体方法和技巧。常用的有以下几种：

1. 直接观察法

直接观察法是指调查人员亲自到现场对调查单位的调查项目进行清点、测定、计量，以取得第一手资料的一种方法。观察法一般用于对调查对象的客观状况进行调查，如通过观察普通消费者在超市中选购商品的过程，可以分析出消费者对商品各方面属性的偏好情况。在使用观察法时，要求调查人员具有较强的观察能力和分析能力，能够敏锐地发现调查对象的各种无意识活动。直接观察法取得的资料，具有较高的准确性，但需要大量的人力、物力、财力和时间，同时有些社会经济现象并不能用直接观察法进行调查。如对职工家庭收支情况资料的搜集，一般不宜直接计量和观察。

2. 采访法

采访法是指由调查人员向被调查者提问，根据被访问者的答复来搜集统计资料的一种方法。它又可以分为个别访问和开调查会两种。个别访问是由调查人员向被调查者逐一询问来搜集资料的方法，该方法搜集的调查资料较为准确，但需花费大量的人力和时间，不适于进行全面调查。开调查会是指邀请了解情况的人参加座谈会，以此来搜集资料的方法。该方法可以取得比较准确可靠的资料，但参加会议的人容易受权威人士或第一发言人的影响，以致出现信息偏差。

在使用采访法时，访问员需要及时掌握受访者的谈话内容，对于有价值的信息进行深入追问。采访法能够发现受访者的许多深层次的主观意见，因而常用于深度分析。但采访法的效果受访问员个人能力的影响很大，而且受访者的谈话多为文字表述，很难进行定量分析。

3．报告法

报告法是由报告单位根据一定的原始记录和台账，依据统计报表的格式和要求，按照隶属关系向有关部门提供统计资料的一种方法。当前，我国各企业、机关向上级填报统计报表的调查技术，就是报告法。报告法具有统一项目、统一表式、统一要求和统一上报程序的特点。其资料来自于原始记录，可以同时进行大量的调查。如果报告系统健全，原始记录和核算工作完整，采用报告法也可以取得比较精确的资料。报告法是我国政府进行统计工作的传统方法，政府统计信息主要来自于各行各业提供的统计报表。在组织良好的情况下，报告法能够在较低的成本下，快速地获得有关统计结果。但报告法受被调查机构的主观配合情况影响较大，在政府逐渐减少对企业的直接干预的情况下，报告法的应用受到了很大的限制。

4．问卷调查法

问卷调查法是指调查人员利用格式化的调查问卷，向受访者进行询问。问卷调查法是目前最常用的调查方法，其优点在于利用问卷限定了访问员的询问方式和受访者的回答方式，从而有助于获得符合分析要求的定量数据。问卷调查法不需要访问员进行自由联想和发挥，从而降低了对访问员自身素质的要求，更适用于大规模的民意和商业调查活动。常见的问卷调查方法包括：入户访问、街头拦截式访问、电话调查、邮寄问卷调查、留置问卷调查和媒体问卷调查。

第二节　统计调查方案

统计调查是一项复杂而又严密的工作，所涉及的方面广、数量大，一项大的调查项目往往需要许多人的配合协作才能得以完成。即使是一项小型调查，有时也需要多人合作，其内容也涉及许多方面。为了在调查工作过程中统一认识、统一内容、统一方法、统一步调，进而顺利完成任务，无论采用何种调查方式搜集资料，都要事先根据需要和可能，对被研究对象进行调查研究，制订出周密的调查方案。统计调查方案是调查工作有计划、有组织、有系统进行的保证，同时也是准确、及时、完整取得调查资料的必要条件。一份完整的调查方案，应包括以下基本内容：

（一）确定调查目的

调查总是为一定的研究目的服务的，确定调查目的是任何一项统计调查方案首先要解决的问题。不同的调查目的需要不同的调查资料，不同的调查资料又有不同的搜集方法。若调查目的明确，搜集资料的范围和方法也就随之确定。如我国人口普查的目的是为了弄清我国的人口数字、人口的地区分布和社会经济构成情况，为有计划地进行国家建设、制定人口政策和规划提供可靠资料。

（二）确定调查对象和调查单位

确定调查对象和调查单位是为了回答向谁调查、由谁来具体提供统计资料的问题。调查对象是在某项调查中需要进行调查研究的社会现象总体，它是由性质相同的许多个别单位组成的。统计总体这一概念在统计调查阶段称为调查对象。确定调查对象就是要明确规定所调查的总体范围界限。

调查单位是在某项调查中登记其具体特征的单位，即调查项目的承担者。调查对象和调查单位的概念不是固定不变的，随着调查目的的不同二者可以互相变换。

明确调查单位还需要将其与报告单位相区别。报告单位也称填报单位，它是负责向上级报告和提交统计资料的单位。报告单位一般在行政上、经济上具有一定的独立性，而调查单位可以是个人、企事业单位，也可以是物。根据调查目的，调查单位与报告单位有时一致，有时不一致。例如，调查全国国有工业企业机器设备的使用情况时，调查单位是国有工业企业的每台机器设备，而报告单位是每个国有工业企业。而在调查全国国有工业企业利润完成情况时，每个国有工业企业既是调查单位又是报告单位。

📝 **课堂讨论**

请指出下列调查的调查单位和填报单位：
（1）调查工业企业生产经营情况。
（2）调查工业企业职工收入状况。

（三）拟定调查提纲和调查表

1．调查提纲

调查提纲由调查项目构成。调查项目是调查中所要登记的调查单位的特征，这些特征就是前述的标志。确定调查提纲所要解决的问题是：需要向调查单位调查什么？调查单位具有哪些特征？用什么标志反映调查单位的特征？在调查中涉及哪些调查项目？拟定调查提纲一般应注意以下几点：

（1）只列入为实现调查目的所必需的项目，可有可无或备而不用的项目不应列入。
（2）只列入能够取得资料、得到确切答案的项目。
（3）列入调查提纲的内容含义要明确、具体。
（4）列入的调查项目之间尽可能相互联系。

2．调查表

调查表是指将调查项目按照一定的顺序编制而成的统计表格。它是搜集原始资料的基本工具，也是调查后对资料汇总整理的重要依据。调查表有单一表和一览表两种形式。单一表是指一张调查表上只登记一个调查单位的表格，它可以容纳较多的调查项目。一览表是指一张调查表上登记若干个调查单位的表格，但它容纳的调查项目有限。通常，需统计的调查项目较少时，宜采用一览表，见表 2-1；而调查项目较多时，则宜采用单一表，见表 2-2。

表 2-1　城市住户现金收支调查表（一览表）

20××年第×季度

户 主 姓 名	期 初 现 金	实 际 收 入	储 蓄 收 入	实 际 支 出	储 蓄 支 出	期 末 现 金

表 2-2　城市住户基本情况调查表（单一表）

户主姓名：　　　　　　　　　　　　　　　　　　　　　　20××年第×季度

项　　目	单　位	代　号	数　量	项　　目	单　位	代　号	数　量
一、人口情况				二、家庭居住情况			
期初家庭人口数	人	101		居住面积			
退休人口数	人	102		居住间数			
就业人口数	人	103		辅助面积			
非家庭人口数	人	104		卫生设施			
期末家庭人口数	人	105		取暖设施			

（四）确定调查时间和调查期限

调查时间是指调查资料所属的时间，如果调查的是时期现象，则要明确规定调查对象相应资料的起止时间；如果调查的是时点现象，则要明确规定统一的标准时点。而调查期限是指整个调查工作的起止时间。调查期限包括搜集资料和报送资料等全部工作所需的时间。

例如，某管理局要求所属企业于 2018 年 1 月月底上报 2017 年工业总产值资料，则调查时间是一年，调查期限是一个月；又如，某管理局要求所属企业于 2018 年 1 月 10 日上报 2017 年库存商品资料，则调查时间是标准时间 2017 年 12 月 31 日，调查期限是 10 天。在调查一些时点现象时，调查时间需精确至时分。例如，全国第六次人口普查的标准时点是 2010 年 11 月 1 日零点。

（五）制订调查工作的组织实施计划

为了保证整个统计调查工作的顺利进行，在调查方案中还应该有一个经周密考虑的组织实施计划，其主要内容包括：调查工作的领导机构和办事机构；参加调查的单位，调查人员的组织，调查步骤，资料保送办法；调查前的准备工作，包括宣传教育、干部培训、调查文件的准备、调查经费的预算和开支计划；调查方案的传达布置、试点及其他相关工作；调查进行过程中的检查方法；完成调查后提交成果或报告的内容及时间等。

统计调查问卷

一、问卷的类型与结构

（一）调查问卷的意义

现代统计调查中所采用的问卷，是调查者依据调查目的和要求，按照一定的理论假设设计出来的，由一系列问题、调查项目、备选答案及说明组成的，用以向被调查者搜集资料的一种工具，属于调查表的一种形式。它可以由调查者采用口头询问的方法填写，也可以由被调查者自己填写。调查问卷的功能是：能正确反映调查目的，问题具体，重点突出；在被调查者的合作、协助下达到调查目的；通过口头或书面交流，便于正确记录和反映被调查的内容。采用调查问卷搜集资料有以下显著特点：

（1）调查内容标准化、系统化，便于资料的整理和分析。

（2）调查范围广，涉及内容多，信息反馈快。

（3）直接了解群众的意见和要求，有利于决策的科学化、民主化。

（二）调查问卷的基本类型

由于调查者的研究目的、调查内容、调查方式各有不同，调查问卷的形式也不尽相同。按问卷填写方式划分，可将调查问卷分为自填式问卷和访问式问卷，这是调查问卷的两种基本类型。

1．自填式问卷

自填式问卷是指通过邮寄或分发的方式，由被调查者自己填写的问卷。自填式问卷往往可以得到较为可靠的资料，但此类问卷的质量受人为因素影响较大。

2．访问式问卷

访问式问卷是由调查人员通过现场询问，根据被调查者口头回答的结果而代为填写的问卷。访问式问卷应答率高、可控性强，但此类问卷存在费用高、受调查人员影响等缺点。

（三）调查问卷的基本结构

一份完整的调查问卷通常由开头部分、主体部分和背景部分构成。

1．开头部分

开头部分，主要包括问候语、填表说明、问卷编号等内容。不同的问卷所包括的开头部分会有一定的差别。

（1）问候语。问候语也叫问卷说明，其作用是引起被调查者的兴趣和重视并消除其顾虑，以争取他们的积极合作。一般在问候语中的内容包括称呼、问候、访问员介绍、调查目的、调查对象作答的意义和重要性、回答者所需花费的时间说明、感谢语等。问候语一方面要反映以上内容，另一方面要求尽量简短。

（2）填写说明。在自填式问卷中要有详细的填写说明，让被调查者知道如何填写问卷，如何将问卷返回到调查者手中。

（3）问卷编号。主要用于识别问卷、调查者以及被调查者姓名和地址等，以便于校对检查、更正错误。

2．主体部分

主体部分，也是问卷的核心部分。它包括了所要调查的全部项目，主要由问题和答案所组成。

（1）问卷设计的过程其实就是将研究内容逐步具体化的过程。根据研究内容先确定好树干，再根据需要为每个树干设计分支，每个问题则是树叶，最终构成为一整棵树。因此在整个问卷树的设计之前，应该有总体上的大概构想。

（2）在一个综合性的问卷中，通常将差异较大的问题分块设置，从而保证了每个部分的问题相对独立，整个问卷的条理也更加清晰，整体感更加突出。

（3）主体问卷设计应简洁明了，内容不宜过多、过繁，应根据需要而确定，避免可有可无的问题。

（4）问卷设计要具有逻辑性和系统性，一方面可以避免需要询问信息的遗漏，另一方面调查对象也会感到问题集中、提问有章法。相反，假如问题是发散的、随意性的，问卷就会给人以思维混乱的感觉。

（5）问卷题目设计必须有针对性，明确被调查人群，使题目适合被调查者身份，且必须充分考虑受访人群的文化水平、年龄层次等。只有在细节上综合考虑，调查才能够达到预期的效果。

3．背景部分

背景部分通常放在问卷的最后，主要是对被调查者的一些有关背景资料的搜集，调查单位要对其进行保密。该部分所包括的各项内容，可作为对调查者进行分类比较的依据。

背景部分一般包括：性别、民族、婚姻状况、收入、教育程度、职业等。其中，"教育程度"分为小学、初中、高中、职高、中专、大专、本科或本科以上等。"职业"分为政府机构/公共事业单位（如医生、教师、警察）、外资/合资企业、学生、离退休等。

二、问卷的设计程序和形式

1．问卷的设计程序

（1）初步探索：将抽象化的调查内容转换为较为具体的问卷问题。

（2）设计初稿：在初步探索的基础上设计问卷问题与答案。

（3）试用和修改：进行试点调查并根据其结果对问卷进行再修改，形成正式的调查问卷。

2．问卷的设计形式

（1）自由询问式：只提问不设答案，由被调查者自由回答。（开放式问题）

（2）二项选择式：只让被调查者在两个可能的答案中选择一个。（封闭式问题）

（3）多项选择式：设置多种答案供被调查者选择。（封闭式问题）

（4）顺位式：被调查者依据自己的偏好和认识程度对调查项目中所列答案排出先后次序。（既可用于开放式问题，也可用于封闭式问题）

（5）赋值评价式：通过打分数或定等级的方式来评价事物的好坏或优劣。（封闭式问题）

课堂练习

在设计问题时需要注意提问技巧。下表中左边是设计提问时的注意事项，右边则是一些不恰当的问题举例，请用直线连接注意事项和相应的问题。

提问内容尽可能简短而明确	您每月的收入是＿＿＿＿＿元。
用词要确切、通俗	您觉得这种产品的新包装不美观吗？
一项提问只包含一项内容	您觉得这款轿车的加速性能和制动性能怎么样？
避免诱导性提问	您的恩格尔系数是多少？
避免否定式提问	人们认为长虹牌彩电质量不错，您觉得怎么样？
敏感型问题可以用区间提问	请问您最近一个月使用什么品牌的化妆品？

第四节 统计调查的组织方式

一、定期统计报表

（一）定期统计报表的意义

定期统计报表是依据国家有关法规，自上而下地统一布置，再以一定的原始记录为依据，按照统一的表式、统一的指标、统一的项目、统一的报送时间和报送程序，自下而上定期、逐级地提供基本统计资料的一种调查方式。

定期统计报表可以事先布置到基层单位，基层单位根据报表的要求，建立和健全各种相关的原始记录，使统计报表资料的来源有可靠的基础，以保证统计资料的准确、及时、完整。基层单位也可以利用统计报表资料，对其生产和经营活动进行科学管理。

由于定期统计报表采用逐级上报、汇总的形式，各级领导部门都能得到管辖范围内的统计报表资料，使其能够经常了解本地区、本部门的经济和社会发展情况。

定期统计报表是经常性调查，因而内容相对稳定，有利于积累资料和进行历史对比。

（二）定期统计报表的种类

1．月报、年报和其他时间报表

定期统计报表按报送周期不同，可分为日报、旬报、月报、季报、半年报和年报统计报表，其中以月报和年报为主。

2．邮寄报表和电信报表

定期统计报表按报送方式不同，可分为邮寄报表和电信报表。电信报表又可分为电报、电话报等。日报和旬报通常采用电信方式报送。月报、季报、半年报和年报，除月报中的少数指标用电信方式报告外，一般都通过邮寄方式报送。

3．基层报表和综合报表

定期统计报表按填报单位不同，可分为基层报表和综合报表。基层报表主要由基层企事业单位填报，其所提供的原始资料是统计的基础资料。综合报表是由主管部门根据基层报表逐级汇总填制的统计报表。

4．国家报表、部门报表和地方报表

定期统计报表按实施范围不同，可分为国家报表、部门报表和地方报表。国家报表是根据有关的国家统计调查项目和统计调查计划制订的统计报表，也称为国民经济基本统计报表。此类报表在全国范围内的各行各业实施，主要用来搜集整个国民经济和社会发展情况的基本统计资料。部门报表是根据有关部门的统计调查项目和统计调查计划制订的统计报表，实施范围仅限于各业务主管部门系统内，一般用来搜集各级主管部门所需要的专门统计资料。地方报表是根据有关地方统计调查项目和统计调查计划相应制订的统计报表，其实施范围是各省、市、自治区，主要用来满足地方的专门需要。部门和地方报表都是国家统计报表的补充。

（三）定期统计报表制度的基本内容

定期统计报表制度是指基层单位和下级机关按照统一规定的表格、内容和报送程序，定期向上级机关和国家报送统计资料的制度。我国的定期统计报表制度包括以下内容：

1．报表目录

报表目录是指报送的报表名称、报表的填报单位、调查对象、报送日期和报送程序等事项的一览表。目录的作用是使填表单位了解在什么时间、用什么方式、向什么单位报送什么报表。

2．报表表式

报表表式是指统计报表的具体格式。每张表式要明确规定出表名、表号、报表期别、填报单位、报出日期、报送方式、主栏项目、宾栏项目、表下补充资料、填报单位负责人和填报人签章以及制表部门等。

3．填表说明

填表说明是指填写报表时应遵循的各种规定和应注意的问题。主要包括：报表的实施范围，填报和汇总安排；统计目录，如工业产品目录；指标解释，即指标的概念、计算方法、包括范围和有关事项的具体说明。

二、普查

（一）普查的意义

普查是根据统计的特定目的而专门组织的非连续的一次性全面调查。它主要用来搜集那些不能够或者不适宜用定期全面报表搜集的统计资料；调查属于一定时点的社会经济现象的总量；也可以用来调查反映一定时期现象的总量。

普查和全面统计报表都属于全面调查，但二者并不能互相代替。普查属于不连续调查，调查内容主要是反映国情国力方面的基本统计资料；而全面统计报表属于连续调查，调查内容主要是需要经常掌握的各种统计资料。全面统计报表需要经常填报，因此报表内容相对固定，调查项目较少；而普查是专门组织的一次性调查，在调查时可以包括的单位更多、分组

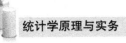

更细、项目更全面。因此，有些社会经济现象不可能也不需要进行连续调查，但又需要掌握比较全面、详细的资料时，即可通过普查来解决。普查花费的人力、物力和时间较多，不宜经常组织，取得经常性的统计资料还需要靠全面统计报表。普查是一次性全面调查，一般在全国或很大范围内进行，其涉及面广、工作量大、调查内容多、要求高、时效性强，需要动员和组织许多人力、物力和财力来完成，其意义重大。

（二）普查的组织

普查的组织方式按资料来源不同可分为两种：①通过专门组织的普查机构，配备一定数量的普查人员，对调查单位直接进行登记，如人口普查、工业普查等。②利用调查单位的原始记录和核算资料，下发一定的调查表格，由被调查单位进行核实填报，如我国历次物资库存普查、科技人员普查。

普查按工作任务缓急不同，又分为两种：①一般普查，采用逐级布置任务和逐级汇总上报的办法。②快速普查，布置任务和报送资料可越过一切中间环节，由基层单位将资料直接报送给最高领导机关。如 1956 年我国曾进行过钢材快速普查，仅在 21 天内就完成了 2 400多个单位钢材库存情况的普查任务。

三、抽样调查

抽样调查是按随机原则，从总体中选取一部分单位进行观察，并根据这一部分单位的调查资料，从数量方面推断总体指标的一种非全面调查。抽样调查虽然是一种非全面调查，但其目的却在于取得反映全面情况的统计资料，所以，在一定意义上说，它可以起到全面调查的作用。这部分内容将在后续章节专门讲述。

四、重点调查

（一）重点调查的意义

重点调查是专门组织的非全面调查，它是在调查对象范围内只选择一部分重点单位进行的调查。所谓重点单位是指在总体中具有举足轻重地位的那些单位，虽然它们往往只是调查总体全部单位中的一小部分，但其标志值在被研究总体标志总量（即总体单位标志值之和）中所占比重很大。因此，对这些重点单位进行调查，就可以在数量方面说明总体的基本情况。例如，要了解全国钢铁产量的基本情况，只要对全国少数几个重点钢铁企业（如鞍钢、宝钢、首钢、武钢等）进行调查，就能及时掌握全国钢铁产量的基本情况。因此，重点调查可以节省大量的人力、物力和财力，并能使调查工作做得更加细致、及时。

（二）重点单位的选择

一般来说，选出的重点单位应尽可能少些，而其标志值在总体标志总量中所占比重应尽可能大些。此外，选中的单位其经营管理制度应比较健全，统计能力应比较充足，统计基础应比较巩固。

要注意的是，虽然重点单位标志值在总体标志总量中占有绝大比重，掌握了它们的情况，就基本掌握了总体特征，但这些情况并不能完整地反映总体总量，而且重点调查的资料也不具备推断总体总量的条件。因此，重点调查只是为了获得反映总体基本情况的统计资料，不宜用其推断总体。

五、典型调查

（一）典型调查的概念和特点

典型调查是根据调查目的和要求，在对被研究总体进行全面分析以后，有意识地从中选择少数具有代表性的单位进行深入调查和研究的一种非全面调查。

典型调查的特点是：①调查单位是根据调查目的有意识地选择出来的少数具有代表性的单位；②典型调查是一种深入细致的调查研究，既可以搜集有关数字资料，又可以搜集不能用数字反映的其他实际情况。

（二）典型调查的作用

（1）典型调查可以补充全面调查和其他非全面调查的不足：可以搜集到其他调查方式无法取得的统计资料；可以搜集到不能用数字反映的各种情况；可以验证全面调查资料的真实性。

（2）在一定条件下可以利用典型调查资料结合基本统计数字，估计总体指标数值。

（3）典型调查可用来研究新生事物。

（三）典型单位的选择

选择典型单位的一般要求是：根据调查目的和任务，进行全面分析，综合比较，了解被研究总体的全面情况和一般水平，从各个可供选择的单位中挑选富有代表性的典型单位。具体选择方法有：

（1）划类选典型。即按照一定的标志，将调查对象划分为若干类型，根据每一类型在总体中所占的比例，选出被调查的若干典型单位。例如，在估算某县的小麦产量时，可以先把全县播种小麦的地块按地形分为平原、丘陵和山区三个类型，根据各类型面积在总体面积中所占比重选出几个典型单位进行调查。

（2）挑选中等典型。中等典型可以代表总体的平均水平。

（3）挑选先进、后进或新生事物典型。这是为了总结成功经验和失败教训，宣传各种榜样。

不同的统计调查的方式方法，各有其特点和作用。在实际工作中，并非单用一种方式方法，而是多种方式方法的结合运用。这不仅是因为国民经济和社会发展情况复杂，门类众多，变化又较快，只有采用多种调查方法，才能搜集到丰富的统计资料，还因为任何一种统计调查方法，都有其优越性与局限性，且各种不同的调查方法有不同的实施条件，只用一种统计调查方法是不能满足统计调查的多种需要的。

六、统计调查体系及改革

根据我国国情，结合国际、国内的统计工作经验，我国统计调查体系的目标模式是：建立一个以周期性普查为基础，以经常性抽样调查为主体，以必要的统计报表、重点调查和综合分析为补充的统计调查体系。根据统计调查体系的目标模式，其改革内容主要有以下几点：

（1）建立周期性的普查制度。

（2）开展经常性的抽样调查。

（3）逐步缩小全面统计报表的范围。

（4）应用科学的综合分析和推算方法。

本章小结

完整的统计工作过程包括统计设计、统计调查、统计整理和统计分析四个相互联系又各有侧重的工作阶段。统计设计是统计工作的起点，统计调查是统计工作的基础阶段，也是进行资料整理和分析的基础环节。统计调查在很大程度上直接影响着统计工作任务完成的好坏，决定着整个统计工作质量的优劣。

统计调查是统计工作中获得原始数据的最基本手段。虽然二手文献也是统计工作中常见的数据来源，但二手文献本身的数据来源，也一定是与某项调查活动相关的。统计调查按调查范围分为全面调查和非全面调查；按登记事物的连续性分为经常性调查和一次性调查；按组织形式分为统计报表和专门调查。统计调查的要求是以兼顾准确性、及时性、完整性的方法，获取第一手数据。统计调查的目的是获得统计资料，收集资料的方法主要有直接观察法、报告法、采访法和问卷调查法。

统计调查方案包括确定调查目的、确定调查对象和调查单位、拟定调查提纲和调查表、确定调查时间和调查期限以及制订调查工作的组织实施计划。

现代统计调查中所采用的问卷通常由开头部分、主体部分和背景部分构成，具体包括问候语、填写说明、调查事项的问题和答案以及被调查者的基本情况等。

统计调查的组织方式包括定期统计报表、普查、抽样调查、重点调查和典型调查。

根据我国国情，结合国际、国内的统计工作经验，我国统计调查体系的目标模式是：建立一个以周期性普查为基础，以经常性抽样调查为主体，以必要的统计报表、重点调查和综合分析为补充的统计调查体系。

练习与案例分析

一、单项选择题

1. 统计调查搜集的主要是原始资料，所谓原始资料是指（　　　　）。
    A. 统计部门掌握的统计资料
    B. 向调查单位搜集的尚待汇总整理的个体资料
    C. 对历史资料进行分析后取得的预测数据
    D. 统计年鉴或统计公报上发布的资料

2. 统计调查所搜集的资料包括原始资料和次级资料两种，原始资料与次级资料的关系是（　　　　）。
    A. 次级资料是从原始资料过渡来的　　B. 二者不相干
    C. 原始资料就是次级资料　　　　　　D. 次级资料质量上次于原始资料

3. 统计调查有全面调查和非全面调查之分，它们划分的标志是（　　　　）。
    A. 是否进行登记、计量　　　　　　　B. 是否按期填写调查表
    C. 是否制订调查方案　　　　　　　　D. 是否对组成总体的所有单位进行逐一调查

4. 全面调查是对构成调查对象的所有单位进行逐一的调查，因此，下述调查中属于全面调查的是（　　　　）。
    A. 就全国钢铁生产中的重点单位进行调查

B. 对全国的人口进行普查

C. 到某棉花生产地了解棉花收购情况

D. 抽选一部分单位对已有的资料进行复查

5. 按调查登记的时间是否连续，统计调查可分为连续调查和不连续调查。下述调查中属于连续调查的是（　　　）。

A. 每隔 10 年进行一次人口普查

B. 对 2016 年大学毕业生就业状况的调查

C. 对近年来物价变动情况进行一次摸底调查

D. 按旬上报钢铁生产量

6. 调查单位与报告单位的关系是（　　　）。

A. 二者是一致的　　　　　　　　B. 二者有时是一致的

C. 二者没有关系　　　　　　　　D. 调查单位大于报告单位

7. 对某省饮食业从业人员的健康状况进行调查，调查对象是该省饮食业的（　　　）。

A. 全部网点　　　　　　　　　　B. 每个网点

C. 所有从业人员　　　　　　　　D. 每个从业人员

8. 对某省饮食业从业人员的健康状况进行调查，调查单位是该省饮食业的（　　　）。

A. 全部网点　　　　　　　　　　B. 每个网点

C. 所有从业人员　　　　　　　　D. 每个从业人员

9. 我国的统计报表（　　　）。

A. 都是全面统计报表　　　　　　B. 目前大多是全面统计报表

C. 目前大多是非全面统计报表　　D. 只有个别单位填报

10. 统计报表报送周期不同，报表所反映的指标项目有不同的详细程度。一般，周期越短，则报告的指标项目（　　　）。

A. 越多　　　　　　　　　　　　B. 可能多也可能少

C. 越少　　　　　　　　　　　　D. 是固定的

11. 对 1990 年 6 月 30 日 24 时的全国人口进行逐一调查，这是（　　　）。

A. 定期调查方式　　　　　　　　B. 统计报表制度

C. 普查　　　　　　　　　　　　D. 典型调查

12. 抽样调查与典型调查都是非全面调查，二者的根本区别在于（　　　）。

A. 灵活程度不同　　　　　　　　B. 组织方式不同

C. 作用不同　　　　　　　　　　D. 选取调查单位的方法不同

13. 通过调查鞍钢、宝钢等几个大型钢铁基地，了解我国钢铁生产的基本状况。这种调查方式是（　　　）。

A. 典型调查　　　　　　　　　　B. 重点调查

C. 抽样调查　　　　　　　　　　D. 普查

14. 统计调查可以分为统计报表和专门调查，划分的根据是（　　　）。

A. 调查的内容　　　　　　　　　B. 调查的领导机关

C. 调查的组织方式　　　　　　　D. 调查的报告单位

15. 如果调查对象是全部工业企业，则调查单位是（　　　）。

A. 每一工业企业中的每个职工　　B. 每一工业企业中的厂长

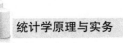

C．每一工业企业中的每个车间　　D．每一个工业企业

16．典型调查是从调查对象中（　　）。

A．按照随机原则选取若干单位进行调查

B．按照调查目的有意识地选取若干处于较好状态的单位进行调查

C．按照随机原则选取若干具有代表性的单位进行调查

D．按照调查目的有意识地选取若干具有代表性的单位进行调查

17．全面统计报表是一种（　　）。

A．专门组织的调查方法　　　　　B．就重点单位进行的调查方法

C．报告法的调查方法　　　　　　D．主观选择调查单位的调查方法

18．下列属于专门调查的是（　　）。

A．普查　　　　　　　　　　　　B．非全面调查

C．全面调查　　　　　　　　　　D．专业统计报表

19．调查时间是指（　　）。

A．调查工作开始的时间　　　　　B．调查工作的起止时间

C．调查资料所属的时间　　　　　D．调查工作结束的时间

20．在统计分析中，需要已婚人口数和未婚人口数指标，则相应的调查标志是（　　）。

A．婚姻状况　　　　　　　　　　B．已婚人口数

C．未婚人口数　　　　　　　　　D．已婚及未婚人口数

21．下列属一次性调查的是（　　）。

A．全国实有耕地面积　　　　　　B．职工家庭收入与支出的变化

C．商品购销季节变化　　　　　　D．单位产品成本变动

22．普查是专门组织的（　　）。

A．经常性全面调查　　　　　　　B．一次性全面调查

C．一次性非全面调查　　　　　　D．经常性非全面调查

23．区别重点调查与典型调查的标志是（　　）。

A．调查单位的多少不同　　　　　B．搜集资料的方法不同

C．确定调查单位的标准不同　　　D．确定调查单位的目的不同

24．抽样调查和重点调查都是非全面调查，二者的根本区别在于（　　）。

A．灵活程度不同　　　　　　　　B．组织方式不同

C．作用不同　　　　　　　　　　D．选取单位方式不同

25．调查对象是指（　　）。

A．所要调查的总体　　　　　　　B．进行调查的标志承担者

C．提供调查资料的单位　　　　　D．组成统计总体的基本单位

26．某市工业企业 2017 年生产经营成果年报呈报时间规定在 2018 年 1 月 31 日，则调查期限为（　　）。

A．一日　　　　　　　　　　　　B．一个月

C．一年　　　　　　　　　　　　D．一年零一个月

27．重点调查中的重点单位是指（　　）。

A．标志值在总体中占有很大比重的单位

B．具有典型意义或代表性的单位

C. 那些具有反映事物属性差异的品质标志的单位

D. 能用以推算总体标志总量的单位

28. 在生产过程中，对产品的质量检查和控制应该采用（　　）。

    A. 普查　　　　　　　　　　B. 重点调查

    C. 典型调查　　　　　　　　D. 抽样调查

29. 调查期限是指（　　）。

    A. 调查资料所属的时间　　　B. 进行调查登记工作开始到结束的时间

    C. 调查工作登记的时间　　　D. 调查资料的报送时间

30. 某市统计局欲对该市职工 2018 年 8 月 15～21 日一周的时间安排进行调查，调查对象是（　　）。

    A. 该市全部职工　　　　　　B. 该市每个职工

    C. 该市职工的业余时间　　　D. 该市职工的业余时间的支配情况

二、多项选择题

1. 非全面调查是仅对一部分调查单位进行调查的调查方式，下列各项中属于非全面调查的有（　　）。

    A. 重点调查　　　　　　　　B. 抽祥调查

    C. 典型调查　　　　　　　　D. 全面统计报表

    E. 定期调查

2. 制订一个周密的统计调查方案，应包括的内容有（　　）。

    A. 确定调查目的　　　　　　B. 确定调查对象

    C. 确定标志性质　　　　　　D. 确定资料的使用范围

    E. 确定调查项目

3. 全面统计报表是一种（　　）。

    A. 全面调查方法　　　　　　B. 报告调查方法

    C. 经常性调查方法　　　　　D. 一次性调查方法

    E. 快速调查方法

4. 通过调查鞍钢、首钢、宝钢等几个大型钢铁基地来了解我国钢铁的基本状况，这种调查属于（　　）。

    A. 典型调查　　　　　　　　B. 重点调查

    C. 抽样调查　　　　　　　　D. 普查

    E. 非全面调查

5. 重点调查是一种（　　）。

    A. 统计报表制度

    B. 非全面调查

    C. 就重点单位进行的调查

    D. 可用于经常性调查也可用于一次性调查的调查方法

    E. 能够大致反映总体基本情况的调查方法

6. 重点调查的实施条件是（　　）。

    A. 所研究问题比较重要　　　B. 没有能力进行全面调查

    C. 经费充裕　　　　　　　　D. 重点单位的标志值在总体中占绝大比重

E．调查目的不要求掌握全面数据，只需了解基本状况和发展趋势

7．以下关于概率抽样调查的叙述中正确的有（　　　　）。

A．是一种非全面调查　　　　　B．按照随机原则抽选调查单位

C．根据样本资料推断总体　　　D．是一种定期进行的调查

E．与典型调查相似

8．统计调查按组织方式的不同可分为（　　　　）。

A．全面调查　　　　　　　　　B．专门调查

C．非全面调查　　　　　　　　D．经常性调查

E．统计报表

9．统计调查方案的主要内容有（　　　　）。

A．确定调查目的

B．确定调查时间和期限

C．确定调查对象、调查单位和报告单位

D．确定调查项目和调查表

E．确定调查的组织计划

10．在全国工业企业普查中（　　　　）。

A．全国工业企业数是调查对象

B．全国每一个工业企业是调查单位

C．全国每一个工业企业是报告单位

D．工业企业的所有制关系是变量

E．每个工业企业的职工人数是变量

三、判断题

1．全面调查是对调查对象的各方面都进行调查。　　　　　　　　　　　　（　　　）

2．我国的人口普查每 10 年进行一次，因此，它是一种经常性调查方式。　（　　　）

3．在统计调查中，调查单位和报告单位有时是一致的。　　　　　　　　（　　　）

4．调查时间是指开始调查工作的时间。　　　　　　　　　　　　　　　（　　　）

5．普查可以得到全面、详细的资料，但花费较大。　　　　　　　　　　（　　　）

6．各种调查方式的结合运用，会造成重复劳动，因此不应提倡。　　　　（　　　）

7．要想通过非全面调查来取得全面资料，应选用典型调查方法。　　　　（　　　）

8．在统计调查中，调查单位与报告单位是不一致的。　　　　　　　　　（　　　）

9．统计报表是按国家有关法规颁布的，是必须履行的义务。故各级领导部门需要统计资料时，都可以通过颁布统计报表来收集。　　　　　　　　　　　　　　　（　　　）

10．普查可以取得被研究事物总体的全面情况，且不需大量的人力、物力和财力。

（　　　）

11．抽样调查是非全面调查中最有科学根据的方式方法，因此，它适用于完成任何调查任务。　　　　　　　　　　　　　　　　　　　　　　　　　　　　　（　　　）

12．全面调查与非全面调查是根据调查结果所取得的资料是否全面来划分的。（　　　）

13．有些调查必须也只能使用抽样调查。　　　　　　　　　　　　　　　（　　　）

14．对同一个问题进行调查，采用抽样调查比全面调查使用经费要多。　　（　　　）

15．概率抽样调查存在抽样误差，但可以度量并控制。　　　　　　　　　（　　　）

四、综合案例

大学生创业调查方案

调查目的：近些年，许多大学生选择自主创业，对此我们就创业相关问题做一些调查，以帮助增强大学生创业意识，鼓励和支持大学生开展创业实践活动，提高广大学生的创业能力和素质。

调查对象：××大学学生

调查项目：大学生创业意愿、创业能力

调查方法：简单随机抽样调查

调查方式：问卷调查

调查工作开展的时间：2022 年 3 月 22～25 日

调查工作开展的地点：××大学教学楼

大学生创业调查问卷

1. 你是否想过创业？
   A．想过　　　　　B．没想过

2. 你所理解的创业是什么？
   A．开办一个企业公司　　　　B．开发一项科研技术
   C．随便一份事业就是创业　　D．其他

3. 你对创业感兴趣吗？
   A．很感兴趣　　B．感兴趣　　C．不感兴趣

4. 你认为创业的最佳时机是什么时候？
   A．大学期间　　　　　　　　B．应届毕业之后
   C．工作几年之后，有一定的经验　　D．其他

5. 你毕业后的打算是什么？
   A．继续深造　　B．考公务员　　C．先就业后创业　　D．创业
   E．直接就业　　F．其他

6. 你对创业方面的知识了解多少？
   A．很了解　　B．了解过一些　　C．不是很了解　　D．没了解过

7. 你对国家出台的扶持大学生自主创业的相关政策与法规了解吗？
   A．很了解　　B．了解过一些　　C．不是很了解　　D．没了解过

8. 如果你要创业，你的创业领域是什么？
   A．社会热门行业　　　　　　B．自己感兴趣的领域
   C．与自己专业相关领域　　　D．与家庭企业相关领域

9. 你认为在哪些地方创业及就业比较容易
   A．京津唐地区　　　　　　　B．上海长江流域
   C．珠海三角洲区域　　　　　D．西部地区
   E．其他

10. 如果你要创业，你希望得到学校的哪些帮助？
    A．创业能力训练　　　　　　B．创业实践活动
    C．创业相关知识培训　　　　D．创业政策支持
    E．专家咨询与指导　　　　　F．提供创业项目

G．其他

11．你创业的目的是什么？

    A．实现自我价值和展示才华   B．发财致富，过上富足的生活

    C．减轻就业压力   D．家人的愿望

    E．纯属个人喜好   F．其他

以下是一些关于创业的自我评价内容请选择。

12．我具备接受新知识掌握新技能的能力，并能将学到的知识灵活地运用到工作中。

    A．很不同意   B．不同意   C．一般   D．同意

    E．很同意

13．我善于突破常规，大胆实施自己的设想并取得成功。

    A．很不同意   B．不同意   C．一般   D．同意

    E．很同意

14．我能胜任管理一家公司、团队。

    A．很不同意   B．不同意   C．一般   D．同意

    E．很同意

15．为把事情做好，我有能力争取资金、时间和人力，使方案顺利进行。

    A．很不同意   B．不同意   C．一般   D．同意

    E．很同意

16．我对公司的运作与市场知识比较熟悉，使我能较好地推广公司的产品和服务。

    A．很不同意   B．不同意   C．一般   D．同意

    E．很同意

17．我具备足够的风险承受能力。

    A．很不同意   B．不同意   C．一般   D．同意

    E．很同意

非常感谢您能参与我们的调查！

实践训练

实训目标：

（1）增强对统计调查工作的感性认识。

（2）培养设计和编制统计调查方案的初步能力。

实训内容与要求：

按班级 4～6 人一组建立调查小组，每组确定一名组长。自选调查主题，撰写调查方案，并编制调查问卷。

实训成果与检测：

各组就各自分析的结果在班级进行交流、讨论后，在教师主持下就实训的结果进行评判，并做出评价打分。

第三章 统计整理

━━━━━━━━━━━━━ ▪ 学习目标 ▪ ━━━━━━━━━━━━━

☑ 明确统计资料整理的概念、地位、作用、原则和步骤。
☑ 了解统计分组、分配数列及统计表的概念。
☑ 掌握统计分组、统计汇总的方法技术。
☑ 能针对具体的调查资料进行分类、汇总并编制统计表。

引导案例 >>> 有趣的"大数据"经典数据挖掘案例

近两年,"大数据"这个词越来越为大众所熟悉,"大数据"一直是以高冷的形象出现在大众面前。下面通过几个经典案例,让大家实打实触摸一把"大数据"。你会发现它其实就在身边而且也是很有趣的。

啤酒与尿布

全球零售业巨头沃尔玛在对消费者购物行为分析时发现,男性顾客在购买婴儿尿布时,常常会顺便搭配几瓶啤酒来犒劳自己,于是尝试推出了将啤酒和尿布摆在一起的促销手段。没想到这个举措居然使尿布和啤酒的销量都大幅增加了。如今,"啤酒+尿布"的数据分析成果早已成了大数据技术应用的经典案例,被人们津津乐道。

数据新闻让英国撤军

2010 年 10 月 23 日《卫报》利用维基解密的数据做了一篇"数据新闻"。将伊拉克战争中所有的人员伤亡情况均标注于地图之上。地图上一个红点便代表一次死伤事件,用鼠标点击红点后弹出的窗口则有详细的说明:伤亡人数、时间,造成伤亡的具体原因。密布的红点多达 39 万,显得格外触目惊心。一经刊出立即引起轰动,推动英国最终做出撤出驻伊拉克军队的决定。

大数据与乔布斯癌症治疗

史蒂夫·乔布斯(Steve Jobs)是世界上第一个对自身全基因组以及肿瘤 DNA 进行测序的人。为此,他支付了高达几十万美元的费用。他得到的不是样本,而是包括整个基因的数据文档。医生按照所有基因数据按需下药,最终这种方式帮助乔布斯延长了多年的生命。

微软大数据成功预测奥斯卡 21 项大奖

2013 年,微软纽约研究院的经济学家大卫·罗斯柴尔德(David Rothschild)利用大数据

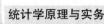

成功预测 24 个奥斯卡奖项中的 19 个，成为人们津津乐道的话题。2014 年罗斯柴尔德再次成功预测第 86 届奥斯卡金像奖颁奖典礼 24 个奖项中的 21 个,进一步向人们展示了现代科技的"神奇魔力"。

第一节 统计整理的一般问题

在统计调查中，通过运用一定的统计调查方法，人们取得了大量能够说明总体中个体特征的原始资料。然而，这些资料是个别的、分散的、不系统的，仅能说明总体中个体单位的具体情况，不能反映社会经济现象总体的综合数量特征。为使人们正确认识社会经济现象总体数量特征，必须按照科学的原则对这些个别的、分散的资料运用科学的方法进行加工整理，使之系统化和条理化，才能认识事物的总体特征及其内部联系，以便对总体做出概括性的说明。

统计资料整理是统计工作的第三个阶段，它在整个统计工作过程中起着承前启后的作用，它既是统计调查的继续和深化，又是统计分析的基础和前提，是统计调查和统计分析的连接点。

一、统计资料整理的概念与意义

统计资料整理，简称统计整理，是指根据统计研究的目的任务，对统计调查所得的原始资料进行科学的分类和汇总，或对已初步加工的次级资料进行再加工，使其系统化、条理化、科学化，以反映所研究的现象总体特征的工作过程。

统计整理在统计研究工作中具有十分重要的意义。一方面，统计调查搜集到的大量的、零散的、不系统的资料，只能表明各个被调查单位的具体情况，反映事物的表面现象或一个侧面，不能说明事物的全貌、总体情况，必须进行加工整理。统计整理的任务就是根据统计研究的目的和要求，借助综合指标，有组织、有计划地对统计调查中搜集到的资料进行加工处理，使其成为系统化、条理化的综合资料，对总体内部规律性、相互联系、结构关系做出概括的说明。例如，人口普查中搜集到的人口资料，只能说明每一个人的具体情况，诸如每个人的姓名、性别、年龄、文化程度等。必须通过对人口总体中每个人的资料进行整理、分组、汇总等加工处理后，才能得到人口总体的综合情况，从而了解人口总体的规模、结构、增减变动状况等，实现对人口总体的全面系统的认识。统计整理是实现由对个别现象的认识过渡到对总体现象的认识，由对事物表象的认识过渡到对其本质与内在联系的全面深刻认识，由感性认识上升到理性认识的过程，是达到统计研究目的的重要环节。

另一方面，统计整理的正确与否、质量好坏，将直接影响统计对社会经济现象数量描述的准确性和数量分析的真实性。不恰当的加工整理往往使调查得来的丰富、准确、全面的资料失去应有的价值，甚至歪曲事情的真相，使人们得出错误的结论。因此，采用科学的方法进行统计整理是顺利完成统计分析任务的前提。

二、统计整理的步骤

统计整理是根据统计研究的目的进行的，它要为统计研究提供统计资料，是一项细致的工作，需要有计划、有组织地进行。从完整的工作程序来看，统计整理的基本步骤如下：

1. 设计和编制统计整理方案

统计资料整理方案是统计设计在统计整理阶段的继续和具体化，统计资料的整理必须严格依据整理方案进行。统计整理方案是根据统计研究的目的和要求，事先对整个工作做出全面的计划和安排。其主要内容包括：确定汇总的指标与综合统计表，确定分组方案，选择资料汇总形式，确定资料审查的内容与方法，确定与历史资料的衔接方法，对整理各工作环节做出时间安排和先后顺序安排等。统计资料整理方案是保证统计整理工作按时、按质、按量完成的指导性文件，方案设计是否合理直接关系到统计整理工作的质量，因此，要做到慎重、周密。

2. 对调查资料进行审核

在对统计资料进行整理前，首先需要对其进行严格的审核，以保证数据的质量，为进一步的整理和分析打下基础。审核的内容主要包括调查资料的准确性、及时性和完整性等几个方面。

审核调查资料的准确性是汇总前审核的重点。审核的方法主要有逻辑性审核和计算审核两种。逻辑性审核是利用逻辑理论检查调查资料内容是否符合客观实际，调查表或报表中的内容是否合理，各项目之间有无相互矛盾之处，并与有关资料进行对照，从中寻找逻辑上的矛盾。例如，在人口普查中，年龄属于少年、儿童年龄段的居民，如果其文化程度为大学本科以上，婚姻状况为已婚，或职务为工程师等，就明显不符合人们对事物的一般认识，即不合逻辑。如果出现这种情况，则需要对调查资料进行查实、更正。计算审核是利用平衡或加总关系审核调查表或报表中各项数字在计算方法和结果上有无差错，计量单位有无与规定不符的地方等。发现调查资料数据有差错后，要分不同情况及时纠正处理：属于填报错误的，要通知填表人或填报单位重新填报；属于汇总错误的，应根据情况予以修正。

审核调查资料的及时性是指审核调查资料是否按规定的调查时间报送，是否及时报送；如未按规定的调查时间或未及时报送，则要检查其原因。审核调查资料的完整性是指审核所有被调查单位的调查资料是否齐全，是否有重复和遗漏；此外，还要审核调查表中应填写的项目是否填写齐全。任何单位的资料不报或缺报都会影响整个汇总工作的正常进行。如果发现调查资料及时性或完整性方面存在问题，要及时督促填报单位按时、及时报送；有遗漏或填写不全的项目要及时通知填报单位补报、补填。

3. 对调查资料进行分组、汇总、计算

根据统计整理方案的要求，按已确定的汇总组织形式和具体方法，依照一定的标志，对调查资料进行分组。按分组的要求，对各项数字进行汇总，计算分组单位数、总体单位数、分组标志总量和总体标志总量。在统计整理过程中，对大量的原始资料进行分组、汇总和计算是一项主要的工作。

4. 对汇总后的调查资料进行审核

对整理好的资料再一次进行审核，改正汇总过程中所发生的各种差错。汇总后审核可以从以下几方面进行：

（1）复计审核，即对每个指标数值进行复核计算。

（2）表表审核，即审核不同统计表上重复出现的同一指标数值是否一致；对统计表中互有联系的各个指标数值，则审核它们之间是否衔接和符合逻辑性。

（3）表实审核，即对汇总得到的指标数值，与了解的实际情况联系起来进行检查。

（4）对照审核，即对某些在统计、会计、业务三种核算方法中都进行计算的指标数值，应进行相互对照检查，看数字是否相同，以便从中发现可能出现的错误。在审核过程中发现错误时，应查明原因，及时更正。

5．编制统计表、绘制统计图

将整理好的统计资料通过统计表或统计图的形式表现出来，以简明扼要地表现社会经济现象在数量方面的具体特征和相互关系。

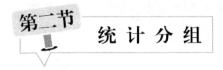

第二节 统 计 分 组

统计整理的主要工作内容是对调查得到的资料进行分组、汇总和计算，其中统计分组是最基本的，是保证汇总、计算科学合理的基础。

一、统计分组的概念与作用

（一）统计分组的概念

统计分组是根据统计研究的目的和研究对象的特点，将统计总体按照一定的标志划分为若干个组成部分的一种统计方法。总体中的这些组成部分称为"组"，即大总体中的小总体。统计分组是在统计总体内部进行的一种特定分类，它同时具有两方面的含义：对总体而言是"分"，即将总体分为性质相异的若干部分；对个体而言是"合"，即将在某些方面性质相同的个体组合起来。能够对统计总体进行分组，是由统计总体中各单位所具有的差异性的特点决定的。统计总体中的各单位，一方面在某一个或几个标志上具有相同的性质，可以被结合在性质相同的一个总体中；另一方面，又在其他标志上具有彼此相异的性质，从而又可以被区分为性质不同的若干个组成部分。例如：据国家统计局发布的数据显示，2016年年末中国大陆总人口138 271万人。对这一总体可以按性别标志进行分组，结果见表3-1。

表3-1　2016年年末中国大陆人口数及构成情况

性　别	人　口　数	
	绝对数（万人）	相对数（%）
男	70 815	51.21
女	67 456	48.79
合计	138 271	100.00

在这一分组过程中，总人口这一总体被分解为男70 815万人、女67 456万人两组，这是

分的过程；与此同时，这一过程也可以看成是总体中的每一个人按照性别标志组合成两组的过程。对同一总体研究的角度不同，可以选择不同的标志进行分组。例如，对全国总人口的总体进行分组，除了可以选择性别标志进行分组外，还可以按居住地点、年龄、文化程度、民族等标志进行不同分组。

统计分组是基本的统计方法之一，在统计资料的整理和分析过程中都需要广泛地应用分组。而分组的对错直接关系到统计整理质量，关系到统计分析的结论是否正确。从某种意义上讲，没有科学的统计资料整理，就没有科学的统计分析。

（二）统计分组的作用

统计分组在统计认识过程中的作用主要表现在以下几个方面：

1. 可以发现零星分散统计资料的特点与规律

通过统计调查取得的资料，往往是大量的、零散的、不系统的资料，直接观察调查资料，人们很难直接了解到社会经济现象的基本情况和特点。例如，某车间工人分 10 个小组共有 100 人，生产定额为每人每天应生产产品 250 件，2017 年 4 月 1 日每个工人的实际生产完成情况如下（单位：件）：

一组：	210	210	210	210	225	225	240	240	240	240
二组：	270	270	270	270	270	270	270	270	270	270
三组：	270	270	270	270	270	270	270	270	290	290
四组：	260	260	260	260	265	250	250	250	250	250
五组：	360	360	315	315	315	315	310	310	310	310
六组：	265	265	265	270	310	310	310	310	360	360
七组：	255	255	260	260	260	250	255	255	250	250
八组：	325	325	325	325	325	325	325	325	325	325
九组：	290	290	290	290	290	290	290	290	290	290
十组：	290	290	290	290	290	325	325	310	315	315

从上面的资料中，我们只能大体看出，第一组工人的生产完成情况不好，10 人均未达到生产定额；第五组、第八组工人的生产完成情况最好，均在 300 件以上；其他各组有高有低，很不平衡。但更详细的情况和特点就不容易看清，如果将上面的资料按工人完成件数进行分组并汇总起来观察，则可以较清楚地观察这 100 名工人生产定额的完成情况。本书在分组时统一采用"上组限不在内"原则，即当相邻两组的上下限重叠时，恰好等于某一组上限的变量值不算在本组内，而计算在下一组内。如本例中，若工人完成生产数量为 250 件，则应计入 250～300 这一组。具体分组情况见表 3-2。

表 3-2 某车间工人生产定额完成情况

完成生产数量（件）	工人数（人）
250 以下	10
250～300	59
300～350	27
350 及以上	4
合计	100

从表 3-2 中我们可以了解该车间的生产情况和特点：首先，在 100 名工人中，90%的工人完成了生产定额，未完成定额的只占 10%；其次，略超过生产定额（完成 250～300 件）的工人占总人数的 59%，超过生产定额较多（完成 300 件及以上）的工人占 31%。总的结论是：该车间工人生产定额完成得比较好，绝大部分能完成或超额完成生产定额。如果不经过上述分组，就难以观察出这些特点。

2. 可以划分现象的类型

统计分组的主要作用是划分现象的类型。社会现象是复杂多样的，有着各自不同的表现和发展规律。认识社会现象若仅仅从总体上把握，则只是概括的、表面的，难以深入下去，不能了解现象内部的数量构成、相互关系和变化规律。运用统计分组法把现象总体划分为不同类型组之后进行研究，我们才能知道该现象总体由哪些类型构成，以及各类型的状态、关系和变化等，才能真正地认识了解这一社会现象，研究才得以深入。例如，我国经济分为公有制经济和非公有制经济两大类型，公有制经济包括国有经济、集体经济、混合所有制经济中的国有成分和集体成分，非公有制经济包括个体经济、私营经济、外资经济；工业划分为重工业和轻工业两大类型；社会产品划分为生产资料和消费资料两大类；人口划分为城镇人口和农村人口。

3. 可以分析总体内部结构和总体结构特征

结构即事物内部的组织形态。现代科学早已证明研究对象的性质和特点，以及发生和发展的规律性均源于其现象内部的结构。事物的结构不同，性质不同，功能不同，发展变化的规律也不同。所以，研究问题必须研究其结构，而现象的内部结构在量的方面就体现为部分在整体中所占比重和部分与部分之间的比例，其科学的计算必须建立在统计分组之上。在社会经济问题的分析和研究中，我们经常分析研究的结构有：经济结构、产业结构、产品结构、投资结构、消费结构、技术结构、人才结构，农业生产活动中的种植业、林业、畜牧业和渔业结构，畜牧业生产中的畜群结构等。例如，2011～2016 年我国按三次产业分类的就业人员构成情况，见表 3-3。

表 3-3　2011～2016 年我国按三次产业分类的就业人员数量情况

年　　份	2011 年	2012 年	2013 年	2014 年	2015 年	2016 年
第一产业就业人员比重	34.80%	33.60%	31.40%	29.50%	28.30%	27.70%
第二产业就业人员比重	29.50%	30.30%	30.10%	29.90%	29.30%	28.80%
第三产业就业人员比重	35.70%	36.10%	38.50%	40.60%	42.40%	43.50%

（资料来源：根据国家统计局发布数据整理。）

以上资料表明，2011～2016 年我国第三产业就业人员的比重不断上升，第二产业就业人员的比重先增加后减小，而第一产业就业人员比重在不断下降。这是新的经济形势下，我国大力发展第二、三产业的结果，也是建设小康社会、不断提高人民生活水平的需要。

4. 可以揭示现象之间的依存关系

一切社会经济现象都不是孤立存在的，而是相互联系、相互依存、相互制约的整体。要揭示和研究现象之间的关系及其影响与作用程度，可以首先将总体按某一个标志进行分组，同时观察和分析其他的标志在这种分组下的实际情况，以揭示现象之间的依存和制约关系。例如，某地区农作物的施肥量与单位面积产量之间的关系，见表 3-4。

表 3-4　某地区农作物施肥量与单位面积产量关系表

化肥施用量（公斤/公顷）	每公顷产量（公斤）
232.5	5 655.0
267.0	6 249.0
291.0	6 792.0
307.5	7 216.5
327.0	6 966.0

表 3-4 中的分组资料，反映了化肥施用量与农作物单位面积产量之间的依存关系。一般来讲随着化肥施用量的增加，农作物单位面积产量也在增加，但当化肥施用量增至 327 公斤/公顷时，农作物每公顷产量则减少到 6 966 公斤。因此，过少或过多的施肥量都会使农作物产量降低。这种统计分组方法的基本思想是定性问题定量化。

二、选择分组标志和划分各组界限

统计分组中的关键问题在于选择分组标志和划分各组界限，而选择分组标志则是统计分组的核心问题。

（一）选择分组标志

分组标志是将统计总体区分为各个性质不同的组的标准或根据。任何社会现象客观上都有许多不同的标志。对同一总体的资料根据不同的标志进行分组，会产生不同的结论。为确保分组后的各组能够正确反映事物内部的规律性，选择分组标志时，应遵循以下原则：

1. **根据统计研究的目的与任务选择分组标志**

在对社会经济现象进行研究时，可以根据不同的研究目的或任务而从不同的角度进行研究，相应的要选择不同的分组标志进行分组。例如，以全国工业企业为总体进行研究时，这个研究对象就有很多标志，如经济类型、固定资产原值、职工人数、所属行业等。在具体研究过程中到底应该采用哪种标志进行分组，则要看研究的目的。如果研究的目的是分析不同经济类型的企业在总体中的构成，则选择经济类型作为分组标志；如果要研究工业企业规模构成状况，则可以选择产值、固定资产原值等作为分组标志。

2. **从众多标志中选择最能反映被研究现象本质特征的标志作为分组标志**

由于社会经济现象复杂多样，具有多种特征，因此在选择分组标志时，往往可以遇到既可以使用这种标志，又可以使用另一种标志的情况。这就需要根据被研究对象的特征，选择最主要、最能反映事物本质特征的标志进行分组。例如，研究职工生活水平高低情况，可以用职工的工资水平作为分组标志，也可以用职工家庭成员人均收入水平作为分组标志。相比较而言，职工家庭成员人均收入水平更能反映职工生活水平的高低，更能反映现象的本质特征。因为，即使某一职工工资水平较高，但如果其需要赡养的人口数很多，则其家庭生活水平也不会很高。在进行统计分组时，要选择其中最能反映问题本质特征的标志即职工家庭成员人均收入进行分组，这样才能够对所研究的对象有一个正确的认识。

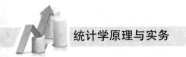

3. 根据现象所处的历史条件或经济条件选择标志

社会经济现象是随着时间、地点等条件的变化而变化的。同一个标志在过去某个时期是适用的，现在却不一定适用；在这个场合适用，在另一个场合却不一定适用。因此，即使是研究同类现象，也要视具体时间、地点、条件的不同而选择不同的分组标志。例如，在研究企业规模构成状况时，需要对企业按其规模进行分组。一般来说，反映企业规模的标志主要有职工人数、年产值、年产量、固定资产净值和年利润额等。在生产力水平较低的情况下，用职工人数的多少来表示企业规模的大小比较适当。而在技术进步的历史时期或技术装备比较先进的情况下，有的企业由于采用了机械化生产，虽然职工数不多，但生产能力却很大。此时，职工人数已不能准确地说明企业规模的大小，使用产值、固定资产原值或净值等作为反映企业规模的分组标志则更为恰当。

此外，在选择分组标志时，还要遵循穷尽性和互斥性两个原则。穷尽性原则是指统计分组必须保证总体的每一个单位都能归入其中的一个组，各个组的单位数之和等于总体单位总数，总体的指标必须是各个单位相应标志的综合表现；互斥性原则是指统计分组必须保证总体的每一个单位只能属于其中的一个组，不能出现重复统计的现象，否则必然会影响到统计资料的真实性。

（二）划分各组界限的方法

统计分组要求将总体内标志表现不同的总体单位分开，使标志表现相同或相近的总体单位归属于同一组。因此，分组标志一经选定，就要突出总体在这一标志下的性质差异或数量差异，即在分组标志范围内，划分各相邻组间的性质界限和数量界限。根据分组标志的不同特征，统计总体可以按品质标志分组，也可以按数量标志分组。

1. 按品质标志分组

按品质标志分组是指选择反映事物属性差异的品质标志为分组标志，并在品质标志的变异范围内划定各组界限，将总体划分为若干个性质不同的组成部分。例如，将工业企业按所属的经济类型即所有制属性差异分组，可以分为国有经济、集体经济、个体经济、联营经济、股份制经济、外商及港澳台商投资经济和其他经济。按品质标志分组的结果形成品质数列。

在按品质标志进行分组时，有些分组比较简单，有些分组则比较复杂。所谓的简单是指不仅组的数目较少，而且组与组之间所表现出的差异也比较明确和稳定，因而界限很容易划分，例如人口按性别、民族、文化程度等标志进行的分组。所谓复杂，一般是指分组数目较多，而且组与组之间的界限也难以划分。例如，国民经济按部门和产业分类，人口按职业分类等。在实际工作中，对于这些比较复杂的分组，往往需要根据研究任务的要求对经济现象进行具体、深入的了解，国家统计局及中央有关部门经研究统一制定了各种分类目录与分类标准，如《国民经济行业分类》《工业产品目录》《经济类型分类与代码》等，供全国各地区、各部门、各单位分类时使用，以保证各种分类的统一性和完整性。

2. 按数量标志分组

按数量标志进行分组是指根据统计研究的目的，选择反映事物数量差异的数量标志作为分组标志，在数量标志值的变异范围内划定各组数量界限，将总体划分为性质不同的若干个组成部分。例如，人口按年龄分组，企业按职工人数分组，职工按工资水平分组等。按数量标志分组的结果形成变量数列。在统计整理和统计分析中，变量数列的应用十分广泛，可用来观察某种指标的变动及其分布情况。

与品质标志不同，数量标志具体表现为许多不等的变量值，这些变量值不能明确地反映社会经济现象性质上的区别，只能反映数量上的差异。因此，根据变量值大小不等来划分性质不同的各组界限就很不容易。在对同一个调查资料按数量标志进行分组的过程中，不同的分组人员确定的组数和各组之间的界限都可能不同，分组结果自然不同，这就有可能导致人们对同一个事物产生不同的认识。因此，按数量标志分组是十分考验分组人员的分组水平的。在选择数量标志分组过程中，总体应分为多少组，各组的界限怎样确定，这是一个比较复杂的问题。如果分组不恰当，既不能反映出事物本身所具有的内在结构，也不能反映事物的本质和规律性，因此要求组数和组限的确定要恰当、科学。一个好的分组结果应该能够正确反映现象本身所有的数量分布特征，科学地实现同质的组合和异质的分解。

按数量标志分组的过程中，根据变量值取值范围不同，分组的形式可以分为单项式分组和组距式分组。

（1）单项式分组。即每一组只包含一个变量值。这种分组形式只适用于离散变量，而且要求在离散变量的变动范围较小、变量值个数较少时使用。例如，按家庭人口数划分居民家庭，或按子女数划分居民家庭都属于单项式分组。一般情况下分组组数等于变量的取值个数，各组之间的界限很明确，不需要人为划分。

（2）组距式分组。即在变量值变异幅度较大时，将变量值取值范围人为地划分为若干个区间，变量取值在同一区间内的现象归为一组，区间的距离即称为组距。这样的分组形式中每一组包含若干个变量值，适用于所有的连续变量和取值范围较大的离散型变量。例如，企业按职工人数分组、耕地按粮食平均单产分组、商店按销售额分组、学生按学习成绩分组等都属于组距式分组。

三、统计分组体系

统计对于总体数量特征的认识，往往要从多方面进行研究，仅依赖一个分组标志是不充分的，而必须运用多个分组标志进行多种分组，形成一个分组体系才能满足统计需要。

所谓的统计分组体系，是指根据统计分析的要求，通过对同一总体进行不同分组，形成各分组相互联系、相互补充的体系。统计分组体系有平行分组体系与复合分组体系之分。

（一）简单分组和平行分组体系

总体只按一个标志分组称为简单分组。例如，按产值对企业进行分组，按文化程度对人口总体进行分组。对同一个总体选择两个或两个以上的标志分别进行简单分组，即形成平行分组体系。例如，为了解人口总体的基本特征，我们将人口总体分别按性别、年龄、民族、居住地不同进行了分组，形成平行分组体系如下：

（1）按性别分组：　　　　　　（2）按居住地分组：
　　男　　　　　　　　　　　　　城镇人口
　　女　　　　　　　　　　　　　乡村人口
（3）按年龄分组：　　　　　　　（4）按民族分组：

0～14 岁   汉族

15～64 岁   少数民族

65 岁及以上

平行分组体系的特点是：每一个分组固定一个分组标志，即只考虑一个因素的差异对总体内部分布情况的影响；且各个简单分组之间彼此独立，没有主次之分，不互相影响。

（二）复合分组和复合分组体系

对同一总体选择两个或两个以上分组标志层叠起来进行分组，称为复合分组。复合分组所形成的分组体系即为复合分组体系。例如，对人口总体选择按居住地和性别重叠分组形成的复合分组体系如下：

按居住地和性别分组：

城镇人口

        男

        女

乡村人口

        男

        女

复合分组体系的特点是：每一次分组除了要固定本次分组标志对分组结果的影响外，还要固定前一次或前几次分组标志对分组结果的影响；各个分组标志之间有主次之分。

复合分组体系可以从不同角度了解总体内部的差别和关系，因而比平行分组体系更能全面、深入地研究分析问题。但是也要注意，复合分组的组数等于各简单分组组数的连乘积，如果复合分组选择的标志过多，就会使复合分组体系过于庞大，将增加分组的难度，也更不容易反映现象的本质特征，且不方便制表。所以，一般来讲复合分组时分组标志不宜过多。例如，上例中人口按居住地和性别进行复合分组的组数为 2×2=4 组，而如果按居住地、性别、年龄、民族四个标志进行复合分组，分组的组数就达到了 2×2×2×3=24 组。

第三节 分 配 数 列

分配数列是进行统计分组的必然产物，是统计整理结果的一种重要表现形式，也是统计描述和统计分析的重要内容。它可以表明总体的分布特征和内部结构，并为研究总体中某种标志的平均水平及其变动规律提供依据。

（一）分配数列的概念

分配数列（Distribution series）是在统计分组的基础上，将总体的所有单位按组归类整理，并按一定顺序排列而形成的总体中各个单位在各组间的分布，又称分布数列或次数分配。例如，表 3-5 是某企业 2 000 名职工按文化程度不同分组形成的分配数列。

表 3-5　某企业职工文化程度构成情况

文 化 程 度	职工数（人）	占总人数的比重（%）
大专及大专以上	350	17.5
中专及高中	800	40.0
初中	600	30.0
小学及小学以下	250	12.5
合计	2 000	100.0

（二）分配数列的种类

根据分组标志的不同，分配数列分为品质分配数列和变量分配数列两种。

1. 品质分配数列

按品质标志分组形成的分配数列称为品质分配数列，简称品质数列，又称属性分布数列。例如，表 3-5、表 3-6 都属于品质分配数列。

表 3-6　某班级男女人数构成情况

性　　别	绝对数（人）	相对数（%）
男	24	53.33
女	21	46.67
合计	45	100.00

2. 变量分配数列

按数量标志分组所编制的分配数列称为变量分配数列，简称变量数列。例如，某厂工人以生产某种产品的日产量为分组标志所编制的变量数列，见表 3-7。

表 3-7　某厂工人生产某产品日产量资料

日产量（件）	工人数（人）	占总人数的比重（%）
22	30	15
23	50	25
24	60	30
25	40	20
26	20	10
合计	200	100

变量数列按变量的表示方法和分组方法不同，可以分为单项式数列和组距式数列两种。

（1）单项式数列。单项式数列是指将每一变量值列为一组形成的数列，即按单项式分组所编制的变量数列。适用于变量值个数较少、变动范围较小的离散型变量。如表 3-7 中，变量值的数目较少并可一一列举，因此可编制单项式数列。

（2）组距式数列。组距式数列是以标志值变动的一定范围作为一组的分组，即按组距分组所形成的变量数列。组距式数列中的每个组不是用一个具体的变量值表示，而是用变量值的一定变化范围即各组变量值变动的区间来表示。例如，对 56 个农户按养猪

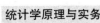

头数分组即可编制组距式变量数列，如表 3-8 所示，这是一个非连续型变量的组距式分组表。

表 3-8　56 个农户按养猪头数分组

养猪数量（头）	农 户 数	
	绝对数（户）	相对数（%）
5 及以下	6	10.7
6～10	11	19.6
11～20	22	39.3
21～30	13	23.2
31 及以上	4	7.2
合计	56	100.0

又如，某班学生的统计成绩分布如表 3-9 所示，这是一个连续型变量的组距式分组表。

表 3-9　某班学生的统计成绩

成绩（分）	学生数（人）	比重（%）
60 以下	1	2.44
60～70	9	21.95
70～80	14	34.15
80～90	13	31.71
90 及以上	4	9.75
合计	41	100.00

组距式数列一般适用于连续型变量以及变量值变动范围较大的离散型变量。在离散型变量变动范围比较大、统计单位数又很多的情况下，若编制单项式数列，把每一变量值作为一组，则必然会使分组的组数过多，各组之间过于分散，不能反映总体内部各部分的性质和差异，从而失去了编制分配数列的意义；而连续型变量，由于变量值无法一一列举，更不能编制单项式数列。在这些情况下就需要编制组距式数列。

（三）变量数列的编制

对于品质数列来讲，如果分组标志选择得好，分组标准定得恰当，则事物性质的差异表现得就比较明确，总体中的各组也更容易划分。在编制品质数列时，只要按规定的分组标准将总体单位按组归类整理即可。品质数列一般来说比较稳定，而变量数列则更为复杂、多变，因此在这里我们只对变量数列的编制做以重点介绍。

1. 单项式数列的编制

在编制单项式数列时，一般首先将调查所得资料按照数值由小到大的顺序排列；然后确定各组的变量值和组数，一般有多少个变量值就有多少组；最后汇总出各变量值出现的次数，编制单项式数列。

由于单项式数列每组只对应一个变量值，各组之间界限划分也非常明确，因此编制出的数列也很稳定。

2. 组距式数列的编制

与品质数列和单项式数列相比，组距式数列编制方法的难度稍大一些。编制过程中，一般首先将变量值按由小到大的顺序排列，并确定全距；其次，确定组数和组距；在此基础上确定组限；最后，汇总出各组的单位数及比重，编制组距式数列。

由以上编制方法可知，编制组距式数列重点是要确定组数、组距、组限及组中值等要素。

（1）组数与组距。正确确定组数和组距是组距式数列编制过程中的一个关键问题。在组距数列中我们用变量值变动的一定范围代表一个组，每个组所包含变量的最大值为组的上限，最小值为组的下限，每个组上限和下限之间的距离称为组距，即

$$组距 = 上限 - 下限$$

所谓组数是指某个变量数列划分为多少组。组数与组距是相互联系的，在同一变量数列中，组距的大小与组数的多少成反比。组数越多，组距越小；组数越少，组距越大。确定组数与组距时，先要找出全部变量值的最大值和最小值并确定二者的距离（即全距），以及大多数变量集中的区间，然后根据标志变量的分散程度以及项目多少等因素综合考虑组距和组数的问题；要使组距反映各组之间的数量界限，将性质相同的单位归入一组，而将性质不同的单位划分为不同的组列，以保证编制的组距数列尽可能反映出总体分布的特征及其规律性。

对一个总体来讲，分组的组数和组距必须恰当，组数不能太多也不能太少，组距不能太小也不能太大。若组数太多，组距太小，分配数列显得很烦琐，不能反映总体分布特征；若组数太少，组距太大，分配数列则显得过于笼统，同样很难反映总体分布特征。

例如，对某县城居民家庭人均月消费性支出情况进行抽样调查，得到 40 户家庭人均月消费性支出（单位：元）资料如下：

304	349	355	361	376	385	388	393	397	400
400	406	409	413	414	414	416	417	422	429
432	435	441	442	450	456	464	470	472	478
482	485	488	490	504	524	535	544	566	593

这里共有 40 个变量值，最小值是 304 元，最大值是 593 元，标志变动的范围为 304～593 元，全距为 289 元。如果将其分为两个组距相等的组，则组距为 144.5 元，实际取组距为 150 元，则可以编制出表 3-10 所示的组距式变量数列。

表 3-10　某县城居民家庭人均月消费支出分配数列（两组）

人均月消费性支出（元）	居民家庭数	
	绝对数（户）	相对数（%）
300～450	24	60
450～600	16	40
合计	40	100

如果将其分成 15 个组距相等的组，则组距为 19.27 元，实际取组距为 20 元，则可以编制出表 3-11 所示的组距式变量数列。

表 3-11　某县城居民家庭人均月消费性支出分配数列（15 组）

人均月消费性支出（元）	居民家庭数	
	绝对数（户）	相对数（%）
300~320	1	2.5
320~340	0	0.0
340~360	2	5.0
360~380	2	5.0
380~400	4	10.0
400~420	9	22.5
420~440	4	10.0
440~460	4	10.0
460~480	4	10.0
480~500	4	10.0
500~520	1	2.5
520~540	2	5.0
540~560	1	2.5
560~580	1	2.5
580~600	1	2.5
合计	40	100.0

我们还可以将其分成六个组距相等的组，则组距为 48.2 元，实际取组距为 50 元，则可以编制出表 3-12 所示的分配数列。

表 3-12　某县城居民家庭人均月消费性支出分配数列（六组）

人均月消费性支出（元）	居民家庭数	
	绝对数（户）	相对数（%）
300~350	2	5.0
350~400	7	17.5
400~450	15	37.5
450~500	10	25.0
500~550	4	10.0
550~600	2	5.0
合计	40	100.0

以上我们对同一份资料进行了三种不同分组，表 3-10 组距太大，分组过粗；表 3-11 则组距太小，分组过细，都不利于显示总体内部各组的分布特征；而表 3-12 能较好地反映该县城居民家庭人均月消费性支出的分布状态。

由此可见，编制组距式数列时，不仅要考虑各组的划分是否能区分总体内各组成部分的性质差异，还要确定恰当的组距和组数，才能准确而清晰地反映总体的分布特征。

实际工作中确定组数和组距时，可以根据对事物的定性分析加以确定。这种方法需要对研究总体进行认真的分析，才能做出准确的判断。例如，根据某个班级学生学习成绩的数据资料编制组距数列，在编制数列前，首先确定不及格、及格、中等、良好、优秀五个不同性质的组，然后把组距数列分为 60 以下、60~70、70~80、80~90、90~100 五个组。确定组数时，还可以利用美国学者斯特奇斯（H. A. Sturges）提出的经验公式。其公式为

$$K=1+3.322\lg N \tag{3-1}$$

式中，K 为组数；N 为标志值项数。

不过这一公式不是在任何情况下都必须遵守的法则，它只适用于总体趋于正态分布的条件下进行等距分组的情况。而且，利用斯特奇斯公式确定组数时，如果数据个数少，则确定的组数数值过大；数据个数多，则确定的组数数值过小。所以，在实际工作中，这一公式作为确定组数的参考公式运用是可以的，但不必严格执行。

在确定组距时，可以根据标志值变异状况不同将各组的组距确定为相等的或不等的，相应形成等距数列和异距数列。

1）等距数列。等距数列是各组组距都相等的数列，一般在社会经济现象性质差异的变动比较均衡或标志变异比较均匀的条件下采用。在等距分组时，一般先确定全距、组数，再用全距除以组数得出组距，并据以划分各组的界限。全距、组数和组距的关系用公式表达如下：

$$i = \frac{R}{K} \qquad (3-2)$$

式中，i 为组距；R 为全距；K 为组数。

以上计算结果只是一个参考数值。为计算方便，实际工作中一般组距取 5 或 10 的整数倍。当然也可以先确定组距，再确定组数。

例如，编制上例某县城 40 户居民家庭人均月消费性支出分配数列时，其组数确定为

$$K = 1 + 3.322\lg 40 = 6.32$$

因此，可以取整数 6 为组数。则

$$i = \frac{R}{K} = \frac{289}{6} = 48.17 \quad （元）$$

为方便计算，实际组距可以取为 50 元。

由于组距相同，等距数列各组单位出现的次数的分布不受组距大小的影响。它与消除了组距因素影响的次数密度的分布相一致。所谓次数密度是指某组次数与该组组距的比值，反映的是单位组距内总体单位数的密集状态。例如，表 3-12 的分配数列是组距为 50 的等距数列，其各组次数分布与次数密度的分布是一致的，将其画成直方图，如图 3-1 所示。

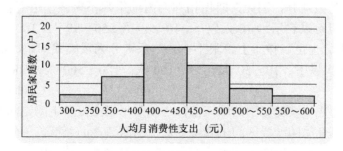

图 3-1　某县城居民人均月消费性支出次数分布图

2）异距数列。异距数列是各组组距不等的数列，又称不等距数列，通常适用于社会经济现象数量变动不均衡且很难用等组距的办法实现区分事物不同性质的情况。在异距分组中，如果标志值是按一定比例发展变化的，可以按等比的组距间隔来分组。例如，钢铁厂高炉按

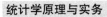 统计学原理与实务

有效容积（立方米）的异距分组，可以分为：100 以下、100～200、200～400、400～800、800～1 600 等。更多的异距分组是根据事物性质变化的数量界限来确定组距的。例如，对儿童年龄进行分组时，必须注意到儿童不同年龄生理变化的特点，可以分为如下各组：1 岁以下、1～3 岁、4～6 岁、7～15 岁。

异距数列各组次数大小要受组距不同的影响，为了便于组间的次数比较，需要借助于次数密度指标来消除组距不同的影响，即可将各组次数换算为次数密度，再根据次数密度来绘制直方图。

（2）组限与组中值。组限（Class limit）是圈定一组标志值变动范围的两个数，即每组两端的标志值。每组的最大值为上限，最小值为下限。在组距式分组中常有最小组无下限和最大组无上限的情况，这样的组称为开口组（Open class），其中只有上限无下限的称为下开口组，有下限无上限的组称为上开口组。例如，表 3-9 中的第一组 60 以下为下开口组，最后一组 90 及以上为上开口组。

确定组限应满足两方面的要求：一方面组限应是决定各组事物之间不同性质的数量界限；另一方面组限应能正确反映总体内各个单位的实际分布特点。因此，在编制组距式分布数列之前，应对标志值的分布情况进行仔细审查，在分布较集中的标志值中确定出组距的中心位置，再根据组距的大小定出组限，做到最小组的下限不应高于最小的变量值，最大组的上限不应低于最大的变量值，尽可能使总体内各单位的分布特征表现出来。

在编制组距数列时，作为各组名称的变量可以是离散变量，也可以是连续变量，这两种变量组限的表示方法有所不同。对连续变量划分组限时，相邻两组的组限必须重叠。如表 3-12 中，某县城居民家庭按人均月消费性支出分组，第一组的上限 350 同时又是第二组的下限。这是由于连续变量相邻两个变量值之间可以进行无限的分割，如果上下限是两个不同的数值，那么相邻两组上下限之间就可能有很多数值无组可归，不符合穷尽性原则。因此，相邻两组上下限必须用同一个数值表示，这样才不至于发生遗漏。在统计工作中，如果遇到某单位的标志值刚好等于相邻两组上下限数值时，为避免重复计算，一般遵循"上组限不在内"的原则。例如，某县城居民家庭按人均月消费性支出分组，有 350～400、400～450 两组，如果某户居民人均月消费性支出为 400 元，则应计入 400～450 这一组。对离散变量划分组限时，相邻两组的组限可以以整数断开。因为离散变量不能用小数表示，相邻两个变量值可以以整数断开，因此，即使相邻两组的组限不重叠，也不会导致遗漏。例如，企业按职工人数分组可以表示为 10 人以下、10～49 人、50～99 人、100～499 人、500～999 人、1 000 人及以上。也可以按"上组限不在内"原则分为重叠式组限，如上例的职工人数分组可以写成：10 人以下、10～50 人、50～100 人、100～500 人、500～1 000 人、1 000 人及以上。

组中值是各组标志值波动范围的中点值，也就是每组上限和下限之间的中点数值。由于组距数列使用变量值变动的一段区间来表现变量值的取值，因而掩盖了分布在各组内各单位的实际变量值，为了反映各组中个体单位变量值的一般水平，统计中往往要计算组中值来代表。其计算公式为

$$组中值=\frac{上限+下限}{2} \qquad (3-3)$$

例如，表 3-9 中，60～70 一组的组中值为 $\frac{70+60}{2}=65$。

对于开口组，由于缺少上限或下限，因此确定组中值时一般以相邻组的组距作为自己假定的组距，利用相邻组组距的一半来调整计算组中值。

$$上开口组中值=下限+\frac{邻组组距}{2} \qquad (3\text{-}4)$$

$$下开口组中值=上限-\frac{邻组组距}{2} \qquad (3\text{-}5)$$

例如：表 3-9 中 60 以下这一组的组中值为 60-10/2=55，而 90 及以上这一组的组中值为 90+10/2=95。

用组中值来代表组内变量值的一般水平存在一个假定，即假定各组单位变量值在本组范围内呈均匀分布，或在组中值两侧呈对称分布。而实际上，各组变量值往往不是均匀分布或对称分布，组中值与各组的实际平均水平仍有一定的差距，它只是各组实际平均值近似代表值。

（四）分配数列的要素及其意义和作用

编制分配数列是统计整理中的一种重要方法，它可以表明总体中所有单位在各组间分布状态和分布特征，并据以研究总体某一标志的平均水平及其变动规律。分配数列可以说明总体的构成情况，是反映总体数量特征、揭示事物规律的重要方法。

分配数列中分布在各组中的个体单位数称为次数，又称频数；各组次数（即各组单位数）占总次数（即总体单位数）的比重称为比率或频率，各组次数之和等于总次数，各组频率之和等于 1 或 100%。分配数列包括品质分配数列和变量分配数列，无论是哪种分配数列，都是由两个基本要素构成：各组的名称和各组的次数或频率。两种分配数列构成要素的不同之处仅有一点，即品质数列组的名称是用文字表示的标志属性差异；而变量分配数列组的名称则是用标志值（即变量值的不同水平）表示的数量变异界限，如表 3-13 和表 3-14 所示。

表 3-13　2015 年末中国人口数及构成情况

性　　别	人　口　数	
	绝对数（万人）	相对数（%）
男	70 414	51.22
女	67 048	48.78
合计	137 462	100.00

（资料来源：根据国家统计局发布数据整理。）

各组名称　　　　　次数　　　　　频率

各组的单位数

表 3-14　某县城居民家庭人均月消费性支出分配数列

人均月消费性支出（元）	居民家庭数	
	绝对数（户）	相对数（%）
300～350	2	5.0
350～400	7	17.5
400～450	15	37.5
450～500	10	25.0
500～550	4	10.0
550～600	2	5.0
合计	40	100.0

各组变量值　　　　　　　次数　　　　　　　频率

各组的单位数

分配数列中各组的名称是表明标志变异范围及其变异程度界限的。而次数（频数）和频率，前者是以绝对数的形式表现各组的总体单位数目，后者则是以相对数形式表现的总体单位数目。在变量数列中，次数越大组的标志值对于总体指标计算所起的作用越大；反之，次数越少的组的标志值所起的作用也越小。频率与次数所起作用的根本性质是相同的，不同的是频率还可以表明各组标志值对总体的相对作用程度。这种相对作用程度的具体数值，也是各组标志值在总体中出现的概率。

为研究整个变量数列的次数分配状况和进行某种统计计算，统计工作中还常计算累计次数及其频率分布。将变量数列中各组的次数和频率逐组累计相加而成累计次数分布，它表明总体在某种变量的某一水平以上或以下，总共包含的总体次数和频率。

累计次数和累计频率的计算方法有两种：向上累计和向下累计。向上累计，又称较小制累计，是将各组的次数或频率由变量值低的组向变量值高的组累计，各累计数的意义是各组上限以下的累计次数或累计频率；向下累计，又称较大制累计，是将各组次数或频率由变量值高的组向变量值低的组累计，各累计数的意义是各组下限以上的累计次数或累计频率。

例如，某县城居民家庭人均月消费支出次数的累计，如表 3-15 所示。

表 3-15　某县城居民家庭人均月消费性支出

人均月消费性支出（元）	次数（户）	频率（%）	向 上 累 计		向 下 累 计	
			累计次数（户）	累计频率（%）	累计次数（户）	累计频率（%）
300～350	2	5.0	2	5.0	40	100.0
350～400	7	17.5	9	22.5	38	95.0
400～450	15	37.5	24	60.0	31	77.5
450～500	10	25.0	34	85.0	16	40.0
500～550	4	10.0	38	95.0	6	15.0
550～600	2	5.0	40	100.0	2	5.0
合计	40	100.0	—	—	—	—

由上表可知，该县城调查的 40 户居民家庭中人均月消费性支出低于 400 元的有 9 户，占全部调查户数的 22.5%。人均月消费性支出高于 500 元的有 6 户，占全部调查户数的 15%。

数据显示

一、统计表及其编制

通过统计整理得到的反映社会经济现象总体特征的综合资料，是统计工作的初步成果，需要运用一定的形式将其展示出来，以便于人们分析和利用。统计表就是表现统计资料的一种基本形式，也是应用得最广泛的一种形式。统计部门主要通过统计表的形式向各级领导、管理部门以及社会各方面提供统计资料。因此，统计表的编制和应用，是统计人员和管理工作者必须掌握的基本技能。

统计表的含义有广义和狭义之分。广义的统计表泛指统计工作各个阶段中以纵横交叉的线条绘制而成的用来表现统计资料的表格。狭义的统计表是指专门用以表现经过整理的、系统化的统计资料的表格。本节所讲的统计表主要是将其视为统计整理工作过程的最后一个环节，是统计整理的成果。

运用统计表来展示统计整理的结果能使大量的统计资料条理化、系统化，从而更清晰地表述统计资料的内容，简明易懂，节省篇幅。而且统计表还便于比较各项目（指标）之间的关系和计算，利用统计表易于检查数字的完整性和正确性。

（一）统计表的构成

1. 统计表的基本形式

统计表（Statistical table）从形式上看，是由总标题、横行标题、纵栏标题和指标数值四部分组成的，如表 3-16 所示。

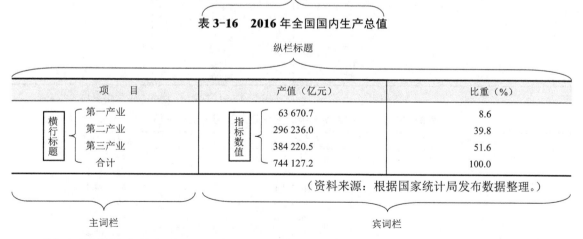

表 3-16　2016 年全国国内生产总值

项　目	产值（亿元）	比重（%）
第一产业	63 670.7	8.6
第二产业	296 236.0	39.8
第三产业	384 220.5	51.6
合计	744 127.2	100.0

（资料来源：根据国家统计局发布数据整理。）

总标题是统计表的名称，用以概括说明统计表中所反映的统计资料的内容，多数情况要包括总体的时间和空间限制，一般位于表的上端正中央。

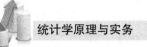

横行标题是统计表横行内容的名称，通常用来说明总体及其各组的名称，是统计表所要说明的对象，一般列在表的最左列。

纵栏标题是统计表纵栏内容的名称，通常用来表示反映总体及其各组成部分数量特征的统计指标的名称，一般位于表的最上行。

指标数值列在各横行标题与各纵栏标题交叉处。统计表中任何一个数字的内容都由横行标题和纵栏标题所限定，横行是其反映的对象，纵栏是其反映的内容。

此外，为了补充统计表中未说明的问题，统计表往往还附有一些说明，包括资料来源、指标计算方法、填报单位、填表人、填表日期等。

2．统计表的内容

统计表从其内容上看，由两部分组成：一部分是主词；另一部分是宾词。主词又称主词栏或主栏，是统计表的主体，也就是统计表所要说明的对象。它可以是各个总体单位名称或总体各个分组名称的排列，也可以是总体现象所属时间的排列。主词通常用横行标题来表示。宾词亦称宾词栏或宾栏，它是说明主词的各项指标，一般由纵栏标题和指标数值所组成。主词栏与宾词栏位置如表 3-16 所示。

统计表的主词和宾词的位置一般如上所述，但不是固定不变的，有时为了编排合理与阅读方便，可以将主词和宾词的位置互换。

（二）统计表的分类

统计表按对总体分组的情况不同，可分为简单表、分组表和复合表。

1．简单表

简单表是指对统计总体未做任何分组，仅按单位名称或时间顺序排列而成的统计表，如表 3-17 和表 3-18 所示。

表 3-17　中国主要河流基本情况

名　　称	流域面积（平方公里）	河长（公里）	年径流量（亿立方米）
长江	1 782 715	6 300	9 857
黄河	752 773	5 464	592
松花江	561 222	2 308	818
辽河	221 097	1 390	137
珠江	442 527	2 214	3 381
海河	265 511	1 090	163
淮河	268 957	1 000	595

（资料来源：根据国家统计局发布数据整理。）

表 3-18　2011～2016 年中国国民收入及国内生产总值　　　　（单位：亿元）

年　　份	国民总收入	国内生产总值
2016 年	741 140.4	744 127.2
2015 年	686 449.6	689 052.1
2014 年	644 791.1	643 974.0
2013 年	590 422.4	595 244.4
2012 年	539 116.5	540 367.4
2011 年	484 753.2	489 300.6

（资料来源：根据国家统计局发布数据整理。）

简单表按总体单位排列的，可以用来对比分析总体各单位的情况及其差别；按时间顺序排列的，则可用来分析现象的动态。

2. **分组表**

分组表又称简单分组表，是指对统计总体仅按一个标志进行分组而形成的统计表，如表 3-6～表 3-10 等。利用分组表可以深入分析现象的内部结构和现象间的相互依存关系。

3. **复合表**

复合表又称复合分组表，是指对统计总体按两个或两个以上标志进行层叠分组而形成的统计表，如表 3-19 所示。

表 3-19　某年全国高等学校普通本、专科部分学科招生人数　　　（单位：人）

项　　目	本　　科	专　　科	合　　计
经济学	152 592	116 181	268 773
法学	110 019	86 176	196 195
文学	470 022	346 900	816 922
工学	798 106	1 194 320	1 992 426
农学	47 312	52 708	100 020
医学	155 242	224 841	380 083
管理学	411 464	662 161	1 073 625
合计	2 530 854	2 929 676	5 460 530

（三）宾词的设计

统计表中宾词的设计主要指统计指标的编排。宾词指标的设计在不要求分组的情况下，可以按照指标的主次先后排列；在需要分组时，宾词指标的设计分为简单设计和复合设计。宾词指标的简单设计是将宾词中的各个指标做平行的设置，即指标与指标之间彼此独立，如表 3-20 所示。

表 3-20　宾词指标平行配置表

企　业	职 工 人 数	性　别		工　　龄		
		男	女	5 年以下	5～10 年	10 年以上
合计						

宾词指标的复合设计是将说明主词的各个指标按分组标志做层叠的设置，如表 3-21 所示。宾词指标的复合设计能够更全面、更深入地描述所研究总体的特征，但由于复合设计中指标栏目数量是其据以划分的分组标志数量的乘积，当分组标志较多时，宾词指标会分得过多过细，容易造成统计表混乱不清。因此，对宾词指标的复合设计应慎重考虑。

表 3-21　宾词指标复合配置表

企　业	职 工 人 数			工　　龄								
				5 年以下			5～10 年			10 年以上		
	小计	男	女	小计	男	女	小计	男	女	小计	男	女
合计												

（四）编制统计表的要求

为使统计表能科学反映研究对象的本质和特点，充分发挥其说明和分析问题的作用，同时为了标准化和美观，统计表编制时要遵循科学、实用、简练的原则，要符合以下要求：

（1）统计表的各种标题，特别是总标题的表述，应十分简明、确切地概括表的内容。此外，还应写明资料所属的时间和空间范围。

（2）统计表的内容应简明扼要，且具有系统性。强调简明扼要是要避免庞杂，使人一目了然；强调系统性是要求统计表的内容要有整体性、层次性和逻辑性。

（3）统计表中主词各行及宾词各栏的排列，应有一个合理的顺序。一般应按先局部后整体的原则进行排列，即先列各分组，后列总计。当没有必要列出所有各组时，可以先列总计，而后列出其中一部分重要分组和数值。

（4）将复合分组列在横行标题时，应在第一次分组的各组组别下退一字填写第二次分组的组别。此时，第一次分组的组别就成为第二次分组的各组小计，依此类推。若复合分组列在纵栏标题时，应先按第一次分组的组别列为各大栏，再按第二次分组的组别将各大栏划分为各小栏。

（5）统计表纵栏较多时，为便于阅读，可编栏号。习惯上在主词和计量单位各栏用（甲）（乙）（丙）等文字标明，宾词各栏用（1）（2）（3）等数字编号。各栏统计数字间有一定数量关系的，也可用数学符号表示。

（6）统计表左、右两端习惯上均不画线，采用"开口"表示。统计表通常应设计为长方形表格，长宽之间应保持适当的比例，应尽量避免表格过于细长或过于粗短。

（7）文字应书写工整、字迹清晰；数字应填写整齐、数位对准。当数字为"0"时应写出来，如不应有数字要用符号"—"表示；当缺某项数字或可略而不计时用符号"…"表示；当某项资料应免填时，用符号"×"表示。统计表中的数字部分不应留下空白。当某数值与相邻数值相同时，仍应填写，不应用"同上""同左""〃"等字样或符号代替。

（8）统计表中的数字资料都要注明计量单位。计量单位应按统计制度的规定填写，不得另设不同的计量单位。为使统计表阅读方便，计算单位应按如下方法表示：当各指标数都以同一单位计量时，则将计量单位标注在统计表的右上角；当同栏指标数值以同一单位计量，而各栏的计量单位不同时，则应将单位标注在各纵栏标题的下方或右方；当同行统计资料以同一单位计量，而各行的计量单位不同时，则可在横行标题后添列一计量单位栏，用以标明各行的计量单位。

（9）对于某些需要特殊说明的统计资料，应在统计表的下方加注说明，如统计资料的来源、填表时间、制表人、审核人等。

二、统计图及其绘制

统计图（Statistical chart）是根据经过整理的统计数字资料，运用几何图形或具体事物的形象绘制的表现研究对象数量关系和数量特征的图形。统计图是人们用来展示统计整理结果的另一种常用形式，与统计表相比，它对问题的表现具有更为鲜明、形象、生动、直观的特点。常用的统计图有：

1. 柱形图与条形图

柱形图与条形图是用相同宽度的条形的长短或高低来比较统计指标大小的图形。例如，根据表 3-9 的数据资料，可绘制柱形图以反映学生成绩分布情况，如图 3-2 所示。

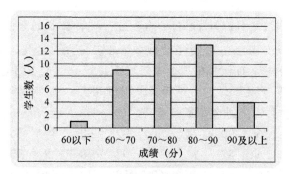

图 3-2　某班学生成绩分布情况

2．饼形图

饼形图又称饼状图或饼图，是用圆形内扇形面积的大小表示现象数值的大小或现象各部分所占的比重的图形结构，如图 3-3 所示。饼形图常常用于反映总体各部分的结构比例，对于显示较少的数据点很有效，但数据量太大时则很难说明问题。

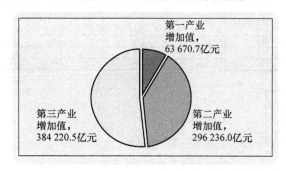

图 3-3　2016 年中国国内生产总值结构图

3．折线图

折线图是在坐标平面上，以曲线的升降来表现统计数值大小及其变动趋势的图形。例如，根据我国 2006～2016 年国内生产总值数列可以绘制如图 3-4 所示的曲线图。

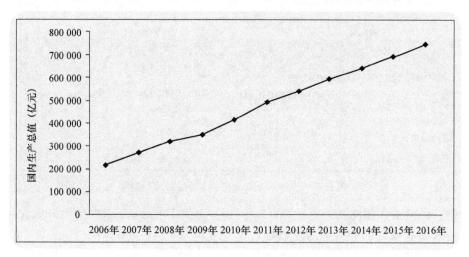

图 3-4　2006～2016 年中国国内生产总值

例 3-1 利用 Excel 软件中 FREQUENCY 函数进行统计数据的分组整理

用各种方法取得的统计数据，必须经过加工整理，使之系统化、条理化，才能符合统计分析的要求。在 Excel 的统计函数中有一个专门用于统计分组的 FREQUENCY 函数，可以完成分组、计算频数和频率等操作。下面说明其使用方法。

例如，某班 40 位学生的英语考试成绩如下：

89	88	76	99	74	60	82	60	89	86
93	99	94	82	77	79	97	78	95	92
87	84	79	65	98	67	59	72	84	85
56	81	77	73	65	66	83	63	79	70

数据分组整理（Excel）

现准备将这 40 名学生的英语考试成绩分为 5 组，分别为 60 以下、60～70、70～80、80～90、90～100。

第一步，将 40 名学生英语考试成绩输入 A1:J4 单元格，并选定 B7:B11 单元格作为放置分组结果的区域（选定后反白显示），如图 3-5 所示。

	A	B	C	D	E	F	G	H	I	J
1	89	88	76	99	74	60	82	60	89	86
2	93	99	94	82	77	79	97	78	95	92
3	87	84	79	65	98	67	59	72	84	85
4	56	81	77	73	65	66	83	63	79	70
5										
6										
7										
8										
9										
10										
11										
12										

图 3-5 数据录入

第二步，从"插入"菜单中选择"函数"项即弹出对话框，在"函数类别"列表中选择"统计"，在"选择函数"列表中选择"FREQUENCY"，回车进入 FREQUENCY"函数参数"对话框，如图 3-6 所示。

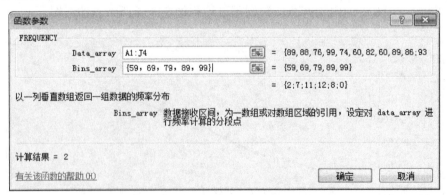

图 3-6 FREQUENCY"函数参数"对话框

第三步，在 FREQUENCY"函数参数"对话框中填写"Data array"和"Bins array"，"Data array"中输入待分组计算频数分布原数据，本例可输入"A1:J4"；"Bins array"中则输入分组标志。FREQUENCY 函数要求按组距的上限分组，不接受非数值字符的分组标志（如"××

以下"或"不足××"之类）。因此，断开的分组标志可以直接输入各组上限数值，而重叠的分组标志则以各组上限减 1 的方式确定分组标志，从而使上限数值自动计入下一组。本例中成绩的分段区间为 50～60、60～70、70～80、80～90、90～100，因此可在"Bins array"中输入 59、69、79、89、99 作为分组标志。由于分组结果要给出一组频数，故必须以数级公式的形式输入，即在输入数据的两端加大括号"{}"，各数据之间用逗号或分号隔开，即输入"{ 59，69，79，89，99 }"。（需要注意的是，如果分组变量为连续变量，而且变量值中有小数的话，那么分组标志则应以各组上限减 0.1、减 0.01 或减 0.001 等方式确定，具体减多少要看变量值的小数位数。）

输入完毕，即在框下看到频数分布 2；7；11；12；8（后面的 0 表示没有其他）。按 Shift+Ctrl+Enter 组合键，即将频数分布 2；7；11；12；8 记入指定的 B7:B11 单元格内（注意：回车无效）。

第四步，取得频数分布后，可按图 3-7 所示将横行标题和纵栏标题填写齐全。

	A	B	C	D	E	F	G	
1	89	88	76	99	74	60	82	6
2	93	99	94	82	77	79	97	7
3	87	84	79	65	98	67	59	7
4	56	81	77	73	65	66	83	6
5	成绩（分）	学生数（人）	频率（%）	向上累计		向下累计		
6				次数	频率（%）	次数	频率（%）	
7	60以下	2	5.0	2	5.0	40	100.0	
8	60～70	7	17.5	9	22.5	38	95.0	
9	70～80	11	27.5	20	50.0	31	77.5	
10	80～90	12	30.0	32	80.0	20	50.0	
11	90及以上	8	20.0	40	100.0	8	20.0	
12	合计	40	100.0	—	—	—	—	

图 3-7　某班学生英语考试成绩频数分布表输入图

第五步，取得频数分布后，再列表计算频率以及累计频数和频率。

（1）人数合计，可单击 B12 单元格，输入"=SUM（B7:B11）"，回车得出结果为 40 人（SUM 是求和函数）。

（2）C 列频率，可先单击 C7 单元格，输入"=B7/40*100"（*是乘法符号；除数要直接输入数字 40，否则无法使用填充柄功能），回车得出结果为 5%；然后利用填充柄功能按住鼠标左键向下拖动，至 C11 单元格放开鼠标，即得出 C7:C11 单元格的频率。

（3）D 列向上累计次数，可先单击 D7 单元格，输入"=C7"，再单击 D8 单元格，输入"=D7+B8"，然后利用填充柄功能按住鼠标左键向下拖动，至 D11 放开鼠标，即得出 D7:D11 单元格的累计次数。E 列引用 C 列公式即可得到累计频率。F 列、G 列可仿照此法计算。

例 3-2　利用 Excel 软件中的图表向导绘制统计图

利用上例整理出的次数分布表，选中 A7:B11，点击图表向导，在图表向导对话框的图表类型中选择需要的图表类型，如柱形图、饼形图等，并在子图表类型中进一步选择适当的类型，如图 3-8 所示。

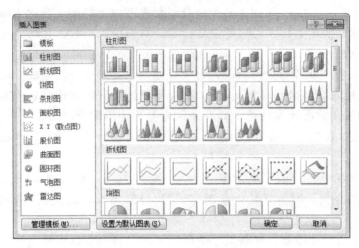

图 3-8 "插入图表"对话框

此处以柱形图为例，点击【确定】按钮即可得到柱形图。选择适当的图表布局，即可完成统计图的绘制，如图 3-9 所示。

饼形图结果，如图 3-10 所示。

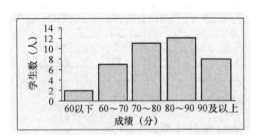

图 3-9 某班学生英语考试成绩次数分布图

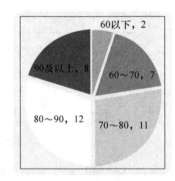

图 3-10 某班学生英语考试成绩饼形图

例 3-3 利用 Excel 软件中的数据分析工具分组并绘制直方图

Microsoft Excel 提供了一组数据分析工具——分析工具库，利用该组工具可以在建立复杂统计或进行工程分析时节省步骤。其中有些工具可以用于分组，在输出表格的同时，还可以绘制图表。由于在默认的情况下，Excel 并没有安装分析工具库，因此在使用数据分析工具之前必须先进行安装。方法是单击【工具】菜单下的"加载宏"命令，在"加载宏"对话框中选择 "分析工具库"后单击【确定】即可。这样【工具】菜单中就添加了"数据分析"命令。

数据分析工具（Excel）

现仍以上面某班 40 名学生的英语考试成绩为例，准备将这 40 名学生的英语考试成绩分为五组，分别为 60 以下、60~70、70~80、80~90、90~100。

第一步，将 40 名学生的英语考试成绩输入 A1:J4 单元格，如图 3-11 所示。

	A	B	C	D	E	F	G	H	I	J
1	89	88	76	99	74	60	82	60	89	86
2	93	99	94	82	77	79	97	78	95	92
3	87	84	79	65	98	67	59	72	84	85
4	56	81	77	73	65	66	83	63	79	70
5										
6										

图 3-11　某班学生英语考试成绩数据输入界面

第二步，为将样本单位按组归类，还需输入分组标志；但只能按组的"边界值"（即组距分组的上限）分组，且不能有非数值的字符（如"××以下""不足××"之类）。本例分为 59、69、79、89、100 五组，输入 A 列 6～10 行。数据表显示如图 3-12 所示。

	A	B	C	D	E	
1	89	88	76	99	74	60
2	93	99	94	82	77	79
3	87	84	79	65	98	67
4	56	81	77	73	65	66
5	成绩（分）					
6	59					
7	69					
8	79					
9	89					
10	100					
11						

图 3-12　某班学生英语考试成绩分组标志输入

第三步，在【工具】菜单中单击【数据分析】选项，从其对话框的"分析工具"列表中选择"直方图"，如图 3-13 所示，单击【确定】按钮，打开"直方图"对话框。

图 3-13　"数据分析"对话框

第四步，"直方图"对话框如图 3-14 所示，在"输入区域"框中输入"$A$1:$J$4"（即选中 A1:J4 区域）。而"接收区域"实际是要求输入分组标志所在的单元格区域，本例可输入"$A$6:$A$10"（即选中 A6:A10 区域）。如果在此框中不输入分组标志所在的区域，系统将在最小值和最大值之间建立一个平滑分布的分组。在"输出区域"框中键入输出表左上角的单元格行列号，本例中需输入"$C$5"（即选中单元格 C5）。如要同时给出次数分布直方图，可单击"图表输出"复选框。如要同时给出"累积百分率"（通常称"累计频率"），可单击"累积百分率"框，系统将在直方图上添加累积频率折线。

图 3-14 "直方图"对话框

第五步，以上各项均选定后，回车确认，即在 B 列右侧给出一个三列的分组表和一个直方图，如图 3-15 所示。（在给出的表和图中，"频率"实际是频数，"累积百分率（累积%）"实际是累计频率。）

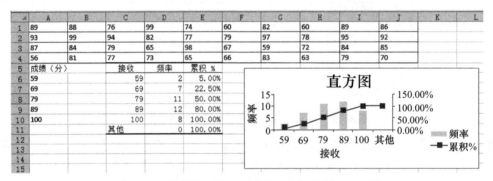

图 3-15 某班学生英语考试成绩分组结果及直方图

在分组表中将多余的"其他"一组删除，修改各组组限，并按上述方法将分类间距调节为 0，修改合适字体，即可得到合适结果，如图 3-16 所示。

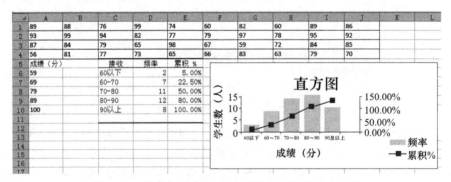

图 3-16 某班学生英语考试成绩分组结果及直方图

本章小结

统计数据资料的整理是统计研究的一项重要工作，不同的数据资料有不同的整理方法，要根据数据资料的特点选用适当的整理方法。

统计分组法是数据资料整理的基础，应该熟练掌握统计分组的技术和技巧。将数据资料按某种标志分组，把分组的结果按一定顺序排列，并计算出每组的次数，从而形成分配数列，并可以看出统计数据的分布。

分配数列可以分为品质分配数列和变量分配数列两种基本类型，变量数列是统计研究的重点。变量数列又分为单项式数列和组距式数列两种。如果组距式数列中每组的组距都相等，则为等距数列，否则为异距数列。组限、组中值、组距是组距式数列的重要概念。

统计数据的图形显示使得数据的规律性能直观形象地表现出来，现代统计分析技术离不开数据的图形展示。统计表是统计资料的表格表现形式，学会设计统计表能够提高统计分析的技巧。利用 Excel 可以设计和制作出精美的统计表。

主要公式

分组组数经验公式	$K=1+3.322\lg N$
全距、组数和组距的关系	$i = \dfrac{R}{K}$
组中值	组中值 $= \dfrac{\text{上限}+\text{下限}}{2}$
上开口组中值	上开口组中值 $=$ 下限 $+ \dfrac{\text{邻组组距}}{2}$
下开口组中值	下开口组中值 $=$ 上限 $- \dfrac{\text{邻组组距}}{2}$

练习与案例分析

一、多项选择题

1. 按等距分组时，各组次数分布（   ）。
   A. 不受组距大小的影响　　　　B. 受组距大小的影响
   C. 与次数密度的分布一致　　　D. 与次数密度的分布不一致
   E. 一定是正态分布

2. 统计分组方法的主要问题是（   ）。
   A. 对总体进行定性分析　　　　B. 计算组中值
   C. 选择分组标志　　　　　　　D. 计算次数
   E. 划分各组界限

3. 影响变量次数分布的要素是（   ）。
   A. 变量值大小　　　　　　　　B. 变量性质不同
   C. 选择的分组标志　　　　　　D. 组数与组距
   E. 组限与组中值

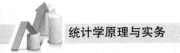
4. 统计分组的主要作用在于（　　　　）。

    A．区分事物的类型   B．反映总体的内部结构

    C．分析现象之间的依存关系   D．说明总体单位的数量特征

    E．说明总体单位的质量特征

5. 对统计总体进行分组时，采用等距分组还是异距分组，取决于（　　　　）。

    A．研究对象的特点   B．变量值的多少

    C．次数的大小   D．组数的多少

    E．统计研究的目的

6. 对连续性变量编制次数分配数列（　　　　）。

    A．只能用组距数列   B．相邻组的组限必须重合

    C．组距可相等也可不相等   D．首尾两组一定得采用开口组限

    E．首尾两组一定得采用闭口组限

7. 在编制组距数列时，关于组限的确定说法正确的有（　　　　）。

    A．最小组的下限应大于最小变量值

    B．最小组的下限应小于最小变量值

    C．最大组的上限应小于最大变量值

    D．最大组的上限应大于最大变量值

    E．最小组的下限和最大组的上限应分别等于最小和最大变量值

8. 由于变量有连续变量和离散变量两种，其组限的表示方法在技术上有不同要求，即（　　　　）。

    A．连续变量相邻组组限必须间断，离散变量的相邻组组限必须重叠

    B．连续变量相邻组组限必须重叠，离散变量的相邻组组限可以间断

    C．按职工人数分组，相邻组限可以间断

    D．职工按工资分组，相邻组限必须重叠

    E．商店按销售额分组，相邻组限必须重叠

9. 统计表从基本形式上看，一般包括（　　　　）。

    A．总标题   B．横行标题

    C．纵栏标题   D．指标数值

    E．调查单位

10. 指出下表表示的数列属于什么类型（　　　　）。

劳动生产率（件/人）	职工数（人）
120～130	12
130～140	18
140～150	37
150～180	13
合计	80

    A．品质数列   B．变量数列   C．组距数列   D．等距数列

    E．异距数列

二、计算题

1. 有 20 名工人看管机器台数如下：

5	4	2	4	3	4	3	5	4	3
4	3	4	3	2	6	4	4	2	5

试根据上述资料按看管机器台数编制变量数列，并计算出各组频率。

2. 某企业某工种工人每日生产定额为 100 件。6 月 12 日，50 名工人生产某种产品产量如下：

83	88	123	110	118	158	121	146	117	108
105	110	107	137	120	159	125	136	127	142
118	103	87	115	141	117	123	126	138	151
101	86	82	113	114	119	126	135	93	142
108	101	105	125	116	132	138	131	127	125

要求：（1）试根据以上资料按工人日产量编制等距数列。

（2）计算组距、组中值。

（3）计算累计次数、累计频率，并绘制日产量分布图，指出资料分布的特征，并对工人生产定额完成情况做简要分析。

3. 某厂有两个车间，甲车间有职工 150 人，其中男性为 100 人，女性为 50 人。男性职工中高级职称职工为 10 人，中级职称职工为 45 人，其余为初级及初级以下职称；女性职工中高级职称职工为 4 人，中级职称职工为 17 人，其余为初级及以下职称。乙车间共有职工 200 人，其中男性为 145 人，女性为 55 人。男性职工中高级职称职工为 19 人，中级职称职工为 56 人，其余为初级及初级以下职称；女性职工中高级职称职工为 10 人，中级职称职工为 15 人，其余为初级及以下职称。

要求：根据上述资料编制复合分组表。

4. 某地区 30 个工业企业基本情况如下：

编　号	部　　门	经 济 类 型	职工数（人）	编　号	部　　门	经 济 类 型	职工数（人）
1	工业	国有	200	16	工业	国有	380
2	商业	国有	220	17	商业	国有	400
3	交通	个体	230	18	商业	集体	410
4	工业	集体	235	19	工业	集体	410
5	商业	集体	240	20	工业	集体	420
6	交通	个体	280	21	交通	个体	420
7	工业	国有	290	22	商业	个体	420
8	工业	个体	300	23	工业	国有	480
9	商业	国有	310	24	交通	国有	480
10	交通	国有	320	25	工业	集体	500
11	工业	个体	340	26	交通	国有	520
12	商业	国有	350	27	工业	集体	520
13	工业	集体	360	28	工业	国有	800
14	商业	集体	360	29	商业	国有	800
15	工业	集体	440	30	工业	国有	900

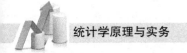

试根据上述资料，以部门、经济类型、职工数（分三组）为分组标志编制如下统计表：

（1）简单平行分组表。

（2）复合分组表。

三、综合案例

第三次人口普查

1982 年我国进行了全国第三次人口普查，这是年度头等大事。人口普查宣传中需要人们知道这次普查的标准时间是 7 月 1 日零点，其实与 6 月 30 日 24 时是同一时间、两种表述。世界各国选择了不同的时间作为人口普查标准时间。意大利曾经把普查日期定在 4 月 21 日"罗马奠基日"。可是，罗马教堂钟声一响，狂欢的人们纷纷离开了家。结果，热闹的气氛冲淡了普查登记。而当时的苏联把人口普查时间选在隆冬季节，大雪纷飞，冻凝大地，把居民都"冻"在屋里，这样人口流动量最小，利于调查。由于地理位置和民族习惯不同，各国对人口普查标准日期的选择也不一样，美国 4 月 1 日，危地马拉 4 月 18 日，加拿大 6 月 1 日，澳大利亚 6 月 30 日，日本 10 月 1 日，瑞典 11 月 1 日，瑞士 12 月 1 日，安哥拉 12 月 30 日，而芬兰、西班牙、比利时、赤道几内亚等国均为 12 月 31 日。英国从 1871 年起首先选取午夜零时为人口普查的标准时间，此后各国相继引用。因为此时人口移动较少，为静态调查的最合适时间。

我国的第三次人口普查是手工登记，计算机统计，共有 19 个项目。每个普查员还发了一本"密电码"，即人口普查中的行业职业的编码代号，便于统计人们所从事的繁杂的行业和职业。人口普查数据统计，有复杂的格式，且要运用复杂的统计公式来计算平均人口数、抽取样本数、均方差、总和等。

普查资料经过编码员手工汇总后，打包送往市计算站。人口普查首次采用计算机录入处理数据。当时，中国有一批罗马尼亚制造的计算机，也有自建的计算站，但运算速度比较缓慢。专家团队先前考察了美国、日本等国家的计算机公司，选定了国际商业机器公司 IBM，打算采购高速电子计算机。然而，美国当时出台了不准对共产主义国家出售大型计算机的禁令，担心被移做军用。某次记者招待会上，中外记者追问国家统计局负责人："假如 IBM 高速计算机买不到，第三次人口普查是否能按期完成？"

1981 年 6 月，邓小平会见到访的美国国务卿黑格将军，亲自出面商洽此事。邓小平对黑格表示，中国购买 IBM 计算机只是用于人口普查，你们美国却拒绝卖给中国，似乎不太友好吧。黑格见势，顺水推舟，同意向中国出售电子计算机，但附加了条件门槛，即美方每年要到中国查看一下，计算机有没有移为他用。由于涉及国家主权问题，有关部门向外交部请示。外交部答复说，他们连卖给西方国家的设备也要飞行检查，查就查吧。终于两国谈妥了所有条件，中国自美国进口了 21 台电子计算机。

经过全国人口普查员的共同努力，第三次全国人口普查数据最终揭晓，1982 年 7 月 1 日零时全国人口为 1 031 882 511 人。

要求：在科技不发达的 1982 年，人口普查工作全部靠人工完成，可想而知工作量是非常巨大的。如今社会科技、经济、技术高速发展，中国迈入了大数据时代。而 2020 年即将到来，第七次全国人口普查也即将到来。请畅想一下第七次人口普查将如何实施。

实践训练

实训目标：

（1）增强对统计整理工作的感性认识。

（2）培养学生正确分组及编制统计表的初步能力。

实训内容与要求：

按班级 4～6 人一组建立小组，每组确定一名组长，每组调查 100 名学生所使用手机的品牌、价格和月话费额等。汇总整理情况可用 Excel 或 SPSS 软件。

实训成果与检测：

各组对调查结果进行统计分组与整理，并结合整理的统计表对大学生手机使用状况进行简要分析。在教师主持下，各小组就相互间整理的结果进行评判，并做出评价打分。

第四章 统计指标

■ 学习目标 ■

- ☑ 了解静态指标的各种分类及其表现形式。
- ☑ 掌握时期指标与时点指标的异同、相对指标的对比关系及权数在计算平均指标中的影响。
- ☑ 掌握总量指标、相对指标、平均指标、标志变异指标的基本概念。
- ☑ 了解标准差在标志变异指标中的地位。
- ☑ 掌握相对指标、平均指标和标志变异指标的计算方法和应用原则。
- ☑ 能够运用静态指标分析社会经济问题。

引导案例>>> 2015 年全国 1%人口抽样调查

根据《全国人口普查条例》和《国务院办公厅关于开展 2015 年全国 1%人口抽样调查的通知》，我国以 2015 年 11 月 1 日零时为标准时点进行了全国 1%人口抽样调查。这次调查以全国为总体，以各地级市（地区、盟、州）为子总体，采取分层、二阶段、概率比例、整群抽样方法，最终样本量为 2 131 万人，占全国总人口的 1.55%。在党中央、国务院的正确领导下，在地方各级人民政府的精心组织和调查对象的支持配合下，经过广大调查工作人员的艰苦努力，已基本完成各项调查任务。根据这次调查推算的人口总数、性别构成和年龄构成公布如下：

1. 总人口

大陆 31 个省、自治区、直辖市和现役军人的人口为 137 349 万人。同第六次全国人口普查 2010 年 11 月 1 日零时的 133 972 万人相比，五年共增加 3 377 万人，增长 2.52%，年平均增长率为 0.50%。

2. 性别构成

大陆 31 个省、自治区、直辖市和现役军人的人口中，男性人口为 70 356 万人，占 51.22%；女性人口为 66 993 万人，占 48.78%。总人口性别比（以女性为 100，男性对女性的比例）由 2010 年第六次全国人口普查的 105.20 下降为 105.02。

3. 年龄构成

大陆 31 个省、自治区、直辖市和现役军人的人口中，0～14 岁人口为 22 696 万人，占

16.52%;15～59 岁人口为 92 471 万人，占 67.33%；60 岁及以上人口为 22 182 万人，占 16.15%，其中 65 岁及以上人口为 14 374 万人，占 10.47%。同 2010 年第六次全国人口普查相比，0～14 岁人口比重下降 0.08 个百分点，15～59 岁人口比重下降 2.81 个百分点，60 岁及以上人口比重上升 2.89 个百分点，65 岁及以上人口比重上升 1.60 个百分点。

注：根据国家统计局发布的《2015 年全国 1%人口抽样调查主要数据公报》改编。

在统计调查和统计整理的基础上进行统计分析，是统计工作最重要的阶段。由于统计活动的数量性特点，在分析研究过程中需要进一步计算各种各样的分析指标，以便揭示事物内在的本质特征。统计分析就其时间状态而言，分为静态分析和动态分析两大类。静态分析指标是指通过对同一时间内同类现象进行汇总和推算，对相关现象之间进行分析对比而形成的一系列指标，主要有总量指标、相对指标、平均指标和标志变异指标。

第一节　总量指标

一、总量指标的概念和种类

（一）总量指标的概念

总量指标是反映现象在一定时间和空间下的总体规模和水平的统计指标。例如，2016 年我国国内生产总值 744 127.2 亿元，就业人员 77 603 万人，普通高等学校专任教师 160 万人，2016 年底全国总人口达 138 271 万人。上述指标都是总量指标。总量指标是由总体各单位资料汇总得到的，说明现象客观存在的绝对数量，通常以绝对数形式表示，它的数值往往会随着统计范围的变化而变化；由于总量指标是反映总体规模和水平的，所以只能对有限总体计算总量指标。

总量指标是经济统计中最常用、最基本的综合指标，它在统计分析中具有重要意义：

（1）总量指标是认识客观现象的起点。由于客观现象的基本情况首先都表现为一定的总量，如一个国家或地区的生产总值、人口总数、土地面积、固定资产投资总量、财政收入与支出、外贸进出口总额等，要想了解一个国家或地区的国民经济、科技文化和社会发展等基本状况，必须从认识这些总量指标开始。

（2）总量指标是实行经济管理的基本依据。一方面总量指标能反映宏观经济与微观经济的运行条件、成果等数量状况，另一方面宏观和微观经济管理中的许多计划指标与考核指标也常常以总量指标的形式规定，所以总量指标是宏观和微观经济管理的基本指标。

（3）总量指标是计算相对指标和平均指标的基础。相对指标和平均指标一般由两个或两个以上有一定联系的总量指标对比计算出来的，因此，相对指标和平均指标都是总量指标的派生形式。

（二）总量指标的种类

按照不同的标志，可将总量指标区分为不同类型。

1．总体单位总量和总体标志总量

总量指标按其反映的内容不同可分为总体单位总量和总体标志总量。总体单位总量表明总体中单位数的多少，说明总体的规模大小，通常简称为总体总量；总体标志总量是总体中各单位某一数量标志值的总和，说明总体在某一数量方面的总规模，通常简称为标志总量。例如，要研究某地区工业企业的产品销售收入和利润总额完成情况，该地区的工业企业总数是总体总量，全部工业企业的产品销售收入、利润总额则是标志总量。在区分总体总量和标志总量时，应注意两个问题：

（1）一个总量指标究竟是总体总量还是标志总量，要根据研究目的来确定。例如，要研究某地区工业企业的企业规模情况，则该地区工业企业数是总体总量，全部工业企业的职工人数、产品销售收入、固定资产原值等则是标志总量；如果研究目的变化为研究该地区工业企业职工素质，则该地区所有工业企业职工为总体，此时，全部工业企业的职工人数转化为总体总量。

（2）对一个特定研究总体而言，总体单位总量只有一个，而总体标志总量可以有若干个。如上例中研究某地区工业企业的规模问题，特定总体是该地区全部工业企业，这个地区的工业企业数是唯一的总体单位总量，而职工人数、产品销售收入、固定资产原值都是总体标志总量。

2．时期指标和时点指标

总量指标按反映的时间状况不同，区分为时期指标和时点指标。时期指标是表明现象在某一时期内发展过程所形成的总数量，如企业的销售额、产值、利润总额均属于时期指标。时点指标是表明现象在某一时点上状态的总量指标，如年末人口数、季末设备台数、月末商品库存量等。

时期指标和时点指标具有以下不同的特点：

（1）指标数值的可加性。时期指标的指标值具有可加性，如年销售额等于各月销售额之和，月销售额等于该月每天的销售额之和；而时点指标的指标值直接相加无实际意义，如直接相加四个季度末的设备台数是没有实际意义的。

（2）数据资料的取得方式不同。时期指标的取得需要依据连续不断的经常性统计资料；而时点指标只需要根据具体情况，选择某些特定时点进行间断性统计。

（3）指标数值大小与时期长度（时间间隔）的关系。时期指标的指标值大小与时期长度有着直接的关系。通常来讲，时期越长，指标值越大，如一年的销售收入一般要大于一个月或一个季度的销售收入。而时点指标的指标值大小与时间间隔长短无直接关系，如年末设备数不一定就大于月末设备数或季末设备数。

二、总量指标的计算

（一）总量指标的计量单位

根据所反映现象的性质不同，总量指标的计量单位一般有实物量单位、价值量单位和劳动量单位三种。

1．实物量单位

实物量单位是根据现象的自然属性和特点而采用的实物计量单位，按实物量单位计算的总量指标称为实物指标。实物量单位又可分为自然单位、度量衡单位、复合单位和标准实物计量单位。自然单位是根据被研究现象的自然属性来度量其数量的一种计量单位，如人口以"人"为单位，电冰箱以"台"为单位，车辆以"辆"为单位等。度量衡单位是依据统一的度量衡制度来度量被研究现象数量的一种计量单位，如钢铁产量以"吨"为单位，粮食以"千克"为单位，电机容量以"千瓦"为单位等。复合计量单位是将两个或两个以上的单位结合在一起，表明被研究现象数量的一种计量单位，如客运周转量以"人·千米"计量，发电量以"千瓦·时"为单位，人口密度以"人/平方千米"为单位。

标准实物计量单位是按照统一的折算标准来度量被研究现象的一种计量单位。对于某些同类产品，由于品种、规格、能力或化学成分不同，其使用价值也就不同，因而产品混合量往往不能确切地反映生产成果。为此，对这些产品要求按一定的折合标准，折算为标准规格或标准含量的产品。如化肥以 100%含氮量为标准，棉纱以 20 支纱为标准单位折算。

例 4-1

某煤炭生产企业第二季度生产六种品种的原煤，有关资料见表 4-1。

表 4-1　原煤产量及标准实物量

原煤品种	产量（万吨） （1）	每吨原煤折合为标准燃料的折算系数 （2）	标准实物量（万吨） （3）=（1）×（2）
A	80	0.43	34.40
B	420	1.28	537.60
C	430	1.43	614.90
D	58	0.85	49.30
E	67	0.71	47.57
F	76	0.66	50.16
合计	1 131	—	1 333.93

表中，折算系数=单位实际产品的效能/单位标准产品的效能。

以实物单位计量的实物指标能反映不同质产品的使用价值，但其最明显的局限性就是指标的综合性能差。因为不同的实物产品，内容性质不同，计量单位也不同，无法进行汇总，从而不能用于反映现象的总规模、总水平、总速度等。例如，企业生产不同产品的总成果、不同商品的总销售量、不同基本建设项目的总工作量、国民经济发展的总速度等，这些都不能用某一项实物指标来反映，而必须借助于价值指标。

2．价值量单位

价值量单位是以货币来度量事物数量的计量单位，按价值量单位计算的总量指标称为价值指标，如国内生产总值、工农业总产值、基建投资额、商品销售额和利润总额等。价值指标具有最广泛的综合性。

3．劳动量单位

劳动量单位是用劳动时间表示的计量单位，如工时、工日、工月。劳动量单位可以用来计算劳动总消耗量，并作为评价劳动时间利用程度和计算劳动生产率的依据，也可以用来编制和检查基层企业的生产作业计划，如机械企业制定的定额工时产量。

（二）总量指标的计算方法

确定和计算总量指标可以采用直接法和推算法。直接法是对所有的总体单位进行调查登记后，逐步汇总得到总量指标。关于统计调查和汇总的内容已在统计调查章节中做了介绍，这里将重点介绍推算法。

推算法是指根据指标之间的平衡关系、因果关系、比例关系，或根据非全面调查资料来推算总量指标的方法。具体的推算方法有以下五种：

（1）平衡关系推算法。这是一种利用各相关指标之间的平衡关系推算未知指标值的方法。如推算某产品的期末库存量，可采用下面的平衡关系式：

期末库存量=期初库存量+本期生产量（购进量）−本期销售量

（2）因素关系推算法。通过指标之间的因果关系，由已知因素推算未知因素的数值。如：

农作物收获量=播种面积×单位面积产量

根据上式可由播种面积、单位面积产量推算出农作物的收获量。又如：

原材料费用额=产量×单位产品原材料消耗量×原材料价格

则由产量、单位产品原材料消耗量和原材料价格可以推算出原材料费用额。

（3）比例关系推算法。利用某一时期、某一空间的某种指标与其相关指标的比例关系资料，推算另一类似时期、类似空间的某项指标数值。例如，根据某商场第一季度的流通费用占销售收入的比例（流通费用率）和第二季度的销售收入可以推算第二季度的流通费用额。

（4）插值估算法。插值估算法包括利用两点式直线方程的线性插值法和利用若干个数据点的拉格朗日插值法，在此仅举例介绍前者。例如，某销售总厂原有四个销售分厂，其本月份的销售量分别为 x_1，x_2，x_3，x_4，销售费用分别为 y_1，y_2，y_3，y_4。该月份另有一规模较小的销售分厂开业，销售量为 x_5，因其费用资料不全影响总厂的汇总，需估算新销售分厂的销售费用 y_5。现利用分厂 1 和分厂 2 的资料形成两点式直线方程，即可取得 y_5，其公式为

$$y_5 = y_1 + \frac{y_2 - y_1}{x_2 - x_1} \times (x_5 - x_1)$$

（5）抽样推算法。这里不做要求，不予介绍。

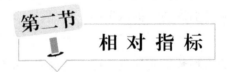

第二节

相 对 指 标

一、相对指标的概念和作用

（一）相对指标的概念

如果离开了具体条件，仅仅说一个企业的利润总额为 100 万元，既不知道它的计划利润总额是多少，也不知道利润总额的过去情况怎样，那么就无法对这 100 万元的利润总额做出正确的评价。在实际情况中，任何社会经济现象都是与具体的时间、地点、条件结合在一起

的，现象之间是相互依存、紧密联系的，要研究现象之间的依存关系，必须通过对比的方法来解决。

相对指标是两个有联系的统计指标对比形成的比率，也称为统计相对数，它表明了相关事物之间的数量联系程度和对比关系。例如，我国 2016 年国内生产总值是 2015 年的 107.99%，在 2016 年的国内生产总值中，第三产业占 51.63%。前者表明我国 2016 年国内生产总值与 2015 年的对比关系，后者则体现了 2016 年国内生产总值中第三产业所占的份额。

相对指标有两种表现形式，即无名数和有名数。

（1）无名数。无名数是一种抽象的无量纲数值，如倍数、系数、百分数和千分数等。

（2）有名数。将相对指标的分子和分母的计量单位结合使用，形成相对指标的复合计量单位。有名数主要体现在强度相对指标上，如人口密度以"人/平方千米"表示，劳动力固定资产装备程度用"万元/人"表示等。

（二）相对指标的作用

（1）由于相对指标是相关联的两个指标对比的结果，它可以从数量上反映事物之间的联系，表明现象发展的相对水平、普遍程度、内部结构和比例关系等，比如国民生产总值的发展速度，积累与消费的比例关系，中央与地方财政收入的结构比例。

（2）相对指标使一些不能直接对比的现象有了可比的依据。由于不同时间、空间、条件下的总量指标代表着不同具体情况下的现象发展规模，因而不能直接对比。运用相对指标，使相关联的现象联系起来形成可比性指标，便于现象之间的对比分析。例如，有两个生产同类型产品的企业，其管理人员数分别为 30 人和 100 人，如果撇开企业的职工总数不谈，直接比较两个企业的管理人员数，并不能得出合理的结论，应当先计算管理人员占职工总数的比重，再进行比较。

二、相对指标的计算

根据研究目的、任务和对比基础的不同，相对指标可以分为计划完成相对指标、结构相对指标、比例相对指标、比较相对指标、强度相对指标和动态相对指标。

1．计划完成相对指标

计划完成相对指标是将现象的实际完成数与计划任务数对比，反映计划的完成情况，常用百分数表示。其计算公式为

$$计划完成相对指标 = \frac{实际完成数}{计划任务数} \times 100\% \qquad (4\text{-}1)$$

为了正确地应用计划完成相对指标，要注意以下问题：

（1）计划完成相对指标的分子是根据实际完成情况进行统计得到的数据，分母是下达的计划指标，所以要求分子和分母的指标含义、计算口径、计算方法、计量单位、时间长度及空间范围等方面要完全一致。

（2）由于计划任务数是用来衡量计划完成情况的标准，所以计算计划完成相对指标时，分子和分母不得互换。

（3）根据指标值来评价计划完成情况时，要注意指标的性质：对于愈大愈好的正指标，

如企业利润额、产品销售收入等，其计划完成相对数以超过 100%为好；对于愈小愈好的逆指标，如单位成本费用、单位原材料消耗量等，其计划完成相对数以低于 100%为好。

（4）要注意计划指标的形式。计划指标一般有总量指标、相对指标和平均指标三种形式。若计划指标以总量指标和平均指标的形式给出，可根据上式计算计划完成相对数。若计划指标以相对指标的形式给出，如计划提高率、计划降低率，则可按下式计算：

$$计划完成相对指标 = \frac{实际完成百分数}{计划任务百分数} \times 100\%$$

例如，某企业劳动生产率计划本月比上月提高 5%，实际提高 10%，则劳动生产率计划完成相对数为

$$计划完成相对数 = \frac{(100+10)\%}{(100+5)\%} = 104.76\%$$

说明劳动生产率超计划 4.76%完成了任务。

又如，某企业单位产品成本计划本月比上月降低 3%，实际降低了 5%，则产品成本计划完成相对数为

$$计划完成相对数 = \frac{(100-5)\%}{(100-3)\%} = 97.94\%$$

说明该企业超计划 2.06%完成了单位产品成本降低计划。

（5）长期计划执行情况的检查。根据计划指标制定的方法不同，可分别采用水平法和累计法检查长期计划的完成情况。

1）水平法。当计划指标规定了计划期最末一年应当达到的水平时，可用水平法检查长期计划的执行情况，其计算公式为

$$计划完成相对数 = \frac{计划期最末一年的实际水平}{计划期最末一年的计划水平} \times 100\%$$

计算时要注意计划期最末一年的实际水平是连续 12 个月的实际累计完成数，不论这 12 个月是否在一个日历年度内。

2）累计法。当计划指标规定了计划期累计应达到的数额时，可用累计法检查长期计划的完成情况，计算公式为

$$计划完成相对数 = \frac{计划期内实际累计完成数}{计划期规定的累计计划数} \times 100\%$$

（6）除了检查本期计划完成情况以外，还可以检查计划的执行进度，并进一步考核计划执行的均衡性，即采用计划执行进度百分数，其公式为

$$计划执行进度百分数 = \frac{累计至本期止实际完成数}{全期计划数} \times 100\%$$

例 4-2

根据表 4-2 中某公司 2017 年各季度利润额资料进行利润额进度分析。

表 4-2　2017 年利润额进度分析表

时　　间	计划数（万元）	实际数（万元）	计划完成相对数（%）	累计实际完成数（万元）	计划执行进度（%）
	（1）	（2）	（3）=（2）/（1）	（4）=∑（2）	（5）=（4）/∑（1）
第一季度	150	165	110.00	165	29.46
第二季度	130	120	92.31	285	50.89
第三季度	130	110	84.62	395	70.54
第四季度	150	—	—	—	—
全年	560	—	—	—	—

　　表中结果表明，该公司第二、第三季度均未完成计划，造成计划执行进度不均衡。第一季度计划进度为 26.79%（即 150/560），执行进度为 29.46%，一季度执行情况较好；第二季度计划进度为 50%（即 280/560），执行进度为 50.89%，基本符合进度要求；第三季度计划进度为 73.21%（即 410/560），计划执行进度为 70.54%，说明到第三季度为止，计划执行进度已经跟不上计划进度的要求。为完成全年的利润计划，第四季度必须实际完成 165（即 560-395）万元的利润，即超计划 10% 完成任务。

　　2．结构相对指标

　　在统计分组的基础上，将总体区分为不同性质的各部分，用各组成部分的数值与总体总数值对比求得的比重，即为结构相对指标，其计算公式为

$$结构相对指标 = \frac{总体中部分数值}{总体的总数值} \times 100\% \qquad (4\text{-}2)$$

　　结构相对指标的表现形式一般为百分数或倍数；计算时采用的总体总数值既可以是总体总量，也可以是标志总量；由于结构相对指标是总体各部分数值与总体总数值对比，所以各部分的结构相对指标可以直接相加，且总和为 1（即 100%）。例如，2016 年我国国内生产总值中，第一产业占 8.56%，第二产业占 39.81%，第三产业占 51.63%，三个产业的累计比重为 100%。

　　利用结构相对指标可以分析总体内部的各组结构，说明现象总体的性质和特征；通过结构相对指标的动态资料，可以分析总体内部构成情况的变化，从而显示现象发展变化的过程；计算总体不同指标的结构相对数，可以研究现象之间的内部联系。

　　3．比例相对指标

　　比例相对指标是在统计分组的基础上，将总体中不同部分数值进行对比所形成的相对数，常用来分析总体范围内各个局部、各个分组之间的比例关系和协调平衡情况，一般用百分比或比值表示，其计算公式为

$$比例相对指标 = \frac{总体中某一部分数值}{总体中另一部分数值} \qquad (4\text{-}3)$$

　　例如，我国 2016 年总人口 138 271 万人，其中城镇人口 79 298 万人，乡村人口 58 973 万人，则城镇人口是乡镇人口的 134.46%，或者说城镇人口与乡村人口之比为 1.34:1。

　　计算比例相对指标，对认识客观事物的比例关系、判断其比例关系是否正常具有重要作用。比例相对指标通常以总量指标进行对比，但依据分析任务和提供资料的情况不同，也可

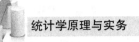

运用现象总体各部分的平均数、相对数进行对比，如城镇人口与乡村人口的消费水平对比、工业与农业的发展速度对比等。

4．比较相对指标

比较相对指标是同类现象在同一时间、不同空间条件下所进行的静态对比，它表明了同类现象在不同空间条件下的数量对比关系，一般用百分数或倍数表示，计算公式为

$$比较相对指标 = \frac{甲空间的某种指标数值}{乙空间的某种指标数值} \tag{4-4}$$

例如，某年我国各地的平均家庭户规模中，上海为 2.81 人/户，西藏为 4.89 人/户，则西藏与上海平均家庭户规模的比较相对数为

$$4.89 / 2.81 = 1.74$$

说明西藏的平均家庭户规模是上海的 1.74 倍或 174%。

在比较相对指标的计算中，用于对比的指标既可以是总量指标，也可以是相对指标或平均指标，但考虑到进行比较的两个空间往往存在着各种经济环境和条件的差异，从而影响总量指标的可比性，所以更多地采用相对数或平均数来计算比较相对指标。

比较相对指标既可用于不同国家、地区、单位之间的比较，也可用于本单位实际水平与先进水平、平均水平、标准水平的比较，实际中应根据研究目的和任务来确定。

比较相对指标的分子分母项通常是可以互换的，如上例中，也可以说：上海的平均家庭户规模是西藏的 0.574 6 倍。

5．强度相对指标

强度相对指标是由两个具有一定联系，但性质不同的总量指标对比所形成的，通常用来表明现象的强度、密度和普遍程度，如人均国民生产总值、人口密度、每万人拥有的商业网点数等，其计算公式为

$$强度相对指标 = \frac{某一总量指标数值}{另一有联系而性质不同的总量指标数值} \tag{4-5}$$

强度相对指标的计量单位由其分子和分母原有的单位组成，如动力装备程度的单位是千瓦/人，人口密度的单位是人/平方千米，人均国民生产总值的单位是元/人。强度相对指标的计量单位也可能出现百分数、千分数等形式，如资金利润率用百分数表示，人口出生率和死亡率用千分数表示等。

有些强度相对指标可以采用正逆两种形式，如 2016 年我国的公共图书馆有 3 153 个，同年的人口总数为 138 271 万人，则用以下一对正逆指标可以反映我国公共图书馆的密度。

正指标： $每万人拥有的公共图书馆数 = \dfrac{3\,153}{138\,271} = 0.023（个 / 万人）$

逆指标： $每个公共图书馆服务的人口数 = \dfrac{138\,271}{3\,153} = 43.854（万人 / 个）$

每万人拥有的公共图书馆数愈多，说明公共图书馆的分布密度愈大，因而为正指标；反之，如果每个公共图书馆服务的人口数愈多，表明公共图书馆分布的密度愈小，因而为逆指标。

强度相对指标能够说明所研究现象的强弱程度，常用来表现一个国家、一个地区或一个单位的经济实力，并进行国家、地区、单位间的实力比较，确定发展的差距和不平衡程度；强度相对指标也可用来反映现象的密度和普遍程度，如人口密度、万人拥有的公共图书馆数、万人拥有的商业网点数等；强度相对指标还可以反映经济活动的条件和效益，如劳动力的资金装备程度反映了经济活动的条件，各种利润率指标可以反映经济活动的效益。

6. 动态相对指标

动态相对指标是将同类指标在不同时间上的数值进行对比而形成的相对数，表明现象在不同时间上的发展变化方向和速度，所以又称为发展速度指标，其计算公式为

$$动态相对指标 = \frac{报告期指标数值}{基期指标数值} \tag{4-6}$$

上式中，"基期"是用作比较标准的时期，"报告期"则是同基期对比的时期。如某县城的总人口数，2015 年末为 128 453 人，2016 年末为 129 227 人，则总人口数的动态相对数为 100.6%，表明该县城 2016 年总人口数比 2015 年增长 0.6%。

三、应用相对指标的原则

为了准确合理地计算和应用相对指标，必须遵循以下原则：

1. 可比性原则

在计算相对指标时，用于对比的两个统计指标必须在除需要进行对比的性质以外的其他如含义、内容、范围、时间、空间、计量单位或计算方法等方面保持一致，即具有可比性。例如：计算结构相对数时，如果工业管理人员数和工业职工总数不是来源于一个地区的资料，则计算出的工业管理人员占职工总数的比重就没有实际意义，这是因指标范围不同而造成的不可比；又如评价计划完成情况时，如果实际完成数与计划任务数在指标内容上不相同，则必须进行调整使其在内容上保持可比。

2. 相对指标与总量指标结合运用原则

相对指标是反映相关指标之间数量对比关系的，它不能体现现象本身的总规模和总水平，所以要将相对指标和总量指标结合起来，既有相对水平又有绝对数量，以便于对现象进行深入研究和统计分析。

例如，我国国内生产总值中，1994 年第三产业的生产总值为 14 930.0 亿元，1995 年为 17 947.2 亿元，1995 年比 1994 年增长 20.21%；2002 年第三产业的生产总值为 36 074.8 亿元，2003 年为 38 885.7 亿元，2003 年比 2002 年增长 7.79%。如果仅比较动态相对指标，就会只看到前者的增长速度大于后者，实际上，在相对数的背后还隐藏着不同水平的绝对数，因而需要计算增长 1%绝对数。对于此例，1994～1995 年增长 1%绝对数为 149.30 亿元，2002～2003 年增长 1%绝对数为 360.75 亿元，后者的增长 1%绝对数是前者的 2.42 倍。可见，相对指标抽象了现象的具体规模和水平，从相对指标上已经看不到现象的绝对数值，因此必须计算相对指标背后的绝对数量，从而更全面、更具体地分析和说明问题。

当然，总量指标的应用也离不开相对指标。为了加深对某一总体的认识，经常需要进行总体之间的比较，然而采用总量指标来比较往往缺乏可比性，因为总量指标受到总体规模大

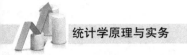

小的影响。比如，若要对比两个不同国家的社会发展水平则不应直接比较两国的国内生产总值，而应将国内生产总值除以人口数得到人均国内生产总值后再进行比较。

3．各种相对指标结合运用原则

为了从不同角度研究现象之间的数量对比关系，需要将各种相对指标结合起来应用。例如，对于一个企业某年度的利润指标，可以计算利润计划完成相对数，反映利润计划完成情况的好坏；可以计算利润动态相对数，反映本年度相对于上年度利润的增减变动情况；可以与同类型、同规模的其他企业进行对比计算比较相对数，说明企业间完成利润的差距；还可以计算有关的利润率指标，反映企业利润完成的强度和经济效益。

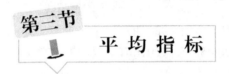

第三节　平 均 指 标

一、平均指标的概念和作用

（一）平均指标的概念

在社会经济现象的同质总体中，每个总体单位都有区别于其他单位的数量特征，往往表现为数值大小不等或水平高低不一。但处在同质总体中的各个单位，都受一般基本条件和起共同作用的因素影响，因此，就某一数量标志而言，其在具体数值上的差异有一定的限度，在一定的时间、地点条件下，客观上存在该数量标志值的一般水平。同一时间同类社会经济现象的一般水平称为静态平均指标，不同时间同类社会经济现象的一般水平称为动态平均指标。本节只讲述静态平均指标。

平均指标又称统计平均数，是用以反映同质总体各单位某一数量标志在一定时间、地点、条件下所达到的一般水平的综合指标。例如，用平均工资来代表全体职工工资的一般水平，用平均物价来代表商品价格的一般水平，用平均单位产品成本来代表产品生产成本的一般水平等。

（二）平均指标的作用

平均指标在认识社会经济现象总体数量特征方面的作用表现在以下几个方面：

1．可以反映分配数列中各变量值分布的集中趋势

从社会经济现象变量数列的次数分布来看，大多数次数分布表现为"两头少，中间多"的分配形态，即越接近平均数的标志值次数越多，越偏离平均数的标志值次数越少，形成正负离差大体相等，可以相互抵消，使变量数列以平均数为中心而左右波动。所以，平均数反映了标志值变动的集中趋势，代表着变量数列的一般水平。

2．可以用于同类现象在不同时间空间上的对比

由于平均指标消除了总体单位数的影响，反映现象的一般水平，故有利于比较现象在不同地区之间的差异，或反映现象在不同时间上的发展变化情况。如比较生产规模不同的企业

之间的生产水平，就不能单纯用总产量、总产值等总量指标进行直接比较，而应计算平均产量、平均产值等平均指标进行对比分析。还可以将连续几年的平均产量或产值排列在一起进行比较，反映企业生产的发展趋势和发展规律。

3．可以用来分析现象之间的依存关系

在社会经济现象中，很多现象并不是孤立存在，而是相互联系的，利用平均指标可以分析它们之间的依存关系。例如，每亩施肥量与农作物的平均亩产量进行比较，可以发现两者之间的相互关系，即在一定范围内，每亩⊖施肥量与农作物的平均亩产量呈正相关。

二、平均指标的种类及计算

平均指标按计算和确定的方法不同，分为算术平均数、调和平均数、几何平均数、众数和中位数。前三种平均指标是根据总体各单位的标志值计算的，称为数值平均数；众数和中位数则是根据标志值在分配数列中所处的位置确定的，称为位置平均数。

（一）算术平均数

算术平均数是计算平均指标的最常用方法，也是应用最为广泛的一种平均数。算术平均数就是对总体各单位的某一数量标志进行平均，即总体各单位某一标志值的算术和除以总体单位数。由于社会经济现象总体的标志总量通常都是总体各单位标志值之和，而且与其总体单位总数是相对应的，因此，算术平均数的基本形式是总体单位某一数量标志值之和（总体标志总量）除以总体单位数。例如，职工的平均工资等于职工的工资总额（即每个职工工资相加的总和）除以职工的总人数，反之职工的平均工资乘以职工总人数必等于职工的工资总额。算术平均数的计算公式为

$$算术平均数 = \frac{总体标志总量}{总体单位总量}$$

例如，某生产小组 10 名工人的工资总额是 600 元，则

$$平均工资额 = 标志总量/总体总量 = 600/10 = 60（元）$$

算术平均数的特点包括：①算术平均数的计量单位应当和标志总量的计量单位一致；②分子分母属于同一总体，分母是分子的承担者；③算术平均数应是数量标志的平均，品质标志不能平均。

平均指标与强度相对指标虽然在形式上一样，但是其实质是不同的。其主要区别是：①平均指标是由同一总体计算而得，而强度相对指标则由两个不同总体计算而得；②平均指标中分母是分子的承担者，而强度相对指标中不存在这种关系；③使用单位不同。在计算和应用算术平均数时，要特别注意分子分母必须同属一个总体，口径一致。这是算术平均数与强度相对数之间的根本区别。在区分两者时，主要通过以下判断：分子分母是否来自同一总体；分子数是否是分母标志值的汇总数。

⊖　1 亩=666.667 平方米。

◢ 课堂练习

试分辨下列指标是强度相对数还是算术平均数。

$$全员劳动生产率 = \frac{总产值}{全部职工人数}$$

$$生产工人劳动生产率 = \frac{总产值}{生产工人数}$$

$$人均粮食产量 = \frac{全县粮食总产量}{该县全部人口}$$

$$人均粮食消费量 = \frac{全县粮食消费量}{该县全部人口}$$

$$粮食亩产量 = \frac{全县粮食总产量}{该县粮食播种面积}$$

根据掌握资料和计算复杂程度不同，算术平均数分为简单算术平均数和加权算术平均数两种。

1. 简单算术平均数

在掌握了没有分组的总体各单位的标志值或掌握了标志总量和总体总量资料的条件下则可以采用简单算术平均数的计算方法。计算公式为

$$\bar{x} = \frac{x_1 + x_2 + \cdots + x_n}{n} = \frac{\sum x}{n} \tag{4-7}$$

式中，$\bar{x}$ 表示简单算术平均数；x_i（$i=1$，2，3，$\cdots$，n）表示总体各单位的标志值；n 表示总体单位数。

例如，上例中关于 10 个工人平均工资额的计算即属简单算术平均数计算。简单算术平均数的特点是其大小只受各变量值本身大小的影响，而不受其他因素影响，其平均数的大小不会超过变量值的变动范围。

例 4-3

某企业某小组 6 名工人，他们加工的零件数分别为 200 件、210 件、212 件、240 件、250 件、260 件，则平均每个工人加工的零件数为

$$\bar{x} = \frac{\sum x}{n} = \frac{200 + 210 + 212 + 240 + 250 + 260}{6} = 228.7 \text{（件）}$$

2. 加权算术平均数

如果平均数的大小既受其变量值本身大小的影响，又受其次数的影响则要采用加权算术平均数的方法计算其平均数。其计算公式为

$$\overline{x} = \frac{x_1 f_1 + x_2 f_2 + \cdots + x_n f_n}{f_1 + f_2 + \cdots + f_n} = \frac{\sum xf}{\sum f} \tag{4-8}$$

式中，$\overline{x}$ 表示加权算术平均数；x_i（i=1，2，…，n）表示各组标志值；f_i（i=1，2，…，n）表示各组的次数或频数（即权数）。

在影响平均数的两个因素中，起决定作用的是变量值本身的水平，即 x 的大小。而在其变量值变动的区间内为什么平均数会是某一个数值，而不是另一个数值，则是次数（即 f）影响的结果。在一般情况下（也就是次数分布接近正态分布的情况下），加权算术平均数会靠近出现次数最多的变量值。因此，次数对平均数的大小的作用并不是可有可无，而是起着一种权衡轻重的作用。所以次数又称为权数，每个变量值乘以权数再进行累加的过程称为加权过程，所得结果即为标志总量。

（1）单项式分组计算的平均数。在单项式变量数列情况下，已知各组的变量值 x 和各组的次数 f，且各组的次数又不相等，则要用加权算术平均数计算平均指标。

例 4-4

某工厂生产小组的生产情况如表 4-3 所示，试计算该组工人平均加工的零件数。

表 4-3　某工厂某小组生产情况统计表

工人加工零件数 x（件）	工人数 f（人）	每组工人加工零件总数 xf（件）
20	2	40
30	2	60
40	8	320
50	6	300
60	2	120
合计	20	840

解：该小组工人平均加工零件数为

$$\overline{x} = \frac{\sum xf}{\sum f} = \frac{840}{20} = 42 \text{（件）}$$

加权算术平均数与简单算术平均数的不同之处在于：简单算术平均数只反映变量值一个因素的影响；而加权算术平均数反映两个因素即变量值和次数的共同影响。当较大标志值的次数较多时，加权平均数就接近于标志值大的一方；当较小标志值的次数较多时，加权平均数就接近于标志值较小的一方。在变量值既定的情况下，次数对加权平均数的大小起着权衡轻重的作用，故称之为权数。当各组次数相等时，次数失去了权数的作用，这时加权算术平均数与简单算术平均数相等。

权数除了以次数表现外，也可以用频率（即各组单位数占总体单位数的比重）来表现。在此情况下，可直接以各组频率为权数求平均数。但两种权数的性质相同，由此而计算的平均指标也相同。其计算公式为

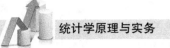

$$\overline{x} = \sum x \frac{f}{\sum f} \qquad\qquad (4-9)$$

例 4-5

某工厂生产小组的生产情况如表 4-4 所示，试计算该组工人平均加工的零件数。

表 4-4　某工厂某小组生产情况统计表

工人加工零件数（件）	工人数（人）		零件数乘以相对权数
	绝　对　数	相　对　数	
x	f	$\dfrac{f}{\sum f}$	$x\dfrac{f}{\sum f}$
20	2	0.1	2
30	2	0.1	3
40	8	0.4	16
50	6	0.3	15
60	2	0.1	6
合计	20	1.0	42

则该小组工人平均加工零件数为

$$\overline{x} = \sum x \frac{f}{\sum f} = 42 \text{（件）}$$

（2）组距式分组计算的平均数。在组距数列中，变量值不是以单个的值出现而是以由下限和上限限定变量值范围的组距形式出现的，所以在组距数列中计算加权算术平均数，需要以每个组的平均数，即组中值，作为每一组的变量值，而后乘以相应的次数，得出标志总量，再除以权数之和即可。

例 4-6

某商店职工的日工资资料如表 4-5 所示，试计算该商店职工的平均日工资。

表 4-5　某商店职工日工资

日工资（元）	组中值 x（元）	职工数 f（人）	xf
120～130	125	22	2 750
130～140	135	133	17 955
140～150	145	13	1 885
150～160	155	5	755
合计	—	173	23 365

解：该商店职工的平均日工资为

$$\overline{x} = \frac{\sum xf}{\sum f} = \frac{23\,365}{173} = 135.06 \text{（元）}$$

（二）调和平均数

调和平均数是总体各单位标志值倒数的算术平均数的倒数，也称倒数平均数。调和平均数分为简单调和平均数和加权调和平均数。

1．简单调和平均数

简单调和平均法是先计算总体单位标志值倒数的简单算术平均数，再求其倒数。其计算公式为

$$H = \frac{n}{\frac{1}{x_1} + \frac{1}{x_2} + \cdots + \frac{1}{x_n}} = \frac{n}{\sum \frac{1}{x}} \qquad (4\text{-}10)$$

式中，H 表示调和平均数；x 表示各单位的标志值；n 表示总体单位数。

例 4-7

市场上购买某种商品，甲级每千克 1.0 元，乙级每千克 0.9 元，丙级每千克 0.7 元，现各花 1 元买每级商品，则平均每千克价格为

$$H = \frac{n}{\sum \frac{1}{x}} = \frac{3}{\frac{1}{1} + \frac{1}{0.9} + \frac{1}{0.7}} = 0.85 \text{（元）}$$

2．加权调和平均数

加权调和平均法是先计算总体单位标志值倒数的加权算术平均数，再求其倒数。其计算公式为

$$H = \frac{m_1 + m_2 + \cdots + m_n}{\frac{m_1}{x_1} + \frac{m_2}{x_2} + \cdots + \frac{m_n}{x_n}} = \frac{\sum m}{\sum \frac{m}{x}} \qquad (4\text{-}11)$$

式中，H 表示调和平均数；x 表示各组的标志值（或组中值）；m 表示各组标志总量，也称权数。

例 4-8

上例中，如果分别花 3 元买甲级商品，2 元买乙级商品，1 元买丙级商品，则平均每千克的价格为

$$H = \frac{\sum m}{\sum \frac{m}{x}} = \frac{3 + 2 + 1}{\frac{3}{1} + \frac{2}{0.9} + \frac{1}{0.7}} = 0.90 \text{（元）}$$

加权调和平均数与加权算术平均数没有本质区别，只是由于掌握不同资料而采用了不同计算形式。因各组标志总量 $m=xf$，因此，m 也称为权数，加权调和平均数可以看作是加权算术平均数的变形。

加权调和平均数的被平均对象，除了绝对数形式的变量值以外，还可以是以相对数或平均数表现的变量值。

（三）几何平均数

几何平均数是 n 个比率乘积的 n 次方根。社会经济统计中，几何平均法适用于计算平均比率和平均速度。简单几何平均数的计算公式为

$$G = \sqrt[n]{x_1 x_2 \cdots x_n} = \sqrt[n]{\prod x} \tag{4-12}$$

式中，G 表示几何平均数；x 表示变量值；n 表示总体单位数。

加权几何平均数的计算公式为

$$G = \sqrt[f_1+f_2+\cdots+f_n]{x_1^{f_1} x_2^{f_2} \cdots x_n^{f_n}} = \sqrt[\sum f]{\prod x^f} \tag{4-13}$$

关于几何平均数的具体计算及应用将在第七章动态数列分析部分讲述。

（四）众数

众数是总体中出现次数最多或最普遍的标志值。它是一种位置平均数，不受数列中极端变量值影响，这是其区别于算术平均数的一个重要标志。众数是根据特殊位置确定的，当数列没有明显集中趋势而趋于均匀分布时，则不存在众数。众数是总体中出现次数最多的标志值。用 M_0 表示。根据变量数列的不同种类，确定众数可采用不同的方法。

1．单项式数列确定众数

某种商品的价格情况如表 4-6 所示。

表 4-6　某种商品的价格情况

价格（元）	销售数量（千克）
2.0	20
2.4	60
3.0	140
4.0	80
合计	300

上表单项式数列中价格为 3.0 元的商品销售量最多，即出现次数最多，则众数 M_0=3.0 元。

2．组距数列确定众数

下限公式为

$$M_0 = L + \frac{\Delta_1}{\Delta_1 + \Delta_2} \times d \tag{4-14}$$

上限公式为

$$M_0 = U - \frac{\Delta_2}{\Delta_1 + \Delta_2} \times d \tag{4-15}$$

式中，M_0 表示众数；L 表示众数所在组的下限；U 表示众数所在组的上限；Δ_1 表示众数所在组次数与前一组次数之差；Δ_2 表示众数所在组次数与后一组次数之差；d 表示众数所在组的

组距。

例 4-9

某村农户年纯收入如表 4-7 所示，试计算其众数。

表 4-7 某村农户年纯收入统计表

年纯收入（元）	农户数（户）
1 200~1 400	5
1 400~1 600	10
1 600~1 800	80
1 800~2 000	130
2 000~2 200	180
2 200~2 400	50
2 400~2 600	30
2 600~2 800	15
合计	500

根据表中各组次数可知，2 000~2 200 元为众数组，根据公式计算如下：

按下限公式计算：

$$M_0 = 2\,000 + \frac{180-130}{(180-130)+(180-50)} \times 200 = 2\,055.6 \text{（元）}$$

按上限公式计算：

$$M_0 = 2\,200 - \frac{180-50}{(180-130)+(180-50)} \times 200 = 2\,055.6 \text{（元）}$$

从计算结果可以看出，两个公式确定的结果是一致的，实际工作中选用其中一种方法计算即可。

（五）中位数

将总体各单位的标志值按大小顺序排列，处于数列中点位置的标志值即为中位数，用 M_e 表示。中位数将数列分为单位数相等的两部分，一部分的标志值小于中位数，另一部分的标志值大于中位数。在许多情况下，不易计算平均值时，可用中位数代表总体的一般水平。例如，人口年龄中位数，可表示人口总体年龄的一般水平。

1. 未分组资料确定中位数

根据未分组资料确定中位数时，首先将标志值按大小顺序排列，然后根据公式 $(n+1)/2$ 确定中位数的位置，再根据中位数的位置找出对应的标志值。

例如，要测试 7 种新型小轿车的耗油量，每百公里耗油量（升）分别为：7，8，9，10，11，13，15。则 $n=7$，中位数位次 $= (n+1)/2 = (7+1)/2 = 8/2 = 4$。因此第四个位次对应的数值 10 即为中位数，即 $M_e = 10$（升）。

例 4-10

五名工人工资额分别为 500 元、580 元、670 元、890 元、898 元，则中点位置为 3，中位数为第三个工人的工资额 670 元。

若数据个数为偶数，如 $n=6$，分别为 7，8，9，10，11，13，中位数的位次为（6+1）/2=3.5，中位数位次在第三位和第四位之间，则中位数由所对应的两个标志值的平均数来确定，即为（9+10）/2=9.5。

例 4-11

四名工人工资额分别为 500 元、580 元、670 元、890 元，则中点位置为 2.5，中位数为第二个工人和第三个工人工资额的简单平均数 625 元。

2. 单项式分组资料确定中位数

单项式分组资料可直接用公式 $\dfrac{\sum f+1}{2}$ 确定中位数的位次，先计算各组的累计次数或累计频率，再根据位次用向上累计或向下累计的方法将次累计次数或刚超过中位数位次的组确定为中位数组，该组对应的标志值即为中位数。

例 4-12

某车间工人日产量如表 4-8 所示，试确定其中位数。

表 4-8 车间工人按日产量分组

工人日产量（件）	车间工人数（人）	向上累计工人数（人）	向下累计工人数（人）
10	20	20	120
11	28	48	100
12	40	88	72
13	18	106	32
14	8	114	14
15	6	120	6
合计	120	—	—

车间中位数位次为 60.5，说明中位数位于第 60 个工人与第 61 个工人之间。根据向上累计次数可知，第 60 个工人与第 61 个工人都在第三组，其标志值相同，都为 12 件，因此中位数为 12 件。根据向下累计次数可以得出同样的结果。

3. 组距分组资料确定中位数

组距分组资料需先计算各组的累计次数或累计频率，按公式 $\dfrac{\sum f+1}{2}$ 确定中位数位次，并对照累计次数或累计频率确定中位数所在组，用插补法按比例推算出中位数的近似值。

下限公式为

$$M_e = L + \frac{\dfrac{\sum f}{2} - S_{m-1}}{f_m} \times d \tag{4-16}$$

上限公式为

$$M_e = U - \frac{\dfrac{\sum f}{2} - S_{m+1}}{f_m} \times d \tag{4-17}$$

式中，M_e 表示中位数；L 表示中位数所在组的下限；U 表示中位数所在组的上限；f_m 表示中位数在组的次数；S_{m-1} 表示中位数所在组以下的累计次数；S_{m+1} 表示中位数所在组以上的累计次数；d 表示中位数所在组的组距。

例 4-13

某村农户年纯收入情况如表 4-9 所示。

表 4-9 某村农户年纯收入统计表

年纯收入（元）	农户数（户）	农户数累计（户）	
		向上（以下）累计	向下（以上）累计
1 200～1 400	5	5	500
1 400～1 600	10	15	495
1 600～1 800	80	95	485
1 800～2 000	130	225	405
2 000～2 200	180	405	275
2 200～2 400	50	455	95
2 400～2 600	30	485	45
2 600～2 800	15	500	15
合计	500	—	—

中位数位次 $= 501/2 = 250.5$，根据累计次数确定 2 000～2 200 为中位数组。

下限公式为

$$M_e = 2\,000 + \frac{501/2 - 225}{180} \times 200 = 2\,027.8 \text{（元）}$$

上限公式为

$$M_e = 2\,200 - \frac{501/2 - 95}{180} \times 200 = 2\,027.8 \text{（元）}$$

通过计算可知，下限公式与上限公式的结果是一致的，该村农户年纯收入的中位数为 2 027.8 元。

三、平均指标的应用原则

为了正确有效地运用平均指标分析社会经济现象，充分发挥其作用，必须遵守以下几个原则：

1. 在同质总体中计算和应用平均指标

马克思曾经指出："平均量只是种类相同的许多不同的个别量的平均。"只有在同质总体中，总体单位才具有共同的特征，才能按某一数量标志计算其平均数。把本质不同的事物放在一起进行平均，会抹煞现象之间的本质差异，歪曲现象的真实情况。如资本主义国家在统计中，为掩盖资本家和工人之间的阶级矛盾和阶级差别，把资方代理人的高额薪俸和工人的工资混在一起，计算所谓的平均工资。这种实际上不存在的平均数，列宁斥之为虚构平均数。因此，总体的同质性是计算应用平均指标首先要注意的问题。

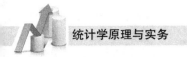

2．用组平均数补充说明总平均数

总平均数反映的是现象总体的一般水平，它把总体单位之间的差异抽象化了。实际上，各单位之间仍存在某些性质上的差异，这对总平均数有重要的影响。因此，需要按照反映这些重要差异的标志对主体单位进行分组，计算组平均数来补充说明总平均数。

📝 **课堂练习**

下表是两组工人工资情况统计表。在表中，甲组的各组平均水平较高，而总平均水平较低；乙组的各组平均水平较低，而总平均水平较高。请试给出合理的解释。

熟练程度	甲 组				乙 组			
	人数	比重（%）	工资总额（元）	平均工资（元）	人数	比重（%）	工资总额（元）	平均工资（元）
技术工	12	40	6 480	540	28	70	14 280	510
学徒工	18	60	7 560	420	12	30	4 680	390
合计	30	100	14 040	468	40	100	18 960	474

3．用分配数列补充说明总平均数

分配数列能反映数据的总体分布情况，和总平均数一起使用，可以更好地反映数据的特征。例如，某集团公司 2017 年利润总平均计划完成程度 108%，下属企业计划完成程度资料如表 4-10 所示。如果只看总平均计划完成程度 108%，则该集团公司超额完成了任务。但结合分配数列来看，仍有 15 个下属企业未完成计划（即计划完成程度低于 100%），且有 3 个企业完成情况较差（计划完成程度低于 80%）。

表 4-10　利润计划完成程度分布表

利润计划完成程度（%）	下属企业数（个）
80 以下	3
80～90	4
90～100	8
100～110	50
110～120	30
120～130	10
合计	105

4．平均指标的应用应与分组法相结合

通过以上平均指标各种不同的计算方法，我们可以看出，计算平均指标是在分组的基础上进行的，这就要求统计分组必须科学，能够反映出事物的本质特征。

5．平均指标的应用应与变异分析相结合

平均指标与变异分析结合应用既可以通过平均数反映现象的一般水平，又可以通过反映标志变动度的各项指标来表明平均数的代表性，反映现象的节奏性和稳定性，从而说明各项工作的质量。

第四节 标志变异指标

一、标志变异指标的概念和作用

（一）标志变异指标的概念

标志变异指标又称标志变动度，是反映总体各单位标志值之间差异大小的综合指标。标志变异指标是和平均指标相联系的一种分析指标。平均指标表明总体各单位标志值的一般水平，揭示标志值的趋中程度和集中趋势；而标志变异指标则表明总体各单位标志值的差别大小程度，说明标志值的离中程度和离中趋势。所以，在统计研究中，经常把平均指标和标志变异指标结合起来应用。

标志变异指标是说明总体单位标志值的差异大小和程度的指标。在统计研究中，一方面要计算平均数，用以反映总体各单位标志值的一般水平；另一方面也要测定标志变动度，用以反映总体各单位标志值的差异程度。同时，平均数的代表性还必须用标志变动度来测量，标志变动度越大，平均数的代表性就越小；相反，标志变动度越小，平均数的代表性就越大。如果标志变动度等于 0，则说明平均数具有完全的代表性。所以，为了全面准确地反映出总体特征，在计算了平均数之后，还要进一步计算标志变动指标，以便对平均数做出补充说明。

（二）标志变异指标的作用

标志变异指标在统计分析研究中的作用有：

（1）衡量平均数代表性大小，标志变动度与平均数成反比关系。一般而言，总体标志变异指标愈大，平均指标代表性愈小；反之，标志变异指标愈小，平均指标代表性愈大。例如，两个小组各有四位同学统计学考试成绩如下：

第一组：60，70，80，90 平均成绩 75 分；最高分−最低分=30 分
第二组：20，80，100，100 平均成绩 75 分；最高分−最低分=80 分

根据最高分与最低分的差异程度可以看出，第一组平均成绩 75 分代表性较高，第二组平均成绩 75 分代表性较低。

（2）衡量经济活动过程的节奏性、均衡性。例如，有两个乡的水稻平均单产都是 400 千克，甲乡的水稻单产在 350～450 千克的地块，只占播种面积的 60%；而乙乡在 350～450 千克的地块，只占播种面积的 30%，试问：哪个乡具有比较稳定而又可靠的收获量？显然，在这种情况下，甲乡的收获量是比较稳定可靠的。所以，在计算平均数之后，还应该测定标志的变动度。

再例如，对产品进行质量检查时，即使在合格率相同的情况下，如果产品质量标志变动度大，则说明生产稳定性差，反之，稳定性就好。再如，检查生产计划完成情况时，有些企业上半年生产松松垮垮，每月完不成计划，到年底加班加点赶任务。虽然从全年看也完成了计划，但各月产量间离散程度大，因而其稳定性比较差。

（3）标志变异指标是确定抽样数目和计算抽样误差的必要依据。其他条件相同的情况下，标志变异指标越大，抽样的误差越大，需要抽样的数目越多。

二、标志变异指标的种类及计算

（一）极差

极差（也称全距）是总体单位中最大值与最小值之差，它说明标志值的变动范围，是标志变动度中最简单的一种方法，一般用 R 表示，即

$$极差（R）= 最大标志值 - 最小标志值 \tag{4-18}$$

R 值越大，标志变动差异越大，平均指标对总体的代表性越差。极差的优点是能说明总体中两个极端标志值的变异范围，其计算方法简便、易懂，容易被人掌握。缺点是极差受极端值影响很大，不能全面反映各单位标志值的差异程度。如前例统计学平均成绩的计算中，全距仅取决于两个极端标志值，不能全面反映总体各单位标志值变异的程度。因此，极差在应用时有较大的局限性。

（二）平均差

平均差是总体各单位的标志值与算术平均数的离差绝对值的平均，它能综合反映总体中各单位标志值的差异程度，用 AD 表示。平均差按计算方法不同可分为简单平均差和加权平均差。

（1）简单平均差。简单平均差是指按简单平均法计算的平均差，通常在资料未分组时采用，其计算公式为

$$AD = \frac{\sum |x - \bar{x}|}{n} \tag{4-19}$$

例如，八位同学统计学考试成绩分为两组，第一组：60，70，80，90；第二组：20，80，100，100。根据公式计算，AD_1=10 分，AD_2=27.5 分。在平均成绩相同（均为 75 分）的情况下，第一组的平均差小于第二组，所以第一组平均数的代表性大于第二组。

（2）加权平均差。加权平均差是指按加权平均法计算的平均差，通常在资料分组时采用，其计算公式为

$$AD = \frac{\sum |x - \bar{x}| f}{\sum f} \tag{4-20}$$

例如，在例 4-6 中，已经计算出职工的平均日工资为 135.06 元，运用上式计算平均差的过程如下：

$$AD = \frac{\sum |x - \bar{x}| f}{\sum f} = \frac{|125 - 135.06| \times 22 + |135 - 135.06| \times 133 + |145 - 135.06| \times 13 + |155 - 135.06| \times 5}{173}$$
$$= 2.65（元）$$

平均差的优点是计算简便、意义明确，能反映各标志值差异的大小和程度。但平均差的计算采用绝对值，不适于数理统计中的数字处理，使用受限制。

（三）标准差

标准差是总体各单位标志值与其平均数离差平方的算术平均数的平方根，又称为均方差。它是测定标志变异程度最常用、最主要的指标。标准差的实质与平均差基本相同，只是在数学处理方法上与平均差不同。平均差是用取绝对值的方法消除离差的正负差异再用算术平均的方法求出平均离差；而标准差则是用平方的方法消除离差的正负差异，再对离差的平方计算算术平均数，并开方求出标准差。标准差不仅具有平均差的优点，还弥补了平均差的不足。标准差一般用 σ 表示。

标准差是测定标志变动度最重要的指标，它的意义与平均差的意义基本相同，但在数学性质上比平均差更为优越。由于各标志值对算术平均数的离差的平方和为最小，所以在反映标志变动度大小时，一般都采用标准差，标准差是反映标志变动度的最重要的指标。标准差的计算也有简单和加权两种形式。

（1）简单标准差。资料未分组时采用简单平均法计算标准差，其计算公式为

$$\sigma = \sqrt{\frac{\sum (x - \overline{x})^2}{n}} \qquad (4-21)$$

（2）加权标准差。资料分组时采用加权平均法计算标准差（如果是组距资料，应先求出组中值），其计算公式为

$$\sigma = \sqrt{\frac{\sum (x - \overline{x})^2 f}{\sum f}} \qquad (4-22)$$

例 4-14

某公司工人日产量的资料如表 4-11 所示，试计算日产量的标准差。

表 4-11 某公司工人日产量资料

日产量（件）	工人数（人）
10~20	10
20~30	25
30~40	30
40~50	20
合计	85

解：计算出各组的组中值，代入加权算术平均数公式得

$$\overline{x} = \frac{\sum xf}{\sum f} = \frac{15 \times 10 + 25 \times 25 + 35 \times 30 + 45 \times 20}{10 + 25 + 30 + 20} = \frac{2\,725}{85} = 32.06 \text{（件）}$$

将平均数代入加权标准差公式得

$$\sigma = \sqrt{\frac{\sum(x-\overline{x})^2 f}{\sum f}}$$

$$= \sqrt{\frac{(15-32.06)^2 \times 10 + (25-32.06)^2 \times 25 + (35-32.06)^2 \times 30 + (45-32.06)^2 \times 20}{10+25+30+20}}$$

$$= 9.56\,(\text{件})$$

标准差的大小不仅可以反映数据离散程度即差异程度的大小，而且可以反映平均数所具有的代表性的强弱。标准差越小，表明其平均数的代表性越强，反之标准差越大，则平均数的代表性越弱。

（四）离散系数

以上计算的各种标志变异指标，都与平均指标有相同的计量单位，是反映标志变动度的绝对指标，其数值的大小不仅受各单位标志值差异程度的影响，而且受到总体单位标志值本身水平高低的影响。为了对比分析不同水平的变量数列之间标志值的变异程度，就必须消除数列标志值本身水平高低的影响，这时就要计算变异系数即离散系数。它是极差、平均差、标准差与其算术平均数的对比值，分别称为极差系数、平均差系数、标准差系数。其中标准差系数应用最为普遍，一般用 V_σ 表示，其计算公式为

$$V_\sigma = \frac{\sigma}{\overline{x}} \times 100\% \tag{4-23}$$

例如，甲商店职工平均工资 900 元，标准差为 20 元；乙商店职工平均工资 600 元，标准差为 18 元。从标准差看，似乎乙商店职工平均工资代表性强于甲商店。但从标准差系数来看，甲为 2.2%，乙为 3.0%，这说明甲商店职工平均工资代表性强于乙商店。

从以上分析可以看出，离散系数越大，说明平均数的代表性越弱；反之，离散系数越小，说明平均数的代表性越强。

例 4-15

有甲、乙两个生产小组，甲组平均每个工人的日产量为 36 件，标准差为 9.6 件；乙组工人日产量资料如表 4-12 所示。

表 4-12　乙组工人日产量资料

日产量（件）	工人数（人）
10～20	10
20～30	40
30～40	30
40～50	20

要求：

（1）计算乙组平均每个工人的日产量和标准差。

（2）比较甲、乙两个生产小组哪个组的产量差异程度更大？

解：（1）

日产量（件）	组中值（件）	工人数（人）
10～20	15	10
20～30	25	40
30～40	35	30
40～50	45	20
合计	—	100

$$\overline{x}_乙 = \frac{\sum xf}{\sum f} = \frac{15 \times 10 + 25 \times 40 + 35 \times 30 + 45 \times 20}{10 + 40 + 30 + 20} = \frac{3\,100}{100} = 31（件）$$

$$\sigma_乙 = \sqrt{\frac{\sum (x - \overline{x})^2 f}{\sum f}}$$

$$= \sqrt{\frac{(15-31)^2 \times 10 + (25-31)^2 \times 40 + (35-31)^2 \times 30 + (45-31)^2 \times 20}{10 + 40 + 30 + 20}} = 9.17（件）$$

（2）因为 $\overline{x}_甲 \neq \overline{x}_乙$ 所以比较两组的离散系数。

$$V_{\sigma甲} = \frac{\sigma_甲}{\overline{x}_甲} = \frac{9.6}{36} = 27\% \qquad\qquad V_{\sigma乙} = \frac{\sigma_乙}{\overline{x}_乙} = \frac{9.17}{31} = 30\%$$

$$V_{\sigma甲} < V_{\sigma乙}$$

所以，乙组的产量差异程度更大。

三、交替标志的标准差

在社会经济统计研究中，经常遇到这样的情况，总体全部单位可划分为具有某种性质的单位和不具有某种性质的单位两部分，它们合并构成一个总体。例如，全部产品经质量检验，可分为合格品和不合格品两部分；人口总体按性别可分为男性和女性两部分等。当总体单位某种品质标志具体表现为"是"与"非"或"有"与"无"两种情况时，这种品质标志就称为交替标志或是非标志。要测定其变动程度，也需要计算标准差。计算原理与前述内容一致，但在计算表现形式上有所区别。

首先，需将交替标志的具体表现数量化，即将具有某种属性的单位的标志值用 1 表示，不具有某种属性的单位的标志值用 0 表示。然后，计算平均数。设总体单位数为 N，具有某种属性单位数为 N_1，其比重为 $N_1/N = p$；不具有某种属性单位数为 N_0，其比重为 $N_0/N = q$（或 $1-p$），p 和 q 又称为成数。交替标志平均数和标准差的计算如表 4-13 所示。

表 4-13　交替标志平均数和标准差计算表

	交替标志（变量值）	单位数（成数）	变量值×成数	离　　差	离差平方	离差平方×权数
	x	f	xf	$x - \overline{x}$	$(x - \overline{x})^2$	$(x - \overline{x})^2 f$
合格品	1	p	p	$1-p$	$(1-p)^2$	$(1-p)^2 p$
不合格品	0	q	0	$0-p$	$(0-p)^2$	$(0-p)^2 q$
合计	—	$p+q=1$	p	—	—	$q^2 p + p^2 q = pq$

交替标志的平均数为

$$\bar{x} = \frac{\sum xf}{\sum f} = \frac{1 \times p + 0 \times q}{p+q} = p \tag{4-24}$$

交替标志的标准差为

$$\sigma_p = \sqrt{\frac{\sum (x-\bar{x})^2 f}{\sum f}} = \sqrt{\frac{(1-p)^2 p + (0-p)^2 q}{p+q}} \tag{4-25}$$

$$= \sqrt{\frac{q^2 p + p^2 q}{1}} = \sqrt{pq(q+p)} = \sqrt{pq} = \sqrt{p(1-p)}$$

例 4-16 利用 Excel 软件获得统计指标

某班 50 个学生的统计成绩考试如下，试用 Excel 进行描述性统计分析，以获取各项统计指标。

88	74	42	81	91	88	83	86	82	93
89	89	88	77	76	86	88	88	90	88
85	78	67	86	93	93	86	85	91	87
88	37	96	92	85	78	77	89	89	94
84	86	77	84	88	91	86	83	68	92

描述统计（Excel）

在 Excel 软件中获取统计指标步骤如下：

（1）创建数据表格，如图 4-1 所示。

（2）选择数据分析类型。点击【数据】→【数据分析】→【描述统计】→【确定】，如图 4-2 所示。这时，出现"描述统计"窗口。

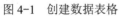

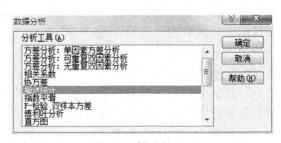

图 4-1　创建数据表格　　　　　　图 4-2　描述统计

（3）设置分析参数。在"描述统计"窗口中，"输入"卡片下的"输入区域"选择数据所在的区域。分组方式默认为"逐列"，表示按列分析数据。第一行没有标志名称，所以不勾选"标志位于第一行"。"输出选项"卡片下，勾选"输入区域"，选中 C1 作为输出区域。选中"汇总统计"，单击【确定】。

（4）描述统计分析的结果如图 4-3 所示，即可得到平均数、中位数、众数、标准差等各项统计指标。

	A	B	C	D	E
1	**88**			列1	
2	**74**				
3	**42**		平均	83.64	
4	**81**		标准误差	1.561203	
5	**91**		中位数	86	
6	**88**		众数	88	
7	**83**		标准差	11.03937	
8	**86**		方差	121.8678	
9	**82**		峰度	9.200666	
10	**93**		偏度	-2.7685	
11	**85**		区域	59	
12	**78**		最小值	37	
13	**67**		最大值	96	
14	**86**		求和	4182	
15	**93**		观测数	50	
16	**93**				

图 4-3　Excel 描述统计分析结果

例 4-17 **利用 SPSS 软件获得统计指标**

上例中的分析也可在 SPSS 软件中进行，操作步骤如下：

（1）创建数据表格，如图 4-4 所示。

（2）选择数据分析类型。点击【分析】→【描述统计】→【描述】，弹出"描述性"窗口如图 4-5 所示。

描述统计（SPSS）

	分数	变量	变量
1	88		
2	74		
3	42		
4	81		
5	91		
6	88		
7	83		
8	86		
9	82		
10	93		
11	85		
12	78		
13	67		

图 4-4　创建数据表格

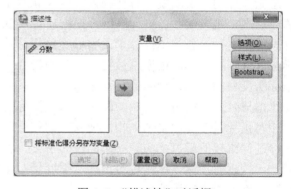

图 4-5　"描述性"对话框

选中"分数"变量，移入"变量"框中，点击"选项"，弹出"描述：选项"对话框。在"描述：选项"对话框中，勾选需要分析的参数，这里我们选中"平均值""标准偏差""方差""最大值""最小值"，如图 4-6 所示。点击【确定】，返回"描述性"对话框，再点击【确定】，即可得到分析结果，如表 4-14 所示。

表 4-14　SPSS 描述统计结果

	数　字	最小值（M）	最大值（X）	平均值（E）	标准偏差	方　差
分数	50	37	96	83.64	11.039	121.868
有效 N（成列）	50					

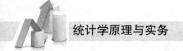

图 4-6 "描述：选项"对话框

本章小结

统计对社会经济现象的研究是通过各种数据指标进行描述和反映的。在各种常用的统计指标中，最基本的有四类：总量指标、相对指标、平均指标和标志变异指标。

总量指标用以反映统计总体的数量规模和水平，通过总量指标，我们可以了解客观事物的总体范围、规模大小、实力高低。根据所说明的内容不同，总量指标有总体单位总量和总体标志总量之分。总体单位总量说明总体单位总数的规模，总体标志总量说明总体某一个数量标志值总和的大小。根据总量指标的时间特性，总量指标有时期指标和时点指标之分。时期指标所反映的客观事物的数量变化与时间长短密切相关，时点指标所反映的客观事物的数量变化则与时间长短没有必然的联系。总量指标必须有计量单位。

相对指标是对客观事物中相关现象之间相互联系的程度加以数字度量，在不能直接用总量指标进行比较的现象之间建立起比较的桥梁。相对指标共有计划完成相对指标、结构相对指标、比较相对指标、比例相对指标、强度相对指标和动态相对指标六种，每一种相对指标在实际中都有很大的用处。

平均指标说明总体某种数量标志值的一般程度，消除了总体各单位在数量上的差异。平均指标反映了数据的集中趋势，是数据的"中心"。平均指标共分为五种，其中算术平均数、调和平均数、几何平均数的计算涉及了全部的数据，它们容易受到数据中的极大值和极小值的影响，因而称为数值平均数。而众数和中位数都是根据特定位置上的数据进行计算的，不受数据中极端值的影响，因而称为位置平均数。算术平均数、众数和中位数是最常用的平均指标。

客观事物之间总是存在数量上的差异，为了对数据的差异进行定量描述，我们介绍了标志变动指标。标志变动指标可以反映数据的离散程度，说明社会现象的稳定性和均衡性，并能够衡量平均数的代表性。标志变动指标共有极差、平均差、标准差和离散系数四种，其中标准差和离散系数是最常用、最重要的标志变动指标。

主要公式

计划完成相对指标	$计划完成相对指标 = \dfrac{实际完成数}{计划任务数} \times 100\%$
结构相对指标	$结构相对指标 = \dfrac{总体中部分数值}{总体的总数值} \times 100\%$
比例相对指标	$比例相对指标 = \dfrac{总体中某一部分数值}{总体中另一部分数值}$
比较相对指标	$比较相对指标 = \dfrac{甲空间的某种指标数值}{乙空间的某种指标数值}$
强度相对指标	$强度相对指标 = \dfrac{某一总量指标数值}{另一有联系而性质不同的总量指标数值}$
动态相对指标	$动态相对指标 = \dfrac{报告期指标数值}{基期指标数值}$
算术平均数	$算术平均数 = \dfrac{总体标志总量}{总体单位总量}$
简单算术平均数	$\bar{x} = \dfrac{x_1 + x_2 + \cdots + x_n}{n} = \dfrac{\sum x}{n}$
加权算术平均数	$\bar{x} = \dfrac{x_1 f_1 + x_2 f_2 + \cdots + x_n f_n}{\sum f} = \dfrac{\sum xf}{\sum f} = \sum x \dfrac{f}{\sum f}$
简单调和平均数	$H = \dfrac{n}{\dfrac{1}{x_1} + \dfrac{1}{x_2} + \cdots + \dfrac{1}{x_n}} = \dfrac{n}{\sum \dfrac{1}{x}}$
加权调和平均数	$H = \dfrac{m_1 + m_2 + \cdots + m_n}{\dfrac{m_1}{x_1} + \dfrac{m_2}{x_2} + \cdots + \dfrac{m_n}{x_n}} = \dfrac{\sum m}{\sum \dfrac{m}{x}}$
简单几何平均数	$G = \sqrt[n]{x_1 x_2 \cdots x_n} = \sqrt[n]{\prod x}$
加权几何平均数	$G = \sqrt[f_1 + f_2 + \cdots + f_n]{x_1^{f_1} x_2^{f_2} \cdots x_n^{f_n}} = \sqrt[\sum f]{\prod x^f}$
众数下限公式	$M_0 = L + \dfrac{\Delta_1}{\Delta_1 + \Delta_2} \times d$
众数上限公式	$M_0 = U - \dfrac{\Delta_2}{\Delta_1 + \Delta_2} \times d$
中位数下限公式	$M_e = L + \dfrac{\dfrac{\sum f}{2} - S_{m-1}}{f_m} \times d$
中位数上限公式	$M_e = U - \dfrac{\dfrac{\sum f}{2} - S_{m+1}}{f_m} \times d$
极差	$极差 = 最大标志值 - 最小标志值$
简单平均差	$AD = \dfrac{\sum |x - \bar{x}|}{n}$

（续）

加权平均差	$$AD = \frac{\sum |x - \overline{x}| f}{\sum f}$$
简单标准差	$$\sigma = \sqrt{\frac{\sum (x - \overline{x})^2}{n}}$$
加权标准差	$$\sigma = \sqrt{\frac{\sum (x - \overline{x})^2 f}{\sum f}}$$
离散系数	$$V_\sigma = \frac{\sigma}{\overline{x}} \times 100\%$$
交替标志的平均数	$$\overline{x} = \frac{\sum xf}{\sum f} = \frac{1 \times p + 0 \times q}{p + q} = p$$
交替标志的标准差	$$\sigma_p = \sqrt{\frac{\sum (x - \overline{x})^2 f}{\sum f}} = \sqrt{\frac{(1-p)^2 p + (0-p)^2 q}{p + q}}$$ $$= \sqrt{\frac{q^2 p + p^2 q}{1}} = \sqrt{pq(q+p)} = \sqrt{pq} = \sqrt{p(1-p)}$$

练习与案例分析

一、单项选择题

1. 统计指标反映的是（   ）。
   - A. 总体现象的数量特征
   - B. 总体现象的社会特征
   - C. 个体现象的数量特征
   - D. 个体现象的社会特征

2. 质量指标的表现形式是（   ）。
   - A. 绝对数
   - B. 绝对数和相对数
   - C. 绝对数和平均数
   - D. 相对数和平均数

3. 统计指标按其时间标准不同可分为（   ）。
   - A. 预计指标和终期指标
   - B. 时点指标和时期指标
   - C. 基期指标和报告期指标
   - D. 先行指标和滞后指标

4. 统计指标体系是由（   ）。
   - A. 若干个相互联系、相互制约的统计指标组成的整体
   - B. 若干个相互矛盾的指标组成的整体
   - C. 若干个相互联系的数量指标组成的整体
   - D. 若干个相互限制的数量指标组成的整体

5. 总量指标按其反映的内容不同，可分为（   ）。
   - A. 总体指标和个体指标
   - B. 时期指标和时点指标
   - C. 总体单位总量指标和总体标志总量指标
   - D. 总体单位总量指标和标志单位指标

6. 反映同一总体在不同时间上的数量对比关系的是（　　　）。

    A．计划完成相对指标　　　　　　　B．比较相对指标

    C．动态相对指标　　　　　　　　　D．比例相对指标

7. 某企业计划规定单位产品成本降低 2%，实际降低 7%，则其单位成本降低计划完成相对数为（　　　）。

    A．102.3%　　　　B．94%　　　　C．140%　　　　D．94.9%

8. 假设计划任务数是规定五年计划中最后一年应达到的水平，计算计划完成程度相对指标可采用（　　　）。

    A．累计法　　　B．水平法　　　C．简单平均法　　　D．加权平均法

9. 在不掌握各组单位数资料，只掌握各组标志值和各组标志总量的情况下，宜采用（　　　）。

    A．加权算术平均数　　　　　　　　B．加权调和平均数

    C．加权几何平均数　　　　　　　　D．简单算术平均数

10. 甲、乙两数列的平均数分别为 100 和 14.5，标准差分别为 12.8 和 3.7，则（　　　）。

    A．甲数列平均数的代表性高于乙数列

    B．乙数列平均数的代表性高于甲数列

    C．两数列平均数的代表性相同

    D．两数列平均数的代表性无法比较

11. 对于不同水平的总体不能直接用标准差比较其标志变动度，这时需分别计算各自的（　　　）来比较。

    A．标准差系数　　B．平均差　　　C．极差　　　　D．均方差

12. 总量指标按其反映的时间状况不同，可分为（　　　）。

    A．长期指标和短期指标

    B．当期指标和远期指标

    C．长期指标、中期指标和短期指标

    D．时期指标和时点指标

13. 2016 年全国男性人口数为 70 815 万人；2016 年全国金融业增加值为 62 132.4 亿元；2016 年全社会固定资产投资总额为 606 465.7 亿元；2016 年全国城乡居民人民币储蓄存款余额为 485 261.3 亿元。以上总量指标依次为（　　　）。

    A．时期指标、时点指标、时点指标、时期指标

    B．时期指标、时期指标、时点指标、时点指标

    C．时点指标、时期指标、时期指标、时点指标

    D．时点指标、时期指标、时点指标、时期指标

14. 某企业共有职工 1 000 人，职工年工资总额为 2 846.4 万元，则下列说法正确的是（　　　）。

    A．1 000 人为总体单位总量、2 846.4 万元为总体标志总量

    B．1 000 人为总体标志总量、2 846.4 万元为总体标志总量

    C．1 000 人为总体标志总量、2 846.4 万元为总体单位总量

    D．1 000 人为总体标志总量、2 846.4 万元为总体标志总量

二、多项选择题

1. 下列指标中属于总量指标的有（　　　　）。
   - A．工资总额
   - B．钢材消耗量
   - C．商业网点密度
   - D．年度国内生产总值
   - E．流动资金周转天数

2. 相对指标的计量单位有（　　　　）。
   - A．百分数
   - B．千分数
   - C．系数或倍数
   - D．成数
   - E．复名数

3. 时期指标的特点是（　　　　）。
   - A．不同时期的指标数值可以相加
   - B．不同时期的指标数值不能相加
   - C．某时期的指标数值与该期时间长短相关
   - D．某时期指标数值的大小与该期时间长短无关
   - E．更长时期的指标数值可通过连续相加得到

4. 属于两个总体之间对比的相对指标为（　　　　）。
   - A．比较相对指标
   - B．强度相对指标
   - C．动态相对指标
   - D．比例相对指标
   - E．结构相对指标

5. 下列指标中属于时点指标的有（　　　　）。
   - A．资产库存
   - B．耕地面积
   - C．产品产量
   - D．进出口总额
   - E．年末人口数

6. 属于同一总体内部之比的相对指标有（　　　　）。
   - A．计划完成相对指标
   - B．比较相对指标
   - C．动态相对指标
   - D．结构相对指标
   - E．强度相对指标

7. 相对指标数值的计量形式有两种：（　　　　）。
   - A．一种是复名数，另一种是百分数
   - B．一种是复名数，另一种是无名数
   - C．一种是以百分数、千分数、系数或倍数、成数等表示，另一种是复名数
   - D．一种是无名数，另一种是以分子分母的复合单位计量
   - E．一种是系数，另一种是复名数

8. 下列指标中属于总体单位总量指标的有（　　　　）。
   - A．某年某市工业总产值 10 991 552 万元
   - B．某年年底某市总人口数达 551.47 万人
   - C．某年年末某省普通中学在校学生数 3 917 326 人
   - D．某年城乡居民年底储蓄存款余额 64 332.4 亿元
   - E．某年年末某省城市实有公共汽车 7 229 辆

9. 下列指标中属于总体标志总量指标的有（　　　　）。
   - A．某年某市工业总产值 10 991 552 万元

B. 某年年底某市总人口数达 551.47 万人

C. 某年年末某省普通中学在校学生数 3 917 326 人

D. 某年城乡居民年底储蓄存款余额 64 332.4 亿元

E. 某年年末某省城市实有公共汽车 7 229 辆

10. 下列指标中属于时点指标的有（　　　　）。

   A. 某年某市工业总产值 10 991 552 万元

   B. 某年年底某市总人口数达 551.47 万人

   C. 某年年末某省普通中学在校学生数 3 917 326 人

   D. 某年城乡居民年底储蓄存款余额 64 332.4 亿元

   E. 某年年末某省城市实有公共汽车 7 229 辆

11. 下列指标中，属于同一总体内部之比的相对指标有（　　　　）。

   A. 某年恶性肿瘤死亡人数占死亡总人数 24.38%

   B. 某年某省大中型工业企业产品销售率 97.99%

   C. 某年纺织业工业增加值占全国比重为 5.01%

   D. 某年中国谷物产量比美国高 17.84%

   E. 我国某年每千人口医院、卫生院床位数为 2.38 万张

12. 下列指标中，属于两个总体之间对比的相对指标有（　　　　）。

   A. 某年恶性肿瘤死亡人数占死亡总人数 24.38%

   B. 某年某省大中型工业企业产品销售率 97.99%

   C. 某年纺织业工业增加值占全国比重为 5.01%

   D. 某年中国谷物产量比美国高 17.84%

   E. 我国某年每千人口医院、卫生院床位数为 2.38 万张

13. 统计指标的特点主要有（　　　　）。

   A. 同质事物的大量性　　　　　　B. 事物的差异性

   C. 事物的大量性　　　　　　　　D. 同质事物的可量性

   E. 量的综合性

14. 按其作用和表现形式来划分，统计指标可分为（　　　　）。

   A. 数量指标　　B. 总量指标　　C. 质量指标　　　D. 相对指标

   E. 平均指标

15. 按其实施范围划分，统计指标体系可分为（　　　　）。

   A. 基本统计指标体系

   B. 国家统计指标体系

   C. 行业（或部门）统计指标体系

   D. 地方统计指标体系

   E. 基层单位的统计指标体系

16. 企业职工工资总额是（　　　　）。

   A. 数量指标　　B. 质量指标　　C. 相对指标　　　D. 时点指标

   E. 时期指标

三、判断题

1．平均指标是将一个总体内每个单位在某个标志上的差异抽象化，以反映总体一般水平的综合指标。　　　　　　　　　　　　　　　　　　　　　　　（　　）

2．平均指标代表了总体各单位某数量标志的一般水平，它抵消了标志数值的差异。
　　　　　　　　　　　　　　　　　　　　　　　　　　　　　　　（　　）

3．平均指标可以使不同的总体具有可比性，并能以此分析现象之间的依存关系。如分析劳动生产率水平与平均工资水平的关系等。　　　　　　　　　　　　　　（　　）

4．简单算术平均数与加权算术平均数计算上的区别在于变量值出现的次数即权数的不同。
　　　　　　　　　　　　　　　　　　　　　　　　　　　　　　　（　　）

5．在分组数列中，各组的次数 f 有权衡各组变量值轻重的作用，某组的变量值越大，对平均数的影响就越大。　　　　　　　　　　　　　　　　　　　　　　（　　）

6．在分组数列中，某一组的次数越大，则该组的变量值对平均数的影响就越大，反之则越小。　　　　　　　　　　　　　　　　　　　　　　　　　　　　（　　）

7．加权算术平均数的大小受两个因素影响，一是受变量值大小的影响，二是受权数的影响。　　　　　　　　　　　　　　　　　　　　　　　　　　　　　　（　　）

8．只掌握各组的标志值和各组的标志总量，则用调和平均数的方法计算平均指标。
　　　　　　　　　　　　　　　　　　　　　　　　　　　　　　　（　　）

9．几何平均数中的各标志值是独立的，即某一标志值的大小总不受前一标志值的影响。
　　　　　　　　　　　　　　　　　　　　　　　　　　　　　　　（　　）

10．标志变异指标能衡量平均指标对总体单位某个标志的代表性程度。平均差能够综合反映总体中各单位标志值的离散程度。　　　　　　　　　　　　　　　　　（　　）

11．标准差越大说明标志变动程度不大，因而平均数代表性越小。　　　　（　　）

12．可以用标准差直接比较不同水平的总体标志变动程度的大小。　　　（　　）

13．实物量单位包括自然单位、度量衡单位、复合单位、标准实物单位。　（　　）

14．人、吨公里、米、台时、亿元为实物量单位。　　　　　　　　　　（　　）

15．马力/台、千瓦时、艘、工日为实物量单位。　　　　　　　　　　（　　）

16．不同的实物可以进行汇总，实物指标的综合性较强。　　　　　　　（　　）

17．统计指标应在经济内容、统计范围、计算方法、统计时间以及计量单位等方面具有可比性。　　　　　　　　　　　　　　　　　　　　　　　　　　　　　（　　）

18．统计设计意义上的统计指标包括指标名称、计量单位和指标数值三个要素。
　　　　　　　　　　　　　　　　　　　　　　　　　　　　　　　（　　）

19．统计指标反映的是总体的量，它是许多个体现象的数量综合的结果。（　　）

20．某个概念有了质的规定性，就能成为统计指标。　　　　　　　　　（　　）

21．数量指标一般用相对数的形式来表示。　　　　　　　　　　　　　（　　）

22．质量指标通常以绝对数和平均数的形式来表示。　　　　　　　　　（　　）

23．统计指标体系是若干个相互联系的统计指标组成的整体。　　　　　（　　）

24．"某地区国内生产总值为 1 000 亿元"是一个要素完整的统计指标。（　　）

25．质量指标是反映产品质量和工作质量的指标。　　　　　　　　　　（　　）

四、计算题

1. 某商场出售某种商品的价格和销售额资料如下表：

等　级	单价（元/千克）	销售额（万元）
一级	20	216.0
二级	16	115.2
三级	12	72.0

试计算该商品的平均销售价格。

2. 2017 年，甲、乙两企业职工数及月工资资料如下：

月工资（元）	甲企业职工数（人）	乙企业职工数（人）
400 以下	4	2
400～600	15	18
600～800	84	73
800～1 000	126	103
1 000 及以上	28	42

要求：

（1）比较甲、乙两企业的平均月工资水平。

（2）分别计算两企业平均月工资的标准差和离散系数，并做简要说明。

3. 某企业有职工 1 500 人，其中 30 岁以下职工数为 500 人，30～45 岁职工数为 700 人，45 岁及以上职工数为 300 人，求职工年龄构成。

年龄（岁）	职工数（人）	职工年龄构成（%）
30 以下	500	
30～45	700	
45 及以上	300	
合计		

4. 某地区 2016 年生产总值为 6 250.81 亿元，其中第一产业 90.64 亿元，第二产业 3 130.72 亿元，第三产业 3 029.45 亿元，求比例相对指标。

5. 某建设施工队盖一栋大楼，计划 320 天完成，实际 290 天就完成了，求计划完成相对指标。

6. 某生产小组五个工人的日产量分别为：30、32、33、35、38 件，求工人平均日产量。

7. 某车间工人日产量如下表，求工人的平均日产量。

日产量 x（件）	工人数 f（人）	总产量 xf（件）	各组工人数所占比重（%）
25	3		
26	4		
27	7		
28	6		
合计			

8. 某水果市场有三个摊位销售苹果（见下表），计算苹果的平均价格。

摊　位	苹果价格 x（元/千克）	销售额 m（元）	销售量 m/x（千克）
A	3.0	70	
B	3.2	65	
C	4.5	50	
合计			

五、综合案例

第六次全国人口普查主要数据发布

以 2010 年 11 月 1 日零时为标准时点的第六次全国人口普查，在党中央、国务院的正确领导下，在中央各部门和地方各级人民政府的大力支持下，在全国新闻媒体的积极配合下，经过近千万普查人员的奋力拼搏和十三亿各族人民的积极参与，人口普查顺利完成现场登记、复查和事后质量抽查等工作，经汇总后的主要数据公布如下：

1．人口总量

第六次人口普查登记的全国总人口为 1 339 724 852 人，与 2000 年第五次全国人口普查相比，10 年增加 7 390 万人，增长 5.84%，年平均增长 0.57%，比 1990～2000 年的年平均增长率 1.07%下降 0.5 个百分点。数据表明，10 年间我国人口增长处于低生育水平阶段。

2．家庭户规模

第六次人口普查中，31 个省、自治区、直辖市共有家庭户 40 152 万户，家庭户人口 124 461 万人，平均每个家庭户的人口为 3.10 人，比 2000 年人口普查的 3.44 人减少 0.34 人。家庭户规模进一步缩小，主要是由于我国生育水平不断下降、迁移流动人口增加、年轻人婚后独立居住等因素的影响。

3．性别构成

第六次人口普查中，男性人口占 51.27%，女性人口占 48.73%，总人口性别比由 2000 年人口普查的 106.74 下降为 105.20（以女性人口为 100.00）。

4．年龄构成

第六次人口普查中，0～14 岁人口占 16.60%，比 2000 年人口普查下降 6.29 个百分点；60 岁及以上人口占 13.26%，比 2000 年人口普查上升 2.93 个百分点，其中 65 岁及以上人口占 8.87%，比 2000 年人口普查上升 1.91 个百分点。我国人口年龄结构的变化，说明随着我国经济社会快速发展，人民生活水平和医疗卫生保健事业的巨大改善，生育率持续保持较低水平，老龄化进程逐步加快。

5．民族构成

第六次人口普查中，汉族人口占 91.51%，比 2000 年人口普查的 91.59%下降 0.08 个百分点；少数民族人口占 8.49%，比 2000 年人口普查的 8.41%上升 0.08 个百分点。少数民族人口 10 年年均增长 0.67%，高于汉族 0.11 个百分点。

6．各种受教育程度人口

第六次人口普查中，与 2000 年人口普查相比，每 10 万人中具有大学文化程度的由 3 611 人上升为 8 930 人；具有高中文化程度的由 11 146 人上升为 14 032 人；具有初中文化程度的由 33 961 人上升为 38 788 人；具有小学文化程度的由 35 701 人下降为 26 779 人。文盲率（15 岁及以上不识字的人口占总人口的比重）为 4.08%，比 2000 年人口普查的 6.72%下降 2.64 个百分点。各种受教育程度人口和文盲率的变化，反映了 10 年间我国普及九年制义务教育、大力发展高等教育以及扫除青壮年文盲等措施取得了积极成效。

7．城乡构成

第六次人口普查中，居住在城镇的人口为 66 557 万人，占总人口的 49.68%；居住在乡村的人口为 67 415 万人，占 50.32%。同 2000 年人口普查相比，城镇人口比重上升 13.46 个百分点。这表明 2000 年以来我国经济社会的快速发展极大地促进了城镇化水平的提高。

8．地区分布

第六次人口普查中，东部地区人口占 31 个省（区、市）常住人口的 37.98%，中部地区占 26.76%，西部地区占 27.04%，东北地区占 8.22%。与 2000 年人口普查相比，东部地区的人口比重上升 2.41 个百分点，中部、西部、东北地区的比重均有所下降，其中西部地区幅度最大，下降 1.11 个百分点；其次是中部地区，下降 1.08 个百分点；东北地区下降 0.22 个百分点。按常住人口分，排在前五位的是广东省、山东省、河南省、四川省和江苏省。2000 年人口普查排在前五位的是河南省、山东省、广东省、四川省和江苏省。

9．人口的流动

第六次人口普查中，居住地与户口登记地所在的乡镇街道不一致且离开户口登记地半年以上的人口为 26 139 万人，其中市辖区内人户分离的人口为 3 996 万人，不包括市辖区内人户分离的人口为 22 143 万人。同 2000 年人口普查相比，居住地与户口登记地所在的乡镇街道不一致且离开户口登记地半年以上的人口增加 11 700 万人，增长 81.03%；其中不包括市辖区内人户分离的人口增加 10 036 万人，增长 82.89%。这主要是因为我国农村劳动力加速转移和经济快速发展促进了流动人口大量增加。

人口普查现场登记结束后，在全国随机抽取了 402 个普查小区进行事后质量抽查，通过与现场登记结果比对，这次普查的漏登率为 0.12%。这次人口普查取得了关于我国人口总量、素质、结构、分布等大量的基础数据，是一笔极为宝贵的信息财富，对制定后续经济社会发展政策具有重要参考价值。

（资料来源：国家统计局网站 http://www.stats.gov.cn/tjsj/zxfb/201104/t20110428_12707.html。）

思考：

（1）第六次全国人口普查汇总公布的主要数据包括哪些？

（2）这些公布的数据都是哪些类型？这些数据是如何计算出来的？

（3）试着说明每种类型数据反映了什么。

实践训练

实训目标：

（1）增强对统计指标的感性认识。

（2）培养学生计算统计指标的初步能力。

实训内容与要求：

各组按第二章编制的调查方案收集调查资料，运用 Excel 或 SPSS 软件进行汇总整理，然后运用本章所学的知识计算统计指标，并说明所计算的指标种类及指标所反映的情况。

实训成果与检测：

各组就各自分析的结果在班级进行交流、讨论后，在教师主持下就实训的结果进行评判，并做出评价打分。

第五章　抽样推断

■ 学习目标 ■

- ☑ 了解抽样推断概念、特点、作用和抽查方法。
- ☑ 理解抽样误差、抽样平均误差、抽样极限误差、概率度的概念。
- ☑ 熟练掌握样本指标、抽样平均误差、抽样极限误差的计算。
- ☑ 能够熟练运用点估计和区间估计进行抽样估计。
- ☑ 掌握影响样本容量确定的因素，并能正确计算样本容量。
- ☑ 掌握抽样调查的基本组织形式，及其对抽样结果产生的影响。

引导案例 >>>　　顾客在麦当劳平均每次消费多少钱？

美团、大众点评等网站在展示各种餐厅和美食的同时，常常会显示人均消费作为顾客消费的参考。以麦当劳为例，某电商平台显示，某个麦当劳门店的人均消费为 30 元。这个数据是怎么来的呢？数据可靠吗？为了了解麦当劳的顾客每次来麦当劳大概消费多少钱，统计人员在七个星期内随机抽取了 49 位麦当劳顾客，调查了他们的消费额（元），数据资料如下所示：

15	24	38	26	30	42	18
30	25	26	34	44	20	35
24	26	34	48	18	28	46
19	30	36	42	24	32	45
36	21	47	26	28	31	42
45	36	24	28	27	32	36
47	53	22	24	32	46	26

根据调查的结果，运用统计软件，发现麦当劳餐馆总体顾客平均消费额为 32 元。以 90% 的概率保证，麦当劳餐馆顾客人均消费额在 29.8～34.2 元。由此可见，该电商平台的数据和统计调查的结果比较接近，电商平台的数据是可信的。

一、抽样推断的概念和特点

（一）抽样推断的概念

抽样推断是一种非全面的调查方法。它既是搜集统计资料的方法，又是对现象总体进行科学估计和判断的方法，所以它不论在统计调查还是在统计分析中都有广泛的应用。

抽样推断是按随机原则从全部研究单位中抽取一部分单位进行观察，根据样本资料计算样本的特征值，再以样本的特征值，对总体的特征值做出具有一定可靠性的估计和判断，以反映总体的数量特征和数量表现的一种统计方法。

所谓随机原则，即是在抽取样本时，排除人们主观意图的作用，使得总体中的各单位均以相等的机率被抽中。随机原则又称为等可能性原则。例如，从一定面积的小麦中，通过随机抽样，等可能地抽取若干地块实割实测，计算平均亩产，以此来推断全部面积的小麦产量。再如，对一批产品进行质量检查时，从全部产品中随机抽取部分产品进行检测计算合格率，以此来推断全部产品的合格率等。

（二）抽样推断的基本特点

作为一种科学方法，统计抽样有下列基本特点：
（1）样本单位的确定是按随机原则从全部总体单位中抽取的。
（2）用部分单位的指标数值去推断和估计总体指标数值。
（3）抽样推断中的抽样误差是不可避免的，但事先是可以计算并加以控制的。

二、抽样推断的作用

（1）有些现象是无法进行全面调查的，为了测算全面资料，必须采用抽样推断的方法。例如，对无限总体不能采用全面调查；或有些产品的质量检查具有破坏性，如电视机使用寿命检验、罐头的防腐期限试验、轮胎的里程试验等，这些调查所使用的测试手段对产品具有破坏性，不可能进行全面调查，只能采用抽样推断的方法。

（2）从理论上讲，有些现象虽然可以进行全面调查，但实际上没有必要或很难办到，也要采用抽样推断的方法解决。例如，要了解全国城乡人民的家庭生活状况，从理论上讲可以逐户进行全面调查，但是调查范围太大，调查单位太多，实际上难以办到，也没有必要。采用抽样推断的方法既可以节约时间、人力、物力和财力，提高调查结果的时效性，又能达到和全面调查同样的目的和效果。

（3）抽样推断的结果可以对全面调查的结果进行检查和修正。全面调查涉及面宽、工作量大、参加人员多，因而调查结果容易出现差错。因此，在全面调查（如人口普查）之后进行抽样复查，根据抽查结果计算差错率，并以此为依据检查和修正全面调查结果，从而提高

全面调查质量。

（4）抽样推断可以用于工业生产过程的质量控制。在工业产品成批或大量连续生产过程中，利用抽样推断的方法可以检验生产过程是否正常，及时提供信息，进行质量控制，保证生产质量稳定。

（5）利用抽样推断原理，可以对某些总体的假设进行检验，来判别这种假设的真伪，以决定行动的取舍。例如，某地区去年职工家庭平均年收入为 72 000 元，本年抽样推断结果表明，职工家庭平均年收入为 71 000 元，这是否意味着职工生活水平下降呢？我们还不能下这个结论。应通过假设性检验，检验这两年职工家庭平均年收入是否存在显著性统计差异，才能判断该地区今年职工家庭平均年收入是否低于去年水平。

总之，抽样推断是一种科学实用的调查方法，目前不仅广泛应用于自然科学领域，也愈来愈多地应用于社会经济现象数量方面的研究。随着抽样理论的发展，抽样技术的进步和完善以及广大统计工作者业务水平的提高，抽样推断在社会经济统计中的应用将会愈加普及。

三、抽样推断的几个基本概念

（一）全及总体和样本总体

1. 全及总体

全及总体也称为总体或母体，是指所要认识的研究对象的全体，它是由所研究范围内具有某种共同性质的全体单位所组成的集合体。例如，我们要研究某城市职工的生活水平，则该城市全部职工即构成全及总体。在本章用大写的字母 N 代表全及总体的单位数。

2. 样本总体

样本总体是按随机原则从全及总体中抽取的一部分单位组成的小总体。样本总体简称样本，它也是由许多性质相同的单位组成的。本章中用小写 n 代表样本的单位数，样本单位数 n 也称为样本容量。组成样本的每个单位称为样本单位。

例如，某城市有 20 万个住户，我们要采用抽样推断的方法研究该城市住户的家庭收支情况，则该城市全部住户构成全及总体，$N = 20$ 万户。如果从全部住户中随机抽取千分之五即 1 000 户进行调查，则被抽中的 1 000 户构成样本总体，样本容量 $n = 1 000$ 户。样本按照样本容量的大小可以分为大样本和小样本。一般来说，$n \geqslant 30$（或者 50）为大样本，$n < 30$ 为小样本。在对社会经济现象进行抽样推断时，多数采用大样本。

应当注意的是，作为抽样推断对象的全及总体是唯一确定的，但作为观察对象的样本并不是唯一的。从一个全及总体中可以抽取很多个样本，每次抽到哪个样本是不确定的。明白这一点对理解抽样推断是很重要的。

（二）全及指标和样本指标

1. 全及指标

根据全及总体各个单位的标志值或标志特征计算的、反映总体某种属性的综合指标，称为全及指标，又称总体指标。由于全及总体是唯一确定的，根据全及总体计算的全及指标也是唯一确定的。全及指标主要有四个：全及平均数 $\bar{X}$、全及成数 P、总体数量标志的标准差 σ 及方差 σ^2、总体交替标志的标准差 σ_p 及方差 σ_p^2。

2．样本指标

由抽样总体各个标志值或标志特征计算的综合指标称为样本指标，又称抽样指标。样本指标有四个对应指标：样本平均数 $\bar{x}$、样本成数 p、样本数量标志标准差 s 及方差 s^2、样本交替标志标准差 s_p 及方差 $s_p{}^2$。

这里需要说明的是，样本标准差 s 有两种形式：一种是简单形式 $s = \sqrt{\dfrac{\sum(x-\bar{x})^2}{n-1}}$，另一种是加权形式 $s = \sqrt{\dfrac{\sum(x-\bar{x})^2 f}{\sum f - 1}}$。样本标准差 s 的自由度比总体标准差 σ 的自由度少一个，这样样本标准差 s 才是总体标准差 σ 的无偏估计。

（三）样本可能数目和抽样方法

1．样本可能数目

样本可能数目又称样本个数，是指从全及总体中可能抽取或可能构成的样本总体个数。它既和每个样本的容量有关，也和抽样的方法有关。当样本容量给定时，样本可能数目便由抽样方法决定。

2．抽样方法

抽样方法按抽取样本的方式不同分为重复抽样和不重复抽样。

（1）重复抽样。重复抽样是从全及总体中抽取样本时，随机抽取一个样本单位，记录该单位有关标志表现以后，将其放回到全及总体中去，再从全及总体中随机抽取第二个单位，记录有关标志表现以后，也将其放回全及总体中去，照此进行下去直到抽选 n 个样本单位。可见，重复抽样时全及总体单位数在抽选过程中始终没有减少，而且各单位有被重复抽中的可能。

（2）不重复抽样。不重复抽样是从全及总体中抽取第一个样本单位，记录该单位有关标志表现后，这个样本单位不再放回全及总体中参加下一次抽选。然后，从剩下的总体 $N-1$ 个单位中随机抽选第二个样本单位，记录了该单位有关标志表现以后，也不再放回全及总体中去，再从剩下总体 $N-2$ 单位中抽选第三个样本单位，照此进行下去直到抽选出 n 个样本单位。可见，不重复抽样时总体单位数在抽选过程中是逐渐减少的，而且各单位没有重复被抽中的可能。

两种不同的抽样方法会产生三个差别：①抽取的样本可能数目不同；②抽样误差的计算公式不同；③抽样误差的大小不同。

四、抽样推断的理论基础

抽样推断是建立在概率论大数定律基础上的。大数定律的一系列定理为抽样推断提供了数学依据。

大数定律是阐明大量随机现象平均结果的稳定性的一系列定理的总称。它说明如果被研究的总体是由大量的相互独立的随机因素所构成，而且每个因素对总体的影响都相对的小。那么将这些大量因素加以平均，因素的个别影响将相互抵消，而呈现出共同作用的影响，使总体具有稳定的性质。

阅读材料

关于 2017 年第二季度统计系统网站抽查情况的通报

2017 年 5 月下旬～6 月中旬，国家统计局组织开展了第二季度政府网站全面抽查和二次抽查工作。有关情况通报如下：

1. 网站检查抽查情况

按照国务院办公厅政府信息与政务公开办公室要求，每季度抽查网站数量不少于运行网站总数的 10%。国家统计局对统计系统正常运行的 38 家网站（含国家统计联网直报门户、国家数据、三农数据网等 10 家业务类例外网站）进行全面检查，并将检查结果及时反馈给各网站管理单位。在此基础上，又对江西调查总队、湖南调查总队、宁夏调查总队、新疆调查总队四家网站进行二次抽查，抽查结果全部合格。从总体情况看，统计系统各政府网站运行基本稳定。2017 年第二季度，国务院办公厅转办国家统计局"我为政府网站找错"举报监督平台信息 28 条，均已按要求及时办理回复。

2. 存在的问题

从检查和抽查情况看，存在的主要问题：一是个别栏目出现因自身网站系统升级、数据迁移中栏目发生变化原地址失效，链接指向无效地址；所链接的外部网站发生变化，产生无效链接。二是信息中出现错别字。

3. 改进措施

针对上述存在的问题，统计局采取了以下措施：一是加强网站检查监管力度，各单位建立定期检查制度，加强对网站的日常检查监管，逐环梳理网站管理流程，对易发生问题部位重点检查，消除暗链、错链、死链问题。二是进一步完善信息编辑、审核、发布制度，各单位加强信息维护人员责任意识教育的同时，进一步完善网络信息相关制度和规定，严格信息编辑、审核、发布各环节，消除错字别字等问题。

（资料来源：国家统计局网站 http://www.stats.gov.cn/tjgz/tzgb/201707/t20170718_1514111.html。）

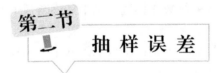

第二节　抽　样　误　差

一、统计调查误差和抽样误差的概念

（一）统计调查误差的种类

统计调查误差按产生的原因可以分为登记性误差和代表性误差。登记性误差是由于错误登记事实而发生的误差，不论是全面调查或是非全面调查都会产生登记性误差。代表性误差，只有非全面调查中才有，全面调查不存在这类误差。非全面调查由于只对调查现象总体的一部分单位进行观察，并用这部分单位算出的指标来估计总体的指标，而这部分单位不能完全反映总体的性质，它同总体的实际指标会有一定差别，这时发生的误差即为抽样误差。

（二）抽样误差的一般概念

一般来说，抽样误差是指样本指标与被它估计的未知总体参数（总体特征值）之差。具体是指样本平均数 $\bar{x}$ 与总体平均数 $\bar{X}$ 的差，样本成数 p 与总体成数 P 的差。例如，某地区全部小麦平均亩产 400 千克，而抽样调查得到的平均亩产为 391 千克或 403 千克，则样本指标与总体指标之间的误差为–9 千克或 3 千克。

二、抽样平均误差

（一）抽样平均误差及其意义

在对某一全及总体进行抽样推断时，在总体中可以抽取一个样本进行综合观察，也可以连续抽取几个以至一系列的样本进行综合观察，每个抽样总体都可以计算出相应的样本指标。由于每一样本所包含的具体样本单位不同，它们的综合指标也是各不相同的，因而它们与全及综合指标之间的差数也是各不相同的。所以，这些抽样误差也是一个随机变量。

抽样误差是反映抽样指标对全及指标代表性程度的，而就抽样推断整体来说，可以有许多个样本总体和许多个抽样误差，可否任取某一次抽样所得的抽样误差，来衡量抽样指标对于全及指标的代表性程度呢？这显然是不恰当的。某一次抽样结果的抽样误差只是一系列抽样结果可能出现的误差数值之一，它不能概括一系列抽样结果可能产生的所有抽样误差。这如同衡量总体单位的平均指标代表性程度一样，不能用总体单位的平均指标与总体的某一单位标志值离差大小，来说明平均指标对总体所有单位标志值的代表性程度一样。平均指标的代表性程度是用各个单位的标志值对平均指标离差平方的平均数方根——标准差来衡量的，它概括了所有单位标志值与平均指标离差的所有可能结果。那么，测定抽样指标的代表性程度的抽样误差，也可以用同样的原理求得。即把各个可能的样本指标与全及指标之间存在的抽样误差的所有结果都考虑进去，用平方平均数的方法便可求得标准差，即抽样平均误差。也就是说，抽样平均误差，是一系列抽样指标（平均指标或成数）的标准差。在进行抽样推断时，所得的样本指标与全及指标产生误差，即样本指标可能比全及指标大一些，也可能小一些，但用抽样平均误差来表示的抽样误差，概括地反映了这些所有可能的结果，也就是平均说来会有这么大的误差。

抽样平均误差的意义在于，它既是实际可以运用于衡量样本指标对于全及指标代表性程度的一个尺度；也是计算样本指标与全及指标之间变异范围的一个根据；同时，在进行抽样推断时，还是确定抽样单位数多少的计算依据之一。总之，抽样平均误差对于整个抽样推断分析具有很重要的意义。

（二）抽样平均误差的计算

下面分别讨论样本平均数平均误差和样本成数平均误差的计算问题。

1. 样本平均数的抽样平均误差

抽样平均误差就是一系列样本指标的标准差，通常用符号 μ 来表示。$\mu_{\bar{x}}$ 即表示样本平均数的抽样平均误差。按照抽样平均误差的概念，其计算公式为

$$\mu_{\bar{x}} = \sqrt{\frac{\sum (\bar{x} - \bar{X})^2}{K}} \qquad (5\text{-}1)$$

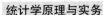

式中，$\bar{x}$ 为样本平均数；$\bar{X}$ 为总体平均数；K 为样本可能数目（或样本平均数的个数）。

上述公式只是为了说明抽样平均误差的实质，实际计算中一般不采用这个公式。这是因为：首先，在实际工作中从全及总体一般只抽取一个样本总体，不可能抽取所有可能的样本总体，并计算它们的样本平均数；其次，在进行抽样推断的全过程中，全及平均数又是未知的，因而上述抽样平均误差的公式是无法计算的。

（1）重复抽样条件下样本平均数的抽样平均误差。根据数理统计理论，在重复抽样条件下，抽样平均误差与全及总体的标准差成正比关系，与样本总体单位数平方根成反比关系。在重复抽样的情况下，抽样平均数的抽样平均误差计算公式为

$$\mu_{\bar{x}} = \sqrt{\frac{\sigma^2}{n}} = \frac{\sigma}{\sqrt{n}} = \frac{s}{\sqrt{n}} \tag{5-2}$$

上式表明样本平均数的平均误差仅为全及总体标准差的 $1/\sqrt{n}$。而总体方差 σ 未知时，常用样本方差 s 代替。例如，当样本单位数为 100 时，则抽样平均误差仅为总体标准差的 1/10。这说明，一个总体的某一标志的变动度可能很大，但抽取若干单位加以平均之后，样本平均数的标准差比总体的标准差大大地缩小了。所以，样本平均数作为估计量是更有效的。从式（5-2）还可以看出，抽样平均误差和总体标志变动度的大小成正比，而和样本单位数的平方根成反比。例如，抽样平均误差要减少 1/2，则样本单位数必须增大到 4 倍；抽样平均误差要减少为原来的 1/3，则样本单位数就要扩大到 9 倍等。

（2）不重复抽样条件下样本平均数的抽样平均误差。在不重复抽样的情况下，经统计推导得出，样本平均数的抽样平均误差的计算公式为

$$\mu_{\bar{x}} = \sqrt{\frac{\sigma^2}{n}\left(\frac{N-n}{N-1}\right)} \tag{5-3}$$

式中，$\frac{N-n}{N-1}$ 表示修正分数。在总体单位数 N 很大时，修正分数可以近似地表示为 $1 - \frac{n}{N}$。故不重复抽样的抽样平均误差可表示为

$$\mu_{\bar{x}} = \sqrt{\frac{\sigma^2}{n}\left(1 - \frac{n}{N}\right)} = \sqrt{\frac{s^2}{n}\left(1 - \frac{n}{N}\right)} \tag{5-4}$$

从上述两组公式可以看出，不重复抽样平均误差等于重复抽样平均误差乘以修正分数 $\sqrt{1 - \frac{n}{N}}$。$\sqrt{1 - \frac{n}{N}}$ 一定是大于 0 而小于 1 的正数，$\sqrt{\frac{\sigma^2}{n}}$ 乘上一个小于 1 的正数，必然小于原来的数。所以，在抽取的样本单位数一定的条件下，不重复抽样平均误差的数值一定小于重复抽样的抽样平均误差。在一般情况下，总体单位数很大，抽样比例 $\frac{n}{N}$ 很小，则 $1 - \frac{n}{N}$ 接近于 1，因此，$\sqrt{\frac{\sigma^2}{n}\left(1 - \frac{n}{N}\right)}$ 与 $\sqrt{\frac{\sigma^2}{n}}$ 的数值实际上是接近的。同样，当总体方差 σ 未知时，常用样本方差 s 代替。在实际工作中，在没有掌握总体单位数的情况下或者总体单位数 N 很大时，

一般均使用重复抽样平均误差公式来计算不重复抽样的平均误差。

例 5-1

某工厂有 1 500 个工人，用简单随机重复抽样的方法抽出 50 个工人作为样本，调查其日平均产量水平，资料见下表 5-1。

表5-1　工人日产量

日产量（件）	524	534	540	550	560	580	600	660
工人数（人）	4	6	9	10	8	6	4	3

要求：计算样本平均数和抽样平均误差（重复与不重复）。

解：样本平均数：$\bar{x} = \dfrac{\sum xf}{\sum f} = 560$（件）

样本标准差：$s = \sqrt{\dfrac{\sum (x - \bar{x})^2 f}{\sum f - 1}} = 32.78$（件）

重复抽样的抽样平均误差：$\mu_{\bar{x}} = \dfrac{s}{\sqrt{n}} = \dfrac{32.78}{\sqrt{50}} = 4.64$（件）

不重复抽样的抽样平均误差：$\mu_{\bar{x}} = \dfrac{s}{\sqrt{n}} \sqrt{\left(1 - \dfrac{n}{N}\right)} = \dfrac{32.78}{\sqrt{50}} \times \sqrt{\left(1 - \dfrac{50}{1\,500}\right)} = 4.56$（件）

2．抽样成数的抽样平均误差

在掌握抽样平均数的平均误差公式的基础上，再来探求抽样成数的平均误差公式是比较简便的。只需将全及成数的标准差平方代替公式中的全及平均数的标准差平方，即可得到抽样成数的平均误差公式。

全及成数标准差平方，也称"交替标志的方差"。有些社会经济现象的标志具体表现为两种情况，非此即彼，交替出现。如产品分为合格品与不合格品、水稻品种分为杂交品种与非杂交品种等。这种用"是""否"或"有""无"来表示的标志，称为交替标志，又称是非标志。

为计算交替标志的方差，必须将交替变异的标志过渡到数量标志。交替标志仍以 x 表示，我们用 $x = 1$ 表示单位具有这一标志，用 $x = 0$ 表示单位不具有这一标志。具有这一标志的单位数用 N_1 表示，不具有这一标志的单位数用 N_0 表示，则这两部分单位数占全及总体单位数成数如下：

具有这一标志的单位数占全及总体的比重（即成数）$p = \dfrac{N_1}{N}$。

不具有这一标志的单位数占全及总体的比重（即成数）$q = \dfrac{N_0}{N}$。

这两个成数之和等于 1，即 $p + q = \dfrac{N_1}{N} + \dfrac{N_0}{N} = 1$，$q = 1 - p$。

交替标志的平均数：

$$\overline{x} = p \qquad\qquad (5-5)$$

交替标志的标准差：

$$\sigma_p = \sqrt{p(1-p)} \qquad\qquad (5-6)$$

具体计算见第四章统计指标。可见，成数的平均数就是成数本身；成数的方差为 $p(1-p)$。现实中，总体成数 P 往往未知，常用样本成数 p 代替。根据抽样平均误差与总体标准差平方之间的关系，抽样成数的平均误差计算公式如下：

（1）在重复抽样的条件下：

$$\mu_p = \sqrt{\frac{P(1-P)}{n}} = \sqrt{\frac{p(1-p)}{n}} \qquad\qquad (5-7)$$

式中，P 为总体成数；p 为样本成数；n 为样本单位数。

（2）在不重复抽样的统计下：

$$\mu_p = \sqrt{\frac{P(1-P)}{n}\left(\frac{N-n}{N-1}\right)} = \sqrt{\frac{p(1-p)}{n}\left(1-\frac{n}{N}\right)} \qquad\qquad (5-8)$$

例 5-2

采用简单随机抽样的方法，在 2 000 件产品中抽查 200 件，其中合格品 190 件。试计算在重复抽样和不重复抽样两种情况下合格品率的抽样平均误差。

解：产品的合格率：$p = \dfrac{190}{200} = 95\%$

重复抽样的抽样平均误差：$\mu_p = \sqrt{\dfrac{p(1-p)}{n}} = \sqrt{\dfrac{95\% \times (1-95\%)}{200}} = 4.87\%$

不重复抽样的抽样平均误差：

$$\mu_p = \sqrt{\frac{p(1-p)}{n}\left(1-\frac{n}{N}\right)} = \sqrt{\frac{95\% \times (1-95\%)}{200} \times \left(1-\frac{200}{2\,000}\right)} = 4.62\%$$

三、影响抽样误差的因素

为了计算和控制抽样平均误差，需要分析影响抽样平均误差的因素。抽样平均误差的大小主要受以下三个因素的影响：

（1）全及总体标志的变动程度。全及总体标志变动程度越大，抽样平均误差就越大；反之，全及总体标志变动程度越小，则抽样平均误差越小。两者成正比关系变化。例如，总体各单位标志值都相等，即标准差为零时，那么抽样指标就等于全及指标，抽样平均误差也就不存在了。这时每个单位都可作代表，平均指标也无须计算了。

（2）抽样单位数的多少。在其他条件不变的情况下，抽取的单位数越多，抽样平均误差越小；样本单位数越少，抽样平均误差越大。抽样平均误差的大小和样本单位数成相反关系的变化，这是因为抽样单位数越多，样本单位数在全及总体中的比例越高，样本总体会越接近全及总体的基本特征，总体特征就越能在样本总体中得到真实的反映。假定样本单位数扩大到与总体单位数相等时，抽样推断就变成全面调查，样本指标等于全及指标，实际上就不存在抽样误差。

（3）抽样方法。抽样方法可分为重复抽样和不重复抽样。抽样方法的改变，使估计和检验的有关计算也发生了变化。如在简单随机抽样中，样本平均数的抽样平均误差在不重复抽样条件下为重复抽样的 $\sqrt{\dfrac{N-n}{N-1}}$ 倍。抽样方法不同，抽样误差也不相同。一般来说，重复抽样比不重复抽样误差要大些。

（4）抽样组织的方式。抽样平均误差除了受上述因素影响外，还受不同的抽样组织方式的影响。抽样的组织方式包括简单随机抽样、类型抽样、机械抽样、整群抽样、多阶段抽样等。采用不同的抽样组织方式获得的样本，对总体的代表性也是有差异的。因为抽样组织的方式不同，获得的样本单位数及其构成也会有差异，而这种差异必然会反映到样本的代表性上。因此，在抽样推断中，不但要分析其代表性的强弱，还要计算其代表性程度的大小，以达到控制抽样误差的目的。

四、抽样极限误差

根据定义，抽样平均误差是所有可能样本指标与总体指标之间的平均离差。而在组织抽样推断时，我们实际只抽取一个样本，用一个样本指标去推断总体指标。由于抽样是按随机原则进行的，所有不同的样本组合都可能被抽到，这样所得到的每个样本实际误差，有可能小于抽样平均误差，也有可能大于抽样平均误差，因此包括在抽样平均误差范围内的只有一部分样本，而不是所有的样本组合。因此我们在用一个样本指标估计总体指标时，两者之间有多大的误差并不能完全肯定，需要研究和计算抽样极限误差。

抽样极限误差，也称抽样允许误差，是抽样指标与总体指标之间，在一定概率保证程度下的，抽样误差的最大可能范围。总体指标虽然是一个确定的量，但它是未知的；而样本指标是一个随机变量，其取值是不定的，它是围绕着总体指标左右变动的。因此，只能在一定的概率保证程度下，用一定的范围来控制误差。

我们通常用 Δ 表示抽样极限误差，设 $\Delta_{\bar{x}}$ 和 Δ_p 分别表示样本平均数和样本成数的可能误差范围，则有

$$| \bar{x} - \bar{X} | \leqslant \Delta_{\bar{x}} \qquad\qquad (5\text{-}9)$$

$$| p - P | \leqslant \Delta_p \qquad\qquad (5\text{-}10)$$

式中，$\bar{x}$ 为样本平均数；$\bar{X}$ 为总体平均数；p 为样本成数；P 为总体成数。

例如，某地区粮食亩产量水平为 470 千克，给定抽样极限误差为 5 千克，现从 10 000 亩

粮食作物中抽取 500 亩，这就要求样本的估计值必须在（470±5）千克，即 465～475 千克的范围内才是符合要求的。又如，若某产品以往的合格率为 97%，给定抽样极限误差为 2%。现随机抽取 1 000 个产品检验，则样本的估计值必须在 97%±2%，即 95%～99% 的范围内才符合要求。

根据概率论数理统计原理，在大样本抽样中，样本平均数和样本成数分别渐进地服从于 $N(\bar{X}, \mu_{\bar{x}}^2)$ 和 $N(P, \mu_p)$ 的正态分布。因此有

$$P\{|\bar{x}-\bar{X}| \leqslant \mu_{\bar{x}}\} = 0.682\,7$$

$$P\{|p-P| \leqslant \mu_p\} = 0.682\,7$$

即抽样极限误差在 1 倍的抽样平均误差范围内的可能性为 68.27%。也就是说，有 68.27% 的可靠性程度可以判断，样本指标与总体指标之间的误差不超过 $\mu_{\bar{x}}$ 或者 μ_p。又有

$$P\{|\bar{x}-\bar{X}| \leqslant 2\mu_{\bar{x}}\} = 0.954\,5$$

$$P\{|p-P| \leqslant 2\mu_p\} = 0.954\,5$$

即抽样极限误差在 2 倍的抽样平均误差范围内的可能性为 95.45%。也就是说，有 95.45% 的可靠性程度可以判断，样本指标与总体指标之间的误差不超过 $2\mu_{\bar{x}}$ 或者 $2\mu_p$。所以抽样极限误差的计算公式为

$$\Delta = t\mu \tag{5-11}$$

即有

$$\Delta_{\bar{x}} = t\mu_{\bar{x}} \tag{5-12}$$

$$\Delta_p = t\mu_p \tag{5-13}$$

式中的 t 表示极限误差范围为抽样平均误差的若干倍，又称为概率度。概率度 t 与概率保证程度 $F(t)$ 密切相关，$F(t)$ 为抽样极限误差概率度 t 所对应的概率值，又称为概率保证程度或置信水平。在大样本抽样的情况下，概率值 $F(t)$ 可以根据正态分布密度函数积分求得，即概率 $F(t) = \frac{1}{\sqrt{2\pi}}\int_{-t}^{t} e^{-\frac{t^2}{2}} dt$。一般无须计算，可以根据编制成"正态分布概率表"查到概率度 t 与概率 $F(t)$ 之间的对应值。根据概率度 t 可以求概率 $F(t)$，根据概率 $F(t)$ 可以求概率度 t。大样本抽样时，几种通常使用的特殊数值如表 5-2 所示。

表 5-2 t 与 $F(t)$ 的对应关系

t	1	1.65	1.96	2	3
$F(t)$	0.682 7	0.900 0	0.950 0	0.954 5	0.997 3

抽样估计不但要考虑抽样误差的允许范围，还要考虑估计的把握程度（或概率）。允许

误差范围也称为估计的准确性。估计结果允许范围越宽，准确性越低，反之准确性越高。抽样估计的把握程度也称为估计的可靠性。估计的把握程度越大，可靠性越高，反之越低。但准确性与可靠性相互矛盾，这是因为，在抽样平均误差（μ）一定时，抽样极限误差（$\Delta = t\mu$）的大小由概率度 t 决定。t 越大，概率 $F(t)$ 越大，允许误差范围越大，准确性越低。

在抽样平均误差一定的情况下，可以在给出了可靠性 $F(t)$ 条件时查表求 t，再根据 t 求允许误差范围（$\Delta = t\mu$）；也可以在给出一定允许误差范围（Δ）条件下，求概率度（$t = \dfrac{\Delta}{\mu}$），再查表求概率 $F(t)$。

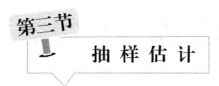

在对某校大学生体重进行抽样推断中，学生平均体重的抽样误差 $\mu_{\bar{x}} = 1$ 千克，以 95.45% 可靠性保证，求抽样极限误差。

由：$F(t) = 95.45\%$，查表得 $t = 2$。

允许误差：$\Delta_{\bar{x}} = t\mu_{\bar{x}} = 2 \times 1 = 2$ 千克

结果表明，在抽样平均误差为 1 千克，可靠保证为 95.45% 时，允许误差不超过 2 千克。

若本例不是给出可靠保证，而是允许误差不超过 11 千克，求抽样的可靠保证。

由概率度：$t = \dfrac{\Delta_{\bar{x}}}{\mu_{\bar{x}}} = \dfrac{3}{1} = 3$，查表得概率 $F(t) = 99.73\%$

结果表明，在抽样平均误差为 1 千克，允许误差不超过 11 千克时，抽样的可靠保证为 99.73%。

需要说明的是，以上介绍的是大样本条件下抽样极限误差的计算。若是小样本条件下，如果总体服从正态分布且总体标准差 σ 已知，则均值的抽样极限误差计算与大样本条件下的计算方法相同。但是，如果总体标准差 σ 未知，那么均值的抽样极限误差需要根据 t 分布来确定。

第三节　抽样估计

一、抽样估计及其特点

抽样估计是利用实际调查资料计算出样本指标值来估计和推断相应的总体指标的数值，又称为参数估计。抽样估计具有三个主要特点：

（1）它在逻辑上运用的是归纳推理，而不是演绎推理。

（2）它在方法上运用不确定的概率估计法，而不是运用确定的数学分析法。

（3）抽样估计的结论存在着一定的抽样误差，并且抽样误差总是和抽样估计的可靠程度联系在一起的。

二、抽样估计的优良标准

对参数进行估计的时候，我们总是希望估计是合理的或者是优良的，那么判定一个好的

估计量就需要依据以下标准。

（1）无偏性。即以样本指标估计全及指标时要求样本指标值的平均数等于被估计的全及指标本身。也就是说，虽然每一次的样本指标（如 x，p 等）和未知的全及指标（如 X，P 等）可能是不相同的，但在多次反复的估计中各个样本指标的平均数应等于全及指标，即样本指标平均来说与全及指标是没有偏误的。

（2）一致性。当样本容量 n 充分大时，若样本指标充分地靠近被估计的全及指标，则该样本指标是被估计的全及指标的一致估计量。

（3）有效性。如果一个样本估计量的方差比其他任何估计量的方差都小，则称该样本估计量是被估计的全及指标的有效估计量。

三、抽样估计的方法

（一）点估计

点估计又称定值估计，它是用实际样本指标数值代替总体指标数值，即总体平均数的点估计值就是样本平均数，总体成数的点估计值就是样本成数。这种估计方法不考虑是否有抽样误差。

例如，对 10 000 只某种型号的电子元件进行耐用时间检查，随机抽取其中 100 只作为样本，测试的平均耐用时间为 1 055 小时，合格率为 91%，则推断 10 000 只电子元件的平均耐用时间为 1 055 小时，全部电子元件的合格率也是 91%。

点估计方法简单，但不很实用，因为抽样估计中样本指标完全等于全及指标的可能性极小。

（二）区间估计

区间估计所表明的是一个可能范围，不是一个绝对可靠的范围。区间估计是用样本指标和它的抽样极限误差构成的区间来估计总体指标，并以一定的概率保证总体指标是在所估计的区间内。

那么，如何进行区间估计呢？正如我们前面所说的，概率论数理统计理论告诉我们，样本平均数和样本成数分别渐进地服从于 $N(\bar{X},\ \mu_{\bar{x}}^2)$ 和 $N(P,\ \mu_p)$ 的正态分布。根据这一理论，就可以计算出全及指标的估计区间。下面分别介绍总体平均数和总体成数的估计区间的计算。

1．总体平均数的估计区间

（1）大样本的区间估计。在大样本条件下，根据均值的抽样分布理论，无论总体为何种分布，样本均值 $\bar{x}$ 的抽样分布均为正态分布，即 $\dfrac{\bar{x}-\bar{X}}{\mu_{\bar{x}}}$ 服从或渐进服从标准正态分布。因此，若给定置信水平 $F(t)$，则根据样本平均数的分布特征可知：

$$P\left(|\bar{x}-\bar{X}|\leqslant \varDelta_{\bar{x}}=t\mu_{\bar{x}}\right)=F(t) \tag{5-14}$$

$$P\left(\bar{x}-t\mu_{\bar{x}}\leqslant \bar{X}\leqslant \bar{x}+t\mu_{\bar{x}}\right)=F(t) \tag{5-15}$$

其中，$t=Z_{\frac{\alpha}{2}}$，$Z_{\frac{\alpha}{2}}$ 可通过正态分布表查得。即在概率保证程度为 $F(t)$，概率度为 t 的情况下，总体平均数的数值将在 $\bar{x}-\Delta_{\bar{x}}$ 和 $\bar{x}+\Delta_{\bar{x}}$ 的范围内。其中，$\bar{x}-\Delta_{\bar{x}}$ 称为估计下限，$\bar{x}+\Delta_{\bar{x}}$ 称为估计上限。区间 $[\bar{x}-\Delta_{\bar{x}}$，$\bar{x}+\Delta_{\bar{x}}]$ 称为置信区间，估计可靠性程度称为置信水平。

例 5-4

某高校有 9 000 名学生，按简单随机不重复抽样方式，抽出 400 名学生进行月生活消费支出调查，资料如表 5-3 所示。

表 5-3 学生月生活消费支出

月生活消费支出（元）	人 数
500 以下	32
500～700	66
700～900	116
900～1 100	94
1 100～1 300	72
1 300 及以上	20
合计	400

要求：以 68.27% 的可靠性保证，推断全校学生月平均生活消费支出的可能范围。若把可靠性提高到 95.45%，推断全校学生月平均生活消费支出的可能范围。

解：

组 限	组中值（x）	人数（f）	xf	$x-\bar{x}$	$(x-\bar{x})^2$	$(x-\bar{x})^2 f$
500 以下	400	32	12 800	−484	234 256	7 496 192
500～700	600	66	39 600	−284	80 656	5 323 296
700～900	800	116	92 800	−84	7 056	818 496
900～1 100	1 000	94	94 000	116	13 456	1 264 864
1 100～1 300	1 200	72	86 400	316	99 856	7 189 632
1 300 及以上	1 400	20	28 000	516	266 256	5 325 120
合计	—	400	353 600	—	—	27 417 600

样本平均数为

$$\bar{x}=\frac{\sum xf}{\sum f}=\frac{353\,600}{400}=884 \text{（元）}$$

总体的标准差未知，用样本标准差代替，样本标准差为

$$s=\sqrt{\frac{\sum (x-\bar{x})^2 f}{\sum f-1}}=\sqrt{\frac{27\,417\,600}{400-1}}=262.14 \text{（元）}$$

由于是简单随机不重复抽样，平均数的抽样平均误差为

$$\mu_{\bar{x}}=\frac{s}{\sqrt{n}}\sqrt{\left(1-\frac{n}{N}\right)}=\frac{262.14}{\sqrt{400}}\times\sqrt{\left(1-\frac{400}{9\,000}\right)}=12.81 \text{（元）}$$

当可靠性 $F(t) = 68.27\%$ 时，查正态分布表得 $t = 1$。

抽样极限误差为

$$\Delta_{\bar{x}} = t\mu_{\bar{x}} = 1 \times 12.81 = 12.81 \text{（元）}$$

则可靠性 $F(t) = 68.27\%$ 时，总体平均数的估计区间为

$$\bar{x} - \Delta_{\bar{x}} \leqslant \bar{X} \leqslant \bar{x} + \Delta_{\bar{x}}$$
$$871.19（元） = 884 - 12.81 \leqslant \bar{X} \leqslant 884 + 12.81 = 896.81（元）$$

当可靠性 $F(t) = 95.54\%$ 时，查正态分布表得 $t' = 2$。

抽样极限误差为

$$\Delta'_{\bar{x}} = t'\mu_{\bar{x}} = 2 \times 12.81 = 25.62 \text{（元）}$$

则可靠性 $F(t) = 95.54\%$ 时，总体平均数的估计区间为

$$\bar{x} - \Delta'_{\bar{x}} \leqslant \bar{X} \leqslant \bar{x} + \Delta'_{\bar{x}}$$
$$858.38（元） = 884 - 25.62 \leqslant \bar{X} \leqslant 884 + 25.62 = 909.62（元）$$

（2）小样本的区间估计。根据均值的抽样分布理论，在小样本条件下，如果总体服从正态分布，总体标准差 σ 未知而用样本标准差 s 代替，则样本均值服从自由度为（$n-1$）的 t 分布，即

$$\frac{\bar{x} - \bar{X}}{\mu_{\bar{x}}} \sim t(n-1)$$

因此，给定置信水平 $F(t)$，则根据样本平均数的分布特征可知：

$$P(|\bar{x} - \bar{X}| \leqslant \Delta_{\bar{x}} = t\mu_{\bar{x}}) = F(t) \tag{5-16}$$

$$P(\bar{x} - t\mu_{\bar{x}} \leqslant \bar{X} \leqslant \bar{x} + t\mu_{\bar{x}}) = F(t) \tag{5-17}$$

其中，$t = t_{\frac{\alpha}{2}}$，$t_{\frac{\alpha}{2}}$ 是自由度为（$n-1$）时，t 分布下侧面积为 $\alpha/2$ 的 t 值，可通过 t 分布表查得。

例 5-5

为了解某企业职工工资水平，采用重复抽样的方法随机抽取 25 人做抽样调查，其月平均工资为 2 050 元，标准差为 20 元，若该企业职工月工资服从正态分布，试确定该企业职工平均工资 95% 置信水平下的置信区间。

解：已知 $\bar{x} = 2\,050$ 元，$s = 20$ 元。

平均数的抽样平均误差为

$$\mu_{\bar{x}} = \frac{s}{\sqrt{n}} = \frac{20}{\sqrt{25}} = 4 \text{（元）}$$

根据 $F(t)=95\%$，自由度为 $(n-1)=24$，查 t 分布表得 $t=2.06$。

平均数的抽样极限误差为

$$\Delta_{\bar{x}} = t\mu_{\bar{x}} = 2.06 \times 4 = 8.24 \text{（元）}$$

则可靠性 $F(t)=95\%$ 时，总体平均数的估计区间为

$$\bar{x} - \Delta_{\bar{x}} \leqslant \bar{X} \leqslant \bar{x} + \Delta_{\bar{x}}$$
$$2\,041.76(\text{元}) = 2\,050 - 8.24 \leqslant \bar{X} \leqslant 2\,050 + 8.24 = 2\,058.24(\text{元})$$

不同情况下总体均值区间估计的一般形式总结如表 5-4 所示。

表 5-4　不同情况下总体均值区间估计的一般形式

总体分布	样本容量	置信区间	
		σ 已知	σ 未知
正态分布	大样本（$n \geqslant 30$）	$\left[\bar{x} - Z_{\frac{\alpha}{2}}\frac{\sigma}{\sqrt{n}},\ \bar{x} + Z_{\frac{\alpha}{2}}\frac{\sigma}{\sqrt{n}}\right]$	$\left[\bar{x} - Z_{\frac{\alpha}{2}}\frac{s}{\sqrt{n}},\ \bar{x} + Z_{\frac{\alpha}{2}}\frac{s}{\sqrt{n}}\right]$
	小样本（$n < 30$）	$\left[\bar{x} - t_{\frac{\alpha}{2}}\frac{\sigma}{\sqrt{n}},\ \bar{x} + t_{\frac{\alpha}{2}}\frac{\sigma}{\sqrt{n}}\right]$	$\left[\bar{x} - t_{\frac{\alpha}{2}}\frac{s}{\sqrt{n}},\ \bar{x} + t_{\frac{\alpha}{2}}\frac{s}{\sqrt{n}}\right]$
非正态分布	大样本（$n \geqslant 30$）	$\left[\bar{x} - Z_{\frac{\alpha}{2}}\frac{\sigma}{\sqrt{n}},\ \bar{x} + Z_{\frac{\alpha}{2}}\frac{\sigma}{\sqrt{n}}\right]$	$\left[\bar{x} - Z_{\frac{\alpha}{2}}\frac{s}{\sqrt{n}},\ \bar{x} + Z_{\frac{\alpha}{2}}\frac{s}{\sqrt{n}}\right]$

例 5-6　总体均值的置信区间（小样本）在 SPSS 中的实现

某大学 25 名学生的统计学期末考试的成绩如下，请用 SPSS 软件估计统计学期末考试的平均成绩在 95% 置信水平下的置信区间。

92	62	95	76	80
69	68	69	77	85
81	67	83	69	79
90	93	91	91	72
89	66	73	85	90

样本量是 25，所以采用小样本估计的方法。在 SPSS 中进行操作的步骤如下：

（1）单击【分析】→【均值比较】→【单样本 T 检验】，打开"单样本 T 检验"的对话框。

（2）从左侧源变量窗口选择期末考试成绩进入"检验变量"窗口。

（3）在"检验值"对应的窗口输入"0"，如图 5-1 所示。

（4）单击【选项】按钮，在"置信区间百分比"输入"95%"，如图 5-2 所示。单击【继

小样本的总体均值置
信区间（SPSS）

续】，返回"单样本 T 检验"对话框。单击【确定】，提交运行。

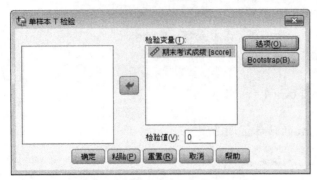 

图 5-1 "单样本 T 检验"对话框 图 5-2 "选项"对话框

（5）结果分析。在结果输出窗口中得到表 5-5。由表可知，统计期末考试平均成绩在 95%置信水平下的置信区间是 75.51～83.85。

表 5-5 单个样本检验

	检验值＝0					
	t	df	Sig.（双侧）	均值差值	差分的95%置信区间	
					下限	上限
期末考试成绩	39.404	24	0.000	79.680	75.51	83.85

📝 **知识拓展**

在 SPSS 中，置信区间生成的另一个途径如下：

选择【分析】→【描述统计】→【探索】，将变量选入"因变量列表"，点击【统计量】，在"均值的置信区间"窗口输入所需的置信水平（默认值为 95%）。点击【继续】→【确定】，可以得到相同的置信区间。

例 5-7 **总体均值的置信区间（小样本）在 Excel 中的实现**

在本案例中，我们利用例 5-6 的数据，借助 Excel 软件来进行平均数的区间估计。由于 Excel 的"数据分析"无法直接进行区间估计，所以需要调用函数公式来计算区间估计的上下限，具体步骤如下：

（1）打开 Excel，将数据复制到工作表格中，如图 5-3 所示。

（2）在 C7:C15 中键入相应名称。

（3）在 D7:D15 中键入函数公式，公式如 E7:E15 所示，计算结果如 D7:D15 所示。

可以看出，单位数为 25，平均数为 79.68，抽样平均误差为 2.02，置信水平 95%，自由度为 24 时，t 值为 1.71，则抽样极限误差=2.02×1.71=3.46。区间估计的上下限为"平均数±抽样极限误差"。

小样本的总体均值
置信区间（Excel）

	A	B	C	D	E	F
1	92	62	95	76	80	
2	69	68	69	77	85	
3	81	67	83	69	79	
4	90	93	91	91	72	
5	89	66	73	85	90	
6						
7			单位数	25	=COUNT(A1:E5)	
8			样本均值	79.68	=AVERAGE(A1:E5)	
9			标准差	10.11072	=STDEV(A1:E5)	
10			抽样平均误差	2.022144	=D9/(D7^0.5)	
11			置信度	95%		
12			t值	1.710882	=T.INV(D11,D7-1)	
13			极限误差	3.45965	=D10*D12	
14			估计上限	83.13965	=D8+D13	
15			估计下限	76.22035	=D8-D13	

图 5-3　总体均值置信区间估计在 Excel 中的实现

2. 总体成数的区间估计

总体成数的区间估计就是利用样本成数对总体成数进行估计，如对产品合格率、学生及格率、电视收视率等进行的估计。总体成数的估计与总体均值的估计相似。根据样本成数的抽样分布理论，当样本容量足够大时，样本成数 p 的抽样分布近似服从正态分布，即 $p \sim N\left[P, \frac{1}{n}P(1-P)\right]$，因此有

$$Z = \frac{p-P}{\sqrt{\dfrac{P(1-P)}{n}}} \sim N(0,1)$$

在给定置信水平 $F(t)$ 时，有

$$P\left(|p-P| \leqslant \Delta_p = t\mu_p\right) = F(t) \tag{5-18}$$

$$P\left(p - t\mu_p \leqslant P \leqslant p + t\mu_p\right) = F(t) \tag{5-19}$$

其中，$t = Z_{\frac{\alpha}{2}}$，$Z_{\frac{\alpha}{2}}$ 通过正态分布表查得。即在概率保证程度为 $F(t)$，概率度为 t 的情况下，总体成数的数值将在 $p-\Delta_p \sim p+\Delta_p$ 的范围内。其中 $p-\Delta_p$ 称为估计下限，$p+\Delta_p$ 称为估计上限。区间 $[p-\Delta_p, p+\Delta_p]$ 称为置信区间，估计可靠性程度称为置信水平。

例如，考察某类人身高分布，随机地抽取该类人 1 000 人，测得平均身高 168 厘米，抽样标准差 $s = 5.92$ 厘米，假定要在 95% 的置信水平下，求总体平均身高的区间估计。又如，为了研究新式时装的销路，在市场上随机对 900 名成年人进行调查，结果有 540 人喜欢新式时装，要求以 90% 的置信水平，估计该市成年人喜欢新式时装的比例。

例 5-8

以例 5-4 资料，若以 95.45% 的可靠性推断全部学生中生活消费支出在 900 元以下学生人数比重的区间范围。

解：样本中 900 元以下学生人数的比重为

$$p = \frac{214}{400} \times 100\% = 53.50\%$$

成数的抽样平均误差为

$$\mu_p = \sqrt{\frac{p(1-p)}{n}\left(1-\frac{n}{N}\right)} = \sqrt{\frac{53.50\% \times (1-53.50\%)}{400} \times \left(1-\frac{400}{9000}\right)} = 2.44\%$$

当可靠性 $F(t)$ =95.54%时，查正态分布表得 t = 2。

成数的抽样极限误差为

$$\Delta_p = t\mu_p = 2 \times 2.44\% = 4.88\%$$

则可靠性 $F(t)$ =95.54%时，总体成数的估计区间为

$$p - \Delta_p \leqslant P \leqslant p + \Delta_p$$

$$48.62\% = 53.50\% - 4.88\% \leqslant P \leqslant 53.50\% + 4.88\% = 58.38\%$$

例 5-9　总体均值和成数的置信区间在 SPSS 中的实现

大学生的消费特点和消费行为决定了大学生消费的影响不只局限于家庭，市场上的很多消费都与大学生息息相关，大学生消费已直接影响着整个消费市场和国民经济。大学生消费市场已经形成，这是高等教育发展的结果，也是社会主义市场经济发展的必要。它已经成为我国社会主义市场经济的一个有机组成部分，随着社会的发展和高等教育的普及，了解大学生消费将有助于提高大学生生活质量，促进大学生健康发展，在当前社会具有实践意义。

总体均值、成数置信区间（SPSS）

为了了解大学生日常生活费支出的情况，某高校对本校在校大学生的月生活费支出进行了抽样调查。通过分层抽样，对各个年级男、女生各发放问卷 30 份左右；共发放问卷 300 份，回收问卷289份，其中有效问卷共250份。经整理得出大学生平均月生活费用支出具体数据如表5-6所示。

表5-6　大学生月生活费支出

（单位：元）

700	700	500	500	600	500	500	600	500	500
700	600	500	700	600	700	700	700	500	700
600	500	700	500	700	700	700	700	500	500
700	500	500	600	500	600	500	600	500	700
700	500	500	500	700	500	500	600	700	500
1 000	800	1 000	900	800	1 200	1 100	900	1 200	1 200
1 000	1 000	1 100	1 200	1 200	800	1 100	1 100	1 200	1 000
1 000	800	1 100	900	1 100	1 100	1 100	900	1 200	1 100
800	1 000	1 000	800	1 100	800	1 100	900	1 000	900
900	1 200	800	1 100	1 000	1 000	800	800	900	1 100
1 200	1 000	1 200	1 200	1 000	900	1 200	800	1 200	900
900	1 100	1 200	1 200	900	1 200	1 100	800	1 200	1 000
1 100	800	1 000	1 200	1 000	800	1 000	900	1 100	900
1 200	1 100	1 100	1 100	1 000	800	1 000	1 000	1 100	800
1 200	1 100	1 200	1 200	1 200	900	1 000	1 200	800	1 100
800	1 100	1 200	900	900	900	1 200	1 200	1 200	800
900	1 200	800	800	1 200	1 100	1 200	1 000	1 000	1 100
1 100	1 100	1 000	1 100	900	800	1 200	1 000	1 000	800
1 200	800	900	1 200	1 100	1 000	800	800	1 100	1 100
1 100	900	1 100	1 100	900	1 100	1 000	800	1 000	900
1 300	1 400	1 300	1 600	1 500	1 500	1 700	1 600	1 500	1 500
1 500	1 300	1 400	1 700	1 500	1 300	1 600	1 700	1 700	1 300
1 600	1 300	1 300	1 600	1 700	1 600	1 700	1 700	1 600	1 600
1 600	1 400	1 600	1 300	1 500	1 400	1 300	1 300	1 300	1 300
1 700	1 700	1 600	1 400	1 700	1 500	1 400	1 700	1 600	1 300

要求：① 根据 95%的置信水平估计全校学生平均月生活费支出的置信区间。

② 根据 95%的置信水平估计全校学生月生活费支出在 1 300 元及以上所占比重的区间估计。

SPSS 中均值区间估计的操作步骤如下：

（1）单击【分析】→【描述性统计】→【探索】，打开"探索"的对话框。

（2）从左侧源变量窗口选择"学生月生活费支出"变量进入"因变量列表"窗口，如图 5-4 所示。

（3）点击【统计量】打开"统计量"对话框如图 5-5 所示，勾选"描述性"，在"均值的置信区间"后填写置信水平 95%，单击【继续】，返回"探索"对话框，单击【确定】，分析结果如表 5-7 所示。

（4）结果分析。从表 5-7 可以看出，学生月生活费支出的均值为 1 030.00 元，标准差为321.30 元，95%的置信区间为[989.977 6，1 070.022 4]。

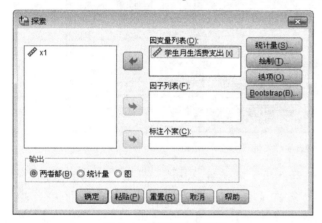

图 5-4 "探索"对话框

图 5-5 "统计量"对话框

表 5-7 学生月生活费支出探索分析结果

			统计量	标准误
学生月生活费支出（元）	均值		1 030.000 0	20.320 7
	均值的 95%置信区间	下限	989.977 6	
		上限	1 070.022 4	
	5%修整均值		1 022.444 4	
	中值		1 000.000 0	
	方差		103 232.932 0	
	标准差		321.298 8	
	极小值		500.000 0	
	极大值		1 700.000 0	
	范围		1 200.000 0	
	四分位距		400.000 0	
	偏度		0.260 0	0.154 0
	峰度		−0.467 0	0.307 0

在分析学生月生活费支出1 300元及以上比重之前需要对变量"学生月生活费支出"进行处理,将小于1 300元的样本单位标记为0,大于或等于1 300元的样本单位标记为1。具体操作如下:

(1)单击【转换】→【重新编码为不同的变量】,打开"重新编码为其他变量"对话框。将变量"学生月生活费支出"转移到"数字变量→输出变量"对话框中。

(2)在输出变量的"名称"中输入"x1",如图5-6所示,单击【更改】。

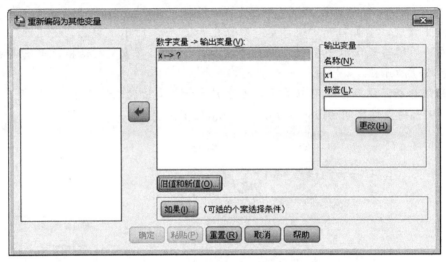

图5-6 "重新编码为其他变量"对话框

(3)点击【旧值和新值】,进入"旧值和新值"对话框。点选"范围,从值到最高",输入"1 300",在新值的"值"中输入"1",点击【添加】;点选"范围,从最低到值",输入"1 299",在新值的"值"中输入"0",点击【添加】,如图5-7所示。点击【继续】,返回"重新编码为其他变量"对话框,点击【确定】。这样,就完成了变量的转换。

(4)接下来的操作步骤和均值的区间估计一样,这里不再重复。

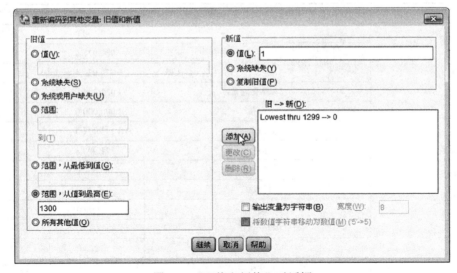

图5-7 "旧值和新值"对话框

（5）结果分析。成数区间估计的分析结果如表 5-8 所示。从表中可以看出，样本中 1 300 元及以上的比重为 20%，95%的置信区间为[15.01%，24.99%]。

表 5-8　学生月生活费支出 1 300 元及以上比重的探索分析结果

			统计量	标准误
x_1	均值		0.200 0	0.025 4
	均值的 95% 置信区间	下限	0.150 1	
		上限	0.249 9	
	5% 修整均值		0.166 7	
	中值		0.000 0	
	方差		0.161 0	
	标准差		0.400 8	
	极小值		0.000 0	
	极大值		1.000 0	
	范围		1.000 0	
	四分位距		0.000 0	
	偏度		1.509 0	0.154 0
	峰度		0.279 0	0.307 0

第四节　样本容量的确定

一、确定样本容量的必要性

抽样调查的目的是用样本资料推断总体。抽样推断的基础是样本，而样本是按随机原则从全及总体中抽取一部分单位来组成的集合体。在遵从随机原则的条件下，样本容量究竟应为多大才合适呢？这是抽样推断中的一个至关重要的问题。首先，抽取的样本单位数太多会增加抽样组织的困难，造成人力、物力的浪费；样本单位数太少又会使误差增大，不能有效地反映总体情况，直接影响到抽样推断结果的准确性。其次，抽样推断的一个重要方面则是要求推断的结果能满足在一定可靠性的条件下，保证抽样误差不超过事先规定的范围。而推断的可靠性要求主要是根据研究问题的性质和对抽样结果的用途不同而定。当可靠性要求已确定时，抽样误差的控制尤为重要。而样本单位数是影响抽样误差大小的重要因素，在其他条件相同时，就可以用增加或减少样本单位数的方法来控制抽样误差的大小，以达到用最合适的样本单位数即样本容量满足抽样调查任务的要求。

二、影响确定样本容量的因素

（1）总体中各单位的标志变异程度的大小。总体方差代表着总体各单位的标志差异程度，方差越大，总体单位的标志差异程度越大。为了提高样本的代表性，就需要增大样本容量。

（2）抽样推断的可靠程度大小。抽样估计的可靠程度要求越高，样本容量就应当越大。

（3）抽样极限误差的大小。抽样极限误差越大，样本容量就可以相对减少。

（4）抽样方法。在其他条件不变的情况下，抽样方法不同，对样本容量的要求也不同。一般来说，重复抽样要比不重复抽样多抽取一些样本单位。

（5）抽样组织形式。抽样的组织形式不同也会影响样本容量的大小。在其他条件不变的情况下，分层抽样、等距抽样的样本容量一般要小于简单随机抽样的样本容量。

三、样本容量的计算

（一）重复抽样的样本容量

1. 根据总体平均数确定样本容量

依据 $\Delta_{\bar{x}} = t\mu_{\bar{x}} = t\sqrt{\dfrac{\sigma^2}{n}}$，变形可得

$$n = \frac{t^2\sigma^2}{\Delta_{\bar{x}}^2} \tag{5-20}$$

2. 根据总体成数确定样本容量

根据上述原理，可以得到推断总体成数的样本容量的计算公式为

$$n = \frac{t^2 P(1-P)}{\Delta_p^2} \tag{5-21}$$

例 5-10

在某企业中采用简单随机抽样调查职工月平均奖金额，设职工月奖金额服从标准差为 10 元的正态分布，要求估计的允许误差为 3 元，可靠度为 95%，试问应抽取多少职工？

解：已知 $\sigma = 10$ 元，$\Delta_{\bar{x}} = 3$ 元，$F(t) = 95\%$，查表得 $t = 1.96$。

$$n = \frac{t^2\sigma^2}{\Delta_{\bar{x}}^2} = \frac{1.96^2 \times 10^2}{3^2} = 42.68 \approx 43 \text{（人）}$$

即应抽取 43 人进行调查。

（二）不重复抽样的样本容量

1. 根据总体平均数确定样本容量

依据 $\Delta_{\bar{x}} = t\mu_{\bar{x}} = t\sqrt{\dfrac{\sigma^2}{n}\left(1 - \dfrac{n}{N}\right)}$，变形可得：

$$n = \frac{Nt^2\sigma^2}{t^2\sigma^2 + N\Delta_{\bar{x}}^2} \qquad (5\text{-}22)$$

2．根据总体成数确定样本容量

根据上述原理，可以得到推断总体成数的样本容量的计算公式为

$$n = \frac{Nt^2P(1-P)}{N\Delta_p^2 + t^2P(1-P)} \qquad (5\text{-}23)$$

例 5-11

在一项对 3 500 名学生生活费支出的调查中，根据以前调查，学生生活消费在 800 元以下人数占 71%，要求允许误差不超过 15%，可靠度要达到 99.73%，问在重复抽样和不重复抽样两种情况下分别应抽取多少单位数目？

解：已知 $N=3\,500$，$P=71\%$，$\Delta_p=15\%$，$F(t)=99.73\%$，查表得 $t=3$。

在重复抽样的情况下应抽取：

$$n = \frac{t^2P(1-P)}{\Delta_p^2} = \frac{3^2 \times 71\% \times (1-71\%)}{15\%^2} = 82.36 \approx 83（人）$$

因为要求允许误差不超过 15%，所以向上取整，应抽取的样本单位数目为 83 人。

在不重复抽样的情况下应抽取：

$$n = \frac{Nt^2P(1-P)}{N\Delta_p^2 + t^2P(1-P)} = \frac{3\,500 \times 3^2 \times 71\% \times (1-71\%)}{3\,500 \times 15\%^2 + 3^2 \times 71\% \times (1-71\%)} = 80.47 \approx 81（人）$$

因为要求允许误差不超过 15%，所以向上取整，应抽取的样本单位数目为 81 人。

四、确定样本容量应注意的问题

（1）以上四个计算公式只适用于简单随机抽样。

（2）在同样条件下，不重复抽样比重复抽样要求的样本容量少。

（3）同一总体往往需要同时计算样本平均数和样本成数，由于两者对于方差和允许误差的要求不同，对于样本容量大小的要求也就不一样，因此为了防止抽取样本单位数目不足而扩大抽样误差，在实际工作中，往往根据平均数和成数所要求的样本容量比较大的一个数目进行抽样，以满足共同需求。

本章小结

抽样推断是指根据数理统计的有关原理，按照随机原则从总体中抽取样本，并根据抽样所获得的样本指标数值对总体指标数值做出具有一定可靠性的估计和推断。

抽样推断具有三个特点：①按随机原则抽取样本单位；②抽样的目的是为了推断总体；③抽样推断可以计算和控制误差。

抽样推断常用的几个基本概念有：总体与样本、总体指标与样本指标、重复抽样和不重复抽样。

抽样误差的概念、抽样平均误差和抽样极限误差。

影响抽样误差的因素：①总体标准差；②样本容量；③抽样方法；④抽样组织方式。

主要公式

平均数的抽样平均误差	重复抽样	$\mu_{\bar{x}} = \dfrac{\sigma}{\sqrt{n}} = \dfrac{s}{\sqrt{n}}$
	不重复抽样	$\mu_{\bar{x}} = \sqrt{\dfrac{\sigma^2}{n}\left(1-\dfrac{n}{N}\right)} = \sqrt{\dfrac{s^2}{n}\left(1-\dfrac{n}{N}\right)}$
成数的抽样平均误差	重复抽样	$\mu_p = \sqrt{\dfrac{P(1-P)}{n}} = \sqrt{\dfrac{p(1-p)}{n}}$
	不重复抽样	$\mu_p = \sqrt{\dfrac{P(1-P)}{n}\left(\dfrac{N-n}{N-1}\right)} = \sqrt{\dfrac{p(1-p)}{n}\left(1-\dfrac{n}{N}\right)}$
平均数的抽样极限误差		$\Delta_{\bar{x}} = t\,\mu_{\bar{x}}$
成数的抽样极限误差		$\Delta_p = t\,\mu_p$
平均数的区间估计		$P(\bar{x} - t\mu_{\bar{x}} \leqslant \bar{X} \leqslant \bar{x} + t\mu_{\bar{x}}) = F(t)$
成数的区间估计		$P(p - t\mu_p \leqslant P \leqslant p + t\mu_p) = F(t)$
平均数的抽样平均误差	重复抽样	$n = \dfrac{t^2\sigma^2}{\Delta_{\bar{x}}^2}$
	不重复抽样	$n = \dfrac{Nt^2\sigma^2}{t^2\sigma^2 + N\Delta_{\bar{x}}^2}$
成数的抽样平均误差	重复抽样	$n = \dfrac{t^2 P(1-P)}{\Delta_p^2}$
	不重复抽样	$n = \dfrac{Nt^2 P(1-P)}{N\Delta_p^2 + t^2 P(1-P)}$

练习与案例分析

一、单项选择题

1. 抽样推断的基本内容是（　　）。

  A．参数估计　　　　　　　　　B．假设检验

  C．参数估计和假设检验两方面　　D．数据的收集

2. 抽样平均误差的实质是（　　）。

  A．总体标准差　　　　　　　　　B．样本总体的标准差

  C．样本总体方差　　　　　　　　D．样本平均数（成数）的标准差

3．不重复抽样平均误差（　　）。

    A．总是大于重复抽样平均误差　　　　B．总是小于重复抽样平均误差

    C．总是等于重复抽样平均误差　　　　D．以上情况都可能发生

4．在其他条件不变的情况下，样本容量增加一半，抽样平均误差（　　）。

    A．缩小为原来的81.6%　　　　　　　B．缩小为原来的50%

    C．缩小为原来的25%　　　　　　　　D．扩大为原来的四倍

5．样本的形成是（　　）。

    A．随机的　　　　B．随意的　　　　C．非随机的　　　　D．确定的

6．抽样误差之所以产生是由于（　　）。

    A．破坏了随机抽样的原则

    B．样本总体的结构不足以代表全及总体的结构

    C．破坏了抽样的系统

    D．调查人员的素质

7．抽样误差指的是（　　）。

    A．代表性随机误差　　　　　　　　　B．非抽样误差

    C．代表性误差　　　　　　　　　　　D．随机性误差

8．抽样误差的大小（　　）。

    A．可以事先计算，但不能控制　　　　B．不可事先计算，但能控制

    C．能够控制和消灭　　　　　　　　　D．能够控制，但不能消灭

9．随机抽出100个工人，占全体工人的1%，其中工龄不到一年的比重为10%。在概率为0.954 5时，工龄不到一年的工人比重的抽样极限误差为（　　）。

    A．0.6%　　　　B．6%　　　　C．0.9%　　　　D．3%

10．根据抽样调查25个工厂（抽取2%）资料，采购阶段流动资金平均周转时间为52天，方差为100，在概率为0.954 5时，流动资金平均周转时间的抽样极限误差为（　　）。

    A．0.8　　　　B．3.96　　　　C．4　　　　D．226

11．根据某城市抽样调查225户，计算出户均储蓄额30 000元，抽样平均误差为800元，则概率为90%，户均储蓄余额抽样极限误差为（　　）。

    A．53.3　　　　B．1.65　　　　C．720　　　　D．1 320

12．根据某市公共电话网100次通话情形抽样调查，得知每次通话平均持续时间为4分钟，均方差为2分钟。在概率为0.954 5时，每次通话平均持续时间的抽样极限误差为（　　）。

    A．0.2　　　　B．0.4　　　　C．0.28　　　　D．0.142 8

13．为研究劳动生产率，某工厂对19%工人进行调查，共抽取324人。这些工人加工某零件平均时间消耗35分钟，均方差为7.2分钟，则以0.954 5概率估计平均时间消耗的抽样极限误差为（　　）。

    A．0.8　　　　B．0.36　　　　C．0.076　　　　D．0.72

14．为研究工人生产定额完成情况，对某工厂抽样调查36%的计件工人。抽取的144人中，有80%的工人超额完成生产定额。则概率为0.997 3时超额完成生产定额工人比重的抽样极限误差为（　　）。

    A．10%　　　　B．8%　　　　C．12%　　　　D．3.2%

15. 为估计某地区 10 000 名适龄儿童的入学率，用不重复抽样从该地区抽取 400 名儿童，其中有 320 名儿童入学。则概率为 95.45% 时抽样极限误差为（   ）。

    A．1.96%   B．4%   C．3.92%   D．1.87%

16. 对某高校 19% 学生进行抽样调查，调查的 400 人中，得到各种奖励的比重为 20%，在概率为 0.954 5 时，奖励比重的抽样极限误差（   ）。

    A．4%   B．3.6%   C．1.8%   D．1.74%

17. 根据 1% 抽样调查的资料，计件工人平均完成生产定额 115%，变异系数 12%，已知此次抽样共调查了 100 人，估计可靠程度为 0.954 5，则生产定额平均完成误差率为（   ）。

    A．7.4%   B．0.24%   C．1.2%   D．2.4%

18. 假定抽样单位数为 400，样本平均数为 300 和 30，相应的变异系数为 50% 和 20%，则以 0.954 5 的概率计算出的抽样极限误差分别是（   ）。

    A．15 和 0.6   B．5% 和 2%   C．95% 和 98%   D．2.5% 和 1

19. 调查某工厂 19% 的产品，不重复随机抽样误差为重复随机抽样误差的（   ）。

    A．10%   B．19%   C．90%   D．不能预期其结果

20. 在抽样调查某企业工人生产定额完成情况时，从工人按姓氏笔画多少的顺序名单中进行每五人抽样。在抽中的 36 人中，生产定额平均完成百分比为 123%，均方差为 8%，则以 0.954 5 概率确定该企业全体工人生产定额平均完成百分比的置信区间为（   ）。

    A．123%±4%   B．123%±1.3%   C．123%±2.7%   D．123%±9%

二、计算

1. 年终在某储蓄所中按定期存款账号顺序进行每隔五户的随机抽样，得到下面资料：

定期存款金额（万元）	1 以下	1～3	3～5	5～8	8 及以上
账户数（户）	58	150	200	62	14

要求：（1）试以 95.45% 的概率保证程度估计定期存款的范围。

        （2）以同样的概率保证程度估计定期存款 3 万元及以上的比重。

2. 假定某现象总体在三个地区的比重资料如下：

地 区	被研究标志的成数（%）	单 位 数	
		总 体	样 本
甲	80	6 000	300
乙	60	3 000	150
丙	70	1 000	50

要求：（1）假如概率保证程度为 95.45%，极限误差不大于 2%，确定不重复抽样的必要样本单位数。

        （2）样本单位数按地区分配的比例。

3. 对某市个体商户的月零售额进行抽样调查，由于个体户之间的零售额差别很大，故按申报的资金划分为大、中、小三类。采取分类（层）抽样方法调查结果的有关数据整理如下：

资 金 规 模	总体 N_i（户）	抽样 n_i（户）	月平均零售额 $\bar{x}_i$（万元）	σ_i^2
大	60	9	20	16.0
中	240	36	8	4.0
小	300	45	1	0.5
合计	600	90	—	—

试以 95.45%的概率保证程度估计个体户的月平均零售额区间。

4. 某地区有 10 000 户居民，按城市和农村比例，用重复抽样方法抽取 1 000 户进行彩色电视机拥有量的调查。资料如下表：

家庭户类型	分类代码	抽样户数（户）	彩电拥有户比重（%）
城市	1	300	80
农村	2	700	15

试以 95.45%的概率确定彩电拥有户比重的区间。

5. 某乡粮食播种面积 20 000 亩，现按平原和山区面积比例抽取其中 2%，结果如下：

耕地地势	全部面积（亩）	样本面积（亩）	样本平均亩产（千克）	亩产标准差（千克）
平原	14 000	280	560	80
山区	6 000	350	350	150
合计	—	400	479	106

要求：（1）试在不重复抽样条件下计算抽样平均误差。

（2）试以 95.45%的概率估计该乡平均亩产的范围。

6. 假定某食杂店对顾客购货金额以 36 元为限分为两组，采取比例抽样调查方式，得到如下资料（按 10%抽样）：

购买金额（元）	顾客数（人）	平均购买（元）	均方差（元）
36 以下	150	26	7
36 及以上	250	42	9

要求：（1）试以概率度 t 为 2 来估计每位顾客平均购买金额的区间范围。

（2）试计算每位顾客平均购买金额允许误差不超过 16 元的概率度。

7. 为了确定胶卷平均使用期限，采用随机抽样的方法从 900 个装着胶卷的暗盒中抽取 9 盒。根据抽样调查的资料可知该批胶卷平均使用期限为八个月。每暗盒的胶卷平均使用期限如下：

胶卷编号	1	2	3	4	5	6	7	8	9
使用期限（月）	8.2	8.0	7.7	8.5	7.9	8.8	7.0	7.5	8.4

要求：（1）试以 99.73%的概率确定胶卷平均使用期限的抽样误差。

（2）全及总体指标的可能范围。

8. 某化肥厂昼夜连续生产，平均每分钟生产化肥 100 袋。为检查一昼夜生产中每袋化肥的重量和包装质量，采取每隔 144 分钟抽出 1 分钟的袋装进行检查，共抽出 10 分钟的产量。这 10 分钟中每 1 分钟产量的平均袋重和一等包装袋所占比重依抽查顺序列表如下：

平均袋重（千克）	一等包装袋比重（%）
48	65
50	70
51	72
52	73
49	71
48	72
49	70
47	68
49	69
52	70

要求：（1）试以 95.45%的概率估计该厂这一天生产化肥平均袋重。

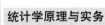

（2）以同样的概率估计一等包装袋比重。

9．某农场播种水稻 3 000 亩，作物分布于 30 块面积大致相同的地段上，现采用不重复抽样方法抽选 5 块这样的地段，得到如下结果：

地 段 号	地段平均亩产（千克）	杂交水稻面积占比（%）
1	800	30
2	850	40
3	790	25
4	725	23
5	825	36

要求：（1）以 90%的概率估计该农场水稻平均亩产。

（2）以 90%的概率估计该农场杂交水稻面积百分比。

10．为对某产品进行抽样检验做准备，先进行 10 批的试验调查，所得结果如下：

批 号	每批被检标志平均值（立方厘米）
1	50
2	54
3	58
4	80
5	72
6	66
7	60
8	54
9	78
10	64

要求：（1）如果全及总体由 3 000 批组成，每批包含同量产品。为使抽样误差不超过 3 立方厘米，保证概率 0.954 5，试问用不重复抽样方法必须抽出多少批才能做出全面判断？

（2）假定概率保证程度不变，抽样误差减少 2/3，应抽取多少批来判断？

三、综合案例

2015 年，中国妇联发布的《中国幸福婚姻家庭调查报告》显示，目前我国平均结婚年龄为 26 岁，男性比女性高 2.3 岁，四分之三的男性在 25～34 岁之间结婚，超过九成的女性在 30 岁之前结婚。其中，70 后总体上比其他代际结婚时间较晚，平均结婚年龄在 29.6 岁，而 60 后、80 后及 90 后的平均结婚年龄依次是 26.3 岁、26.2 岁、24.3 岁。

女性通常在多大年龄结婚？一家地方报纸列出 100 位申请结婚的女性的年龄如下：

22	21	28	25	27	20	27	26	28	22
29	29	51	28	25	34	25	22	30	26
24	22	21	26	25	24	24	26	37	23
25	28	29	20	20	23	28	26	28	25
24	33	24	27	25	29	26	20	24	23
28	30	22	30	26	29	20	28	37	20
20	30	33	27	22	26	35	29	20	21
29	20	20	24	24	21	28	28	35	21
31	25	28	22	32	27	27	28	28	20
20	28	23	24	21	24	20	30	27	30

试用 SPSS 软件，计算置信水平为 95%时女性结婚的年龄的估计区间。

实践训练

实训目标：

（1）增强对抽样推断的感性认识。

（2）培养初步的抽样推断分析应用能力。

实训内容与要求：

按班级 4~6 人一组建立调查小组，每组确定一名组长，调查 100 名学生对毕业后收入的预期金额，并计算平均值及标准差，然后以 95.45% 的概率保证程度估计所在学校学生的毕业后收入的平均预期。汇总整理情况表自行设计。

实训成果与检测：

各组就各自分析的结果在班级进行交流、讨论后，在教师主持下就计算及分析结果进行评判，并做出评价打分。

第六章　相关与回归

◆ 学习目标 ◆

☑ 掌握相关关系的定义和种类。

☑ 掌握相关系数的计算公式，并能根据相关系数的取值确定事物之间的相关程度。

☑ 掌握线性回归分析的理论和方法。

☑ 能熟练利用 Excel 和 SPSS 软件计算相关系数并进行线性回归分析。

引导案例▷▷▷ 　如何预测产品销量？

　　HY 化妆品科技有限公司（以下简称 HY 科技）是一家集研发、生产、销售、培训、服务等于一体的综合性美容化妆品企业，注册资金为 8 000 万美元。HY 科技目前拥有多个品牌，产品种类涵盖洁肤、护肤、洗发、护发等多方面领域，实现了对 CS 化妆品专卖店、超市、KA 卖场、百货商场、美容院、电子商务等全渠道覆盖。

　　为了进一步扩大市场，HY 科技准备开拓新的市场。为此公司需要对新市场进行销量预测。人均收入反映了一个地区的经济发展水平，会影响居民对化妆品的购买。人口为地方经济的发展提供了劳动力和消费市场，对化妆品的销量也会产生影响。表 6-1 给出了 HY 科技已有的 15 个市场的销量、人口数和人均收入的资料。如果您是公司的销售经理，你会依据什么来预测新市场的销量？人口数、人均收入还是两者兼顾？

表 6-1　HY 科技已有的 15 个市场的概况

地　区	人口数（万人）	人均收入（元/月）	销量（万元）
1	274	2 450	162
2	180	3 254	120
3	375	3 802	223
4	205	2 838	131
5	86	2 347	67
6	265	3 782	169
7	98	3 008	81
8	330	2 450	192
9	195	2 137	116
10	53	2 560	55
11	430	4 020	252

（续）

地　区	人口数（万人）	人均收入（元/月）	销量（万元）
12	372	4 427	232
13	236	2 660	144
14	157	2 088	103
15	370	2 605	212

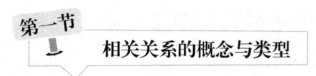

第一节　相关关系的概念与类型

一、相关关系的概念

在自然界和社会现象中，客观事物之间总是存在着千丝万缕的联系，相互依赖，相互制约。可以说，没有任何一种事物能够绝对孤立地存在。

社会经济现象中，客观事物之间的联系更加广泛和普遍，如产品的生产和消费相互依赖；农业生产的粮食产量和施肥量有关联；父母的职业对子女的职业有影响；天气对人的情绪有影响；利率对汇率、外汇储备和国际贸易有影响等。更有甚者，美国联邦储备银行的研究分析师对人的长相和收入进行了跟踪研究，他们的结论是：高大、苗条、美貌者的收入较长相一般的人高。研究表明：如果以普通长相者的收入为基准，那么，长相不及普通长相的人收入要比基准数低 9%；相反，容貌较好者的收入要比基准数高出 5%。美国还有一位学者的研究表明，一个家庭的经济状况跟家庭中孩子犯错误时，被父母打屁股的次数和严重程度有关联。家庭经济条件比较优越的孩子，犯错误时，被父母打屁股的次数较少，挨打的程度较轻。而家庭经济比较困难的孩子犯错误时，被父母打屁股的次数较多，挨打的程度也较重。

据统计，血型与运动项目有关联。日本《朝日周刊》报道，在日本人口整体中，A 型血的人数最多，占总人口的 39%。但是，参加 2008 年北京奥运会的日本运动代表团中 O 型血的人数最多，占选手总数的 38%。研究表明，O 型血更为活跃和积极，目标明确，特别是在带有激烈竞争或格斗要素的项目中，O 型血的选手往往较有优势。A 型血的选手更重视协调性，适合团队活动，所以在球类运动中 A 型血的人数较多。AB 型的人更具有冷静的分析力，感觉敏锐，适合高尔夫球之类的运动。可见，客观事物总是有着各种各样的联系。

对于客观事物之间的相互联系，我们可以通过数量关系表现出来。一方面可以掌握它们相互联系的形式，深刻认识事物之间的发展规律；另一方面，也可以用于事物发展规律的预测。依据事物之间相互联系的具体情况，可以区分为函数关系和相关关系两种不同的类型。

（一）函数关系

函数关系描述的是事物之间存在着的严格的依存关系。如果用变量代表不同的事物，那么，函数关系表现的就是变量之间的确定性关系。在函数关系中，对于某一个变量的每一个数值，都有唯一的另一个变量的确定值与之相对应，并且这种对应关系可以用一个精确的数学方程式表达出来。例如，圆的半径和面积的关系，给定半径的值，圆的面积是唯一确定的；长方形的面积与长和宽的关系，给定长方形的长和宽，长方形的面积和周长唯一确定；自由

落体运动中，物体下落的距离与所需时间之间的关系；汽车速度一定时，行车时间长度与行驶里程数之间的关系；商品销售额与销售量和销售价格之间的关系等。函数关系的特点是：当其中一个变量的变量值确定后，另一个变量的变量值完全可以由数学方程式求解出来。换句话说，函数关系是一种简单的相互依存关系，再没有其他的现象与它们有关联了。数学研究的内容涵盖了各种各样的函数关系。

（二）相关关系

统计相关关系描述的是事物之间存在着的不确定的依存关系。如果用变量来代表不同的事物，那么，统计相关关系表现的就是变量之间的不确定性关系。在相关关系中，对于某一个变量的每一个数值，都有另一个变量的多个值与之相对应，并且这种对应关系只可以用一个近似的数学方程式表达出来。例如，家庭的消费支出与家庭收入之间的关系，家庭收入并不是唯一影响家庭消费支出的因素，还有家庭人口数、消费习惯、家庭抚养的人口数、人情往来等因素影响家庭消费支出；人的身高与体重之间的关系，身高不是唯一影响体重的因素，还有遗传基因、饮食习惯、生活方式、职业等因素影响体重；学习时间与考试成绩之间的关系，考试成绩不是由学习时间唯一决定的，还受到考试状态、试卷难易程度、阅卷评分标准、同时参加考试的人的相对水平等因素的影响。

统计相关关系的特点是：当其中一个变量值确定后，另一个变量的取值不是唯一的，而是在一个区间内变化。换句话说，相关关系是一种复杂的相互依存关系，还有其他的现象与它们有关联，而这些现象没有在相关关系中表现出来。

▢ **课堂讨论**

请列举现实中有哪些变量之间的关系是函数关系，哪些变量之间的关系是相关关系？

二、相关关系的类型

现象的相关关系可以按不同的标志加以区别。

1. 按相关的程度分为完全相关、不完全相关和不相关

两种依存关系的标志，其中一个标志的数量变化由另一个标志的数量变化所确定，则称这两种标志间的关系为完全相关。在这种情况下相关关系即为函数关系，可以用一定的方程式准确地表示。如果两个标志彼此互不影响，其数值变化各自独立，这种关系称为不相关。两个现象之间的关系介于完全相关和不完全相关之间则称为不完全相关，不完全相关关系是统计分析的主要研究对象。

2. 按相关的方向分为正相关和负相关

正相关是指因素标志和结果标志的数量变动方向一致。例如，学习时间和学习成绩的关系属于正相关。负相关是指因素标志和结果的变动方向相反。例如，娱乐时间和学习成绩的关系就属于负相关。

3. 按相关的形式分为线性相关和非线性相关

如果把两个具有相关关系的现象放在直角坐标系中，给定 x, y 的分布情况大致在一条直线周围，那么这种相关称为线性相关。如果现象相关点的分布并不表现为直线关系，而近似

于某种曲线关系，那么这种关系就称为非线性相关。

4．按影响因素的多少分为单相关和复相关

相关关系可以按影响结果标志的因素标志数目多少进行分类。如果研究的是一个结果标志同某一因素标志的相关关系，则称为单相关或简相关。例如，在计件工资一定的条件下，工人一天的工资与其完成产量呈正相关，这时所研究的只是两个标志的相关关系，所以称为单相关。统计实践中，经常分析若干个因素标志对结果标志的影响，这种关系称为复相关，又称多元相关。

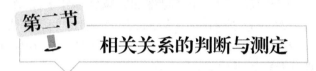

课堂讨论

请列举现实中有哪些变量之间的关系是正相关，哪些变量之间的关系是负相关？

第二节　相关关系的判断与测定

一、散点图

散点图又称相关图。它是用直角坐标系的横轴代表变量 x，纵轴代表变量 y，将两个变量间相对应的变量值用坐标点的形式描绘出来，以反映两变量之间相关关系的图形。散点图是研究相关关系的直观工具，一般在进行详细的定量分析之前，可以先利用它对现象之间存在的相关关系的方向、形式和密切程度做出大致的判断。反映各类相关关系的散点图如图 6-1 所示。

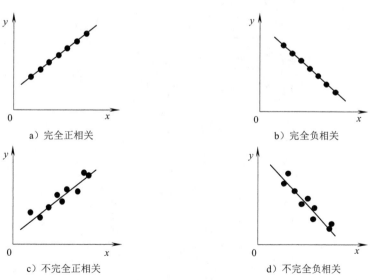

图 6-1　不同类型的散点图

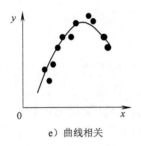

e) 曲线相关

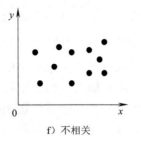

f) 不相关

图 6-1　不同类型的散点图（续）

图 6-1 中 a）和 b）表示的是变量间的完全相关关系，此时两个变量是按着一个固定的比例变动的。它们之间的关系是函数关系。c）和 d）表示的是两个变量间的线性相关关系，两个变量的取值并不落在一条直线上，而是分布在直线的两侧。当两个变量变动方向相同，即一个变量增加或减少，相应地，另一个变量也同时增加或减少的情况属于正相关关系，如图 c）所示；当两个变量变动方向相反，即一个变量增加或减少，相应地，另一个变量同时减少或增加的情况属于负相关，如图 d）所示。e）表示的是两个变量间的非线性相关关系，两个变量的取值分布在二次曲线的两侧。f）表示的是两个变量不相关的情况，此时两个变量的取值互不影响，散点随机地分布在各坐标点。

例 6-1　散点图在 Excel 软件中的实现

对于本章的引导案例，请用 Excel 软件制作销量与人口数的散点图，并判断是销量与人口数的相关关系以及相关形态。

在 Excel 中制作散点图步骤如下：

（1）创建数据表格，如图 6-2 所示。

散点图（Excel）

图 6-2　数据表格

（2）选择图表类型。点击【插入】→【图表】→【散点图】→【仅带数据标记的散点图】，如图 6-3 所示。

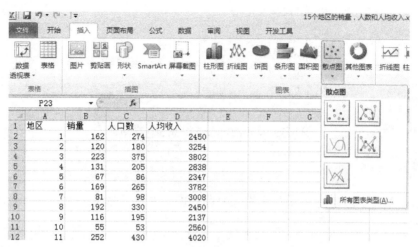

图 6-3 选择图表类型

（3）选择数据。点击【设计】→【选择数据】，弹出"选择数据源"窗口，如图 6-4 所示。在"图例项（系列）"中点击【添加】，弹出"编辑数据系列"窗口，如图 6-5 所示。"X 轴系列值"选择人数的数据，"Y 轴系列值"选择销量的数据，单击【确定】，返回"选择数据源"窗口，再点击【确定】，即创建出"人口数-销量"的散点图，如图 6-6 所示。

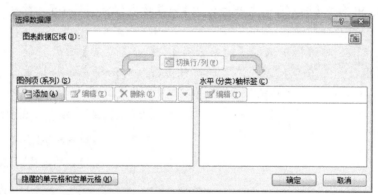

图 6-4 "选择数据源"对话框

图 6-5 "编辑数据系列"对话框

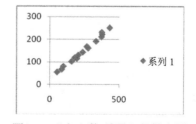

图 6-6 "人口数-销量"的散点图

（4）修改图形属性。点击【设计】→【图表布局】→【布局 10】，对图形进行适当调整，获得的最后图形如图 6-7 所示。从图中可以看出，人口数和销量存在明显的正相关关系。

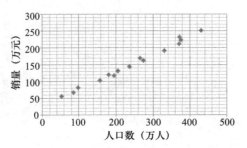

图 6-7　修正的"人口数-销量"散点图

📐 **课堂练习**

试用 Excel 软件创建销量与人均收入的散点图，并比较销量分别与人口数和人均收入的相关关系。

例 6-2　**散点图在 SPSS 软件中的实现**

在本章引导案例中，请用 SPSS 软件分别判断销量与人口数和销量与人均收入之间是否存在相关关系，并比较相关形态、相关方向和相关程度。

在 SPSS 中制作散点图的方法有两种，下面以第一种方法制作销量与人口数的散点图，步骤如下：

（1）数据录入。

（2）在 SPSS 中单击【图形】→【旧对话框】→【散点/点状】，打开"散点图"对话框，如图 6-8 所示。

（3）在"散点图"对话框中选择【简单分布】，点击【定义】打开"简单散点图"对话框，如图 6-9 所示。在"简单散点图"对话框中，将销量选入"Y 轴"，将人口数选入"X 轴"，单击【确定】，提交运行。

散点图（SPSS）

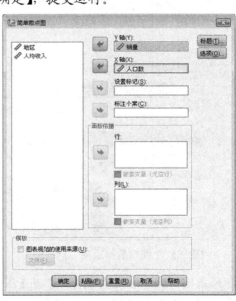

图 6-8　"散点图"对话框　　　　　　　图 6-9　"简单散点图"对话框

（4）在结果窗口得到销量与人口数的散点图，如图 6-10 所示。从图中可以看出，散点有明显的从左向右上升趋势，说明随着人口数的增长，销量也会提升。销量和人口数之间存在线性正相关关系。

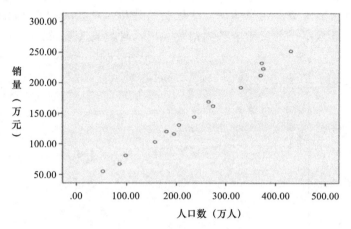

图 6-10　销量与人口数的散点图

下面以第二种方法制作销量与人均收入的散点图，步骤如下：

（1）在 SPSS 软件中单击【图形】→【图表构建程序】，这里会弹出变量测量的注意事项，单击【确定】，进入"图表构建程序"对话框。

（2）在"图表构建程序"对话框的"库"中点击【散点图/点图】→【简单散点图】，如图 6-11 所示。

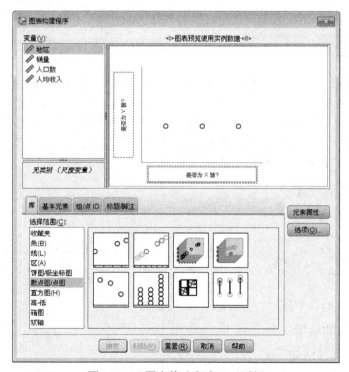

图 6-11　"图表构建程序"对话框

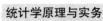

（3）将销量变量拖入"Y轴"，人均收入变量拖入"X轴"，单击【确定】，提交运行。

（4）在结果窗口得到销量与人均收入的散点图，如图 6-12 所示。从图中可以看出，散点有从左向右上升趋势，销量和人均收入之间存在线性正相关关系。但是与图 6-7 相比，销量和人均收入的散点图走势不是很明朗，这说明销量与人口数的相关程度要高于销量与人均收入的相关程度。若只以一个变量来预测销量，则人口数更为合适。

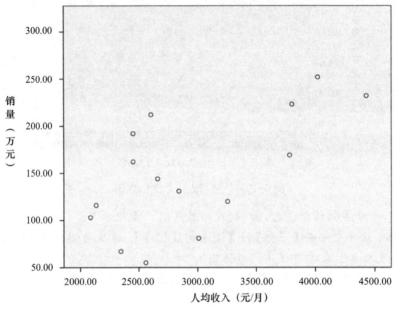

图 6-12　销量与人均收入的散点图

二、相关系数

相关系数是测定变量之间相关密切程度和相关方向的代表性指标。相关系数用符号"r"表示，其特点表现在：

（1）参与相关分析的两个变量是对等的，不分自变量和因变量。因此相关系数只有一个。

（2）相关系数用正负号反映相关关系的方向，正号表示正相关，负号表示负相关。

（3）计算相关系数的两个变量都是随机变量。

（一）相关系数的计算

相关系数的计算公式如下：

$$r = \frac{\sum(x-\bar{x})(y-\bar{y})}{\sqrt{\sum(x-\bar{x})^2 \sum(y-\bar{y})^2}} = \frac{n\sum xy - \sum x \sum y}{\sqrt{\left[n\sum x^2 - \left(\sum x\right)^2\right]\left[n\sum y^2 - \left(\sum y\right)^2\right]}} \qquad （6-1）$$

式中，r 表示样本的相关系数；x，y 表示两个变量。

（二）相关系数的性质

相关系数的性质总结如下：

（1）r 的取值在[-1，+1]。当$|r|$=1 时，x 与 y 变量呈完全线性相关，x 与 y 之间存在着确

定的函数关系；当$|r|=0$时，表明两个变量之间不存在线性相关关系；当$r>0$时，表示x与y呈正相关；当$r<0$时，表示x与y呈负相关。

（2）当$0<|r|<1$时，表示x与y存在着一定的线性相关。$|r|$的数值越大，越接近于1，表示x与y线性相关程度越高；反之，$|r|$数值越小，越接近于0，表示x与y线性相关程度越低。通常判断的标准是：$|r|<0.3$为微弱相关，$0.3\leqslant|r|<0.5$为低度相关，$0.5\leqslant|r|<0.8$为中度相关，$|r|\geqslant0.8$为高度相关。

例 6-3

试依据表6-1的数据计算导入案例中销量与人口数的相关系数。

解：将表6-1中销量与人口数的数据进行处理，见表6-2。

表 6-2　HY科技的15个市场数据处理

地　区	人口数x（万人）	销量y（万元）	x^2	y^2	xy
1	274	162	75 076	26 244	44 388
2	180	120	32 400	14 400	21 600
3	375	223	140 625	49 729	83 625
4	205	131	42 025	17 161	26 855
5	86	67	7 396	4 489	5 762
6	265	169	70 225	28 561	44 785
7	98	81	9 604	6 561	7 938
8	330	192	108 900	36 864	63 360
9	195	116	38 025	13 456	22 620
10	53	55	2 809	3 025	2 915
11	430	252	184 900	63 504	108 360
12	372	232	138 384	53 824	86 304
13	236	144	55 696	20 736	33 984
14	157	103	24 649	10 609	16 171
15	370	212	136 900	44 944	78 440
合　计	3 626	2 259	1 067 614	394 107	647 107

将表中合计数代入相关系数公式得

$$r=\frac{n\sum xy-\sum x\sum y}{\sqrt{\left[n\sum x^2-\left(\sum x\right)^2\right]\left[n\sum y^2-\left(\sum y\right)^2\right]}}$$
$$=\frac{15\times647\,107-3\,626\times2\,259}{\sqrt{[15\times1\,067\,614-3\,626^2][15\times394\,107-2\,259^2]}}$$
$$=0.995$$

课堂练习

试计算导入案例中销量与人均收入的相关系数。

统计学原理与实务

例6-4 相关系数分析在 Excel 软件中的实现

根据引导案例提供的数据，对销量与人口数、人均收入进行相关分析。

在 Excel 软件中进行操作的步骤如下：

（1）创建和图6-2一样的数据表格。

（2）点击【数据】→【分析】→【数据分析】，打开"数据分析"对话框，如图6-13所示。选择"相关系数"，点击【确定】，打开"相关系数"对话框。

（3）在"相关系数"对话框中，"输入区域"选中销量、人口数和人均收入的数据，"输出区域"选择分析结果输出的地方，这里选"F2"，如图6-14所示。单击【确定】，获得三个变量的相关系数，如图6-15所示。其中"列1""列2"和"列3"分别是"销量""人口数"和"人均收入"。

相关系数分析
（Excel）

图6-13 "数据分析"对话框

图6-14 "相关系数"对话框

图6-15 相关系数分析结果

（三）相关系数的检验

如前所述，总体相关系数 ρ 往往是未知的，通常是根据样本相关系数 r 作为总体相关系数 ρ 的近似估计值。但由于 r 是根据样本数据计算出来的，它受到抽样波动的影响。抽取的样本不同，r 的取值也就不同。因此，r 是一个随机变量。能否根据样本系数说明总体的相关程度呢？这就需要考察样本相关系数的可靠性，也就是进行显著性检验。

当 ρ 为绝对值较大的正值时，r 的抽样分布呈现左偏分布；当 ρ 为绝对值较大的负值时，r 呈现右偏分布；只有当 ρ 接近于0，而样本容量 n 很大时，才能认为 r 是接近于正态分布的随机变量。然而，在以样本相关系数 r 来估计总体相关系数 ρ 时，总是假设 r 为正态分布，但这一假设常常会带来一些严重的后果。因此，通常情况下对 r 不采用正态分布检验，而采用 R. A. Fisher 提出的 t 分布检验，该检验既可以用于小样本，也可以用于大样本检验。t 检验的具体步骤如下：

（1）提出假设 H_0：$\rho = 0$；H_1：$\rho \neq 0$。

（2）计算检验统计量：

$$t = |r| \sqrt{\frac{n-2}{1-r^2}} \sim t(n-2) \tag{6-2}$$

（3）进行决策。根据给定的显著性水平 α 和自由度 $df = n-2$，查 t 分布表，得到 $t_{\frac{\alpha}{2}}(n-2)$ 的临界值。若 $t > t_{\frac{\alpha}{2}}(n-2)$，则拒绝原假设 H_0，表明总体的两个变量之间存在显著的线性关系。

例 6-5

试以显著性水平 0.05，检验本章导入案例中销量与人口数相关系数的显著性。

解：

（1）提出假设 H_0：$\rho = 0$；H_1：$\rho \neq 0$。

（2）计算检验统计量：

$$\begin{aligned} t &= |r| \sqrt{\frac{n-2}{1-r^2}} \\ &= |0.995| \times \sqrt{\frac{15-2}{1-0.995^2}} \\ &= 35.920 \end{aligned}$$

（3）进行决策。根据给定的显著性水平 $\alpha = 0.05$ 和自由度 $df = 13$，查 t 分布表，得出 $t_{\frac{0.05}{2}}(13)$ 的临界值是 2.160。由于 $t = 35.920 > t_{\frac{\alpha}{2}}(n-2) = 2.160$，因此拒绝原假设 H_0，表明人口数和销量之间存在显著的线性关系。

课堂练习

试以显著性水平 0.05，检验导入案例中销量与人均收入相关系数的显著性。

需要说明的是，SPSS 中的相关系数检验结论是通过检验统计量的显著性概率 p 值来做出的。也就是说，如果 p 值小于给定的显著性水平 α，则应拒绝原假设 H_0，认为两变量之间线性关系显著。

例 6-6　相关系数分析在 SPSS 软件中的实现

根据引导案例提供的数据，对销量与人口数、人均收入进行相关分析。

在 SPSS 软件中进行操作的步骤如下：

（1）单击【分析】→【相关】→【双变量】，打开"双变量相关分

相关系数分析（SPSS）

析"对话框，如图 6-16 所示。

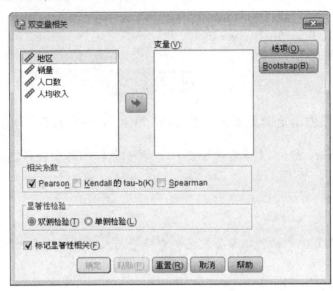

图 6-16 "双变量相关分析"对话框

（2）从左侧变量框将销量、人口数和人均收入选入"变量"窗口。

（3）在"相关系数"选项栏中选择"Pearson"相关系数。

（4）在"显著性检验"选项栏选择"双侧检验"。点击【确认】，提交运行。

（5）在结果输出窗口得到相关分析表，如表 6-3 所示。

表6-3 相关分析表

		销 量	人 口 数	人 均 收 入
销量	Pearson相关性	1	0.995**	0.639*
	显著性（双侧）		0.000	0.010
	N	15	15	15
人口数	Pearson相关性	0.995**	1	0.569*
	显著性（双侧）	0.000		0.027
	N	15	15	15
人均收入	Pearson相关性	0.639*	0.569*	1
	显著性（双侧）	0.010	0.027	
	N	15	15	15

注：**表示在 0.01 水平（双侧）上显著相关。

*表示在 0.05 水平（双侧）上显著相关。

表 6-3 是以交互表的形式表现相关分析的结果。首先观察对角线，销量与销量、人口数与人口数、人均收入与人均收入的 Pearson 相关系数都是 1。以对角线为界的上三角和下三角是完全对称的结果，所以只需要观察上三角或下三角数据即可。销量与人口数的 Pearson 相关系数为 0.995，显著性水平达到 0.01，表明两者高度正相关，且在总体中两个变量的相关关系也是显著的。相比较而言，销量与人均收入的 Pearson 相关系数为 0.639，达到 0.05 的显著性水平，表明两者中度正相关。这个结果和散点图分析的结果一致。

📝 **知识拓展**

在 SPSS 中，"双变量相关分析"对话框中的相关系数有三种：Pearson、Kendall 的 tau-b 和 Spearman。

- Pearson：皮尔逊相关系数，适合于正态分布的数值变量的测量。
- Kendall 的 tau-b：肯德尔 t-b 系数，又称等级相关系数，用于反映分类变量相关性的指标，适用于两个分类变量均为有序分类的情况。
- Spearman：斯皮尔曼相关系数，又称秩相关系数，是利用两变量的秩次大小做线性相关分析，对原始变量的分布不做要求，属于非参数统计方法，适用范围要广些。

第三节　一元线性回归分析

一、回归分析

通过相关分析，我们可以知道变量之间相关变动的方向、相关关系的表现形态和相关关系的密切程度。对于具有显著相关性的变量，我们还希望能够进行因果分析，明确自变量和因变量，探求自变量与因变量相关形态的数学模型，在变量的因果变化中，根据自变量的变化，预测或推断因变量的变化，为编制计划、进行预测和决策提供依据。在相关分析的基础上，探求表示变量之间相关关系的数学模型，对数学模型进行检验，并用于预测的内容，使其更具有实际应用价值和意义，这种统计分析方法称为回归分析。本节介绍有关线性回归分析的基本内容。

（一）回归分析的概念

"回归"一词最早是由英国生物学家 F. Galton 在研究人体身高的遗传问题时提出来的。Galton 研究发现，与父母的身高相比，子女的身高有向人体身高中心回归的特点。现代回归分析虽然沿用了"回归"一词，但是内容已有很大的变化。它是一种应用于许多领域的分析研究方法，在经济理论研究和实证研究中发挥着重要的作用。

回归分析是相关分析的深入，是在相关分析的基础上，进一步研究现象之间的数量依存关系。相关分析无法区分变量中的自变量和因变量，更无法根据某个变量的变化推算另一个变量的变化。通过相关分析，我们只可以了解现象之间相关的方向和关联的密切程度。而在相关分析的基础上，对具有显著相关性的变量之间的一般关系进行测定，明确自变量和因变量的数学表达式，以便于进行估计或预测，在现实的经济研究中更为重要。这种统计分析法称为回归分析。

根据自变量个数的多少，回归分析分为一元回归分析和多元回归分析。只有一个自变量的回归分析称为一元回归分析；有两个或两个以上自变量的回归分析则称为多元回归分析。

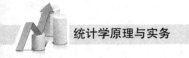

一元回归分析主要研究某一个重要的自变量对因变量的影响，并建立自变量对因变量的数学关系式；多元回归分析主要研究两个或两个以上的自变量对因变量的影响，建立多个自变量对因变量的数学关系式。回归分析建立的数学关系式也称为回归模型。

根据建立回归模型的函数形式，回归分析又分为线性回归分析和非线性回归分析。自变量和因变量具有线性相关关系时，建立的回归模型为线性数学表达式；自变量和因变量具有非线性相关关系时，建立的回归模型为非线性数学关系式。回归分析的原理既适合于一元回归和多元回归，也适合于线性回归和非线性回归。

（二）相关分析与回归分析的关系

相关分析与回归分析都是最常用的统计分析方法，两者之间既有联系，又有区别。相关分析研究的是客观现象之间是否相关，如果是，那它们是什么样的关系？关系的密切程度如何？在相关分析中，代表客观事物的变量之间是对等的，它们都是随机变量，不必明确哪个变量为主，哪个变量为辅，是哪个变量的变化引起其他变量变化。另外，如果用相关系数表明相关关系的密切程度，对两个变量而言，我们只能计算出一个相关系数。而在回归分析中，则必须根据经济理论知识和实践经验，在客观现象中明确主次关系，判断哪个变量是因，哪个变量是果，以原因变量为自变量，结果变量为因变量，建立回归方程。根据因果变量选取的不同，建立的回归方程也大不相同。因此，对两个变量而言，可以建立两个回归方程，分别从不同的角度表明现象之间的关系。因此，相关分析与回归分析的关系可以概括为以下两点：

（1）相关分析是基础，回归分析是在相关分析的基础之上，探求变量之间的数学模型，并且对数学模型的有效性进行统计检验。

（2）相关分析中的变量是对等的，没有主次之分；而回归分析中，必须明确自变量和因变量，变量之间是不对等的。两个变量之间的相关系数只有一个且仅限于两者之间，而回归方程可以有多个（多元回归）。

二、一元线性回归模型的估计和检验

（一）一元线性回归模型

1. 回归模型

当回归中只涉及一个自变量时称为一元回归，若因变量 y 与自变量 x 之间为线性关系则称为一元线性回归。一元线性回归模型可表示为

$$y = \beta_0 + \beta_1 x + \varepsilon \qquad (6-3)$$

其中，β_0 和 β_1 是模型的参数，ε 为误差项。$\beta_0 + \beta_1 x$ 反映了由于 x 的变化而引起的 y 的线性变化，ε 反映了除 x 和 y 的线性关系之外的随机因素对 y 的影响，是不能由 x 和 y 之间的线性关系所解释的变异性。

2. 假设条件

在对上述一元线性回归模型进行回归分析时，要求总体满足一定的假设条件：

（1）ε_i 是一个随机变量且服从正态分布，因为 y_i 是 x_i 的线性函数，所以 y_i 也是一个随机变量，同样服从正态分布。

（2）误差项 ε_i 的期望值为 0，即 $E(\varepsilon)=0$。这意味着在式（6-1）中，由于 β_0 和 β_1 都是常数，所以 $E(\beta_0)=\beta_0$，$E(\beta_1)=\beta_1$。因此对一个给定的 x 值 y 的期望值为 $E(y)=\beta_0+\beta_1 x$。这实际上表明假定模型的形式为一条直线。

（3）ε_i 的方差相等，即 $VAR(\varepsilon_i)=\sigma_{\varepsilon i}^2=\sigma^2$，这意味着对于任何一个特定的 x_i 值，y_i 的方差也都等于 σ^2。

（4）取不同的 x_i 得出的 ε_i 相互独立，即 $COV(\varepsilon_i,\ \varepsilon_j)=0$（$i\neq j$）。

上述假设（1）～（3）决定了 $\varepsilon_i \sim N(0,\ \sigma^2)$，同时也有 $y \sim N(\beta_0+\beta_1 x,\ \sigma^2)$。

应当指出，在现实生活中，由于各种原因，上述假定常常不能得到满足。那么学习以这些假定为基础的回归分析理论与方法是否会失去意义呢？当然不会。同其他一切科学研究一样，对相关现象的分析方法的研究，也可以从标准的理想状态出发，首先研究这一状态下的基本方法与规律，再以此为规范，进一步研究现实存在的非理想状态下可以采用的方法。

（二）一元线性回归方程

1．回归方程

根据回归模型中假定，ε 的期望值等于 0，因此 y 的期望值 $E(y)=\beta_0+\beta_1 x$。也就是说，y 的期望值是 x 的线性函数。描述 y 的期望值如何依赖于自变量 x 的方程，称为回归方程。一元线性回归方程的形式为

$$E(y)=\beta_0+\beta_1 x \tag{6-4}$$

一元线性回归方程在坐标轴上呈一条直线，因此也称为直线回归方程。其中 β_0 是回归直线在 y 轴上的截距，表示当 $x=0$ 时 y 的期望值；β_1 是直线的斜率，它表示当 x 每变动一个单位时，y 的平均变动值。

2．估计的回归方程

如果回归方程中的参数 β_0 和 β_1 已知，对于一个给定的 x 值，利用回归方程就能计算出 y 的期望值。但总体回归参数 β_0 和 β_1 是未知的，必须利用样本数据去估计它们。用样本统计量 $\hat{\beta}_0$ 和 $\hat{\beta}_1$ 代替回归方程中的未知参数 β_0 和 β_1，这时就得到了估计的回归方程：

$$\hat{y}=\hat{\beta}_0+\hat{\beta}_1 x \tag{6-5}$$

式中，$\hat{\beta}_0$ 是估计的回归直线在 y 轴上的截距；$\hat{\beta}_1$ 是直线的斜率，表示 x 每变动一个单位时，y 的平均变动值；$\hat{y}$ 是 y 的估计值。

（三）参数估计

回归分析的主要任务就是要建立能够近似地反映真实总体回归函数的样本回归函数。如图 6-17 所示，y 的实际观测值与 y 的估计值之差称为残差，通常用 e_i 来表示。而在根据样本资料确定样本回归方程时，一般总是希望 y 的估计值从整体来看尽可能接近其实际观测值。这就是说，残差 e_i 越小越好。可是，由于 e_i 有正有负，简单的代数和会相互抵消。因此为了便于处理，通常采用残差平方和 Σe_i^2 作为衡量总偏差的尺度，这正是最小二乘法的思路。最小二乘法是通过使残差平方和达到最小来估计回归系数的一种估计方法，即当 $\sum e_i^2 = \sum (y_i-\hat{y}_i)^2 =$

$\sum(y_i - \hat{\beta}_0 - \hat{\beta}_1 x_i)^2$ 最小时的 $\hat{\beta}_0$、$\hat{\beta}_1$ 是 β_0、β_1 的最佳估计量。

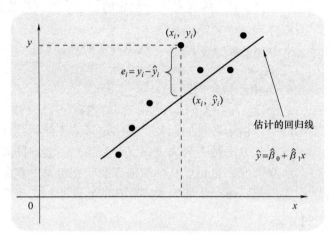

图 6-17　最小二乘法的示意图

📄 阅读材料

最小二乘法历史简介

1801 年，意大利天文学家朱赛普·皮亚齐发现了第一颗小行星谷神星。经过 40 天的跟踪观测后，由于谷神星运行至太阳背后，使得皮亚齐失去了谷神星的位置。随后全世界的科学家利用皮亚齐的观测数据开始寻找谷神星，但是根据大多数人计算的结果来寻找谷神星都没有结果。时年 24 岁的高斯也计算了谷神星的轨道。奥地利天文学家海因里希·奥尔伯斯根据高斯计算出来的轨道重新发现了谷神星。

高斯使用的最小二乘法的方法发表于 1809 年他的著作《天体运动论》中。而法国科学家勒让德于 1806 年独立发现"最小二乘法"，但因不为世人所知而默默无闻。两人曾为谁最早创立最小二乘法原理发生争执。

1829 年，高斯提供了最小二乘法的优化效果强于其他方法的证明，被称为高斯-马尔科夫定理。

根据微积分求极小值的原理，可知 $\sum e_i^2$ 存在极小值，同时欲使 $\sum e_i^2$ 达到最小，$\sum e_i^2$ 对 $\hat{\beta}_0$ 和 $\hat{\beta}_1$ 的偏导数必须等于 0。

设 $Q = \sum(y_i - \hat{\beta}_0 - \hat{\beta}_1 x_i)^2$，对 $\hat{\beta}_0$ 和 $\hat{\beta}_1$ 求偏导，并令其等于 0，可得

$$\begin{cases} \dfrac{\partial Q}{\partial \hat{\beta}_0} = -2\sum(y_i - \hat{\beta}_0 - \hat{\beta}_1 x_i) = 0 \\ \dfrac{\partial Q}{\partial \hat{\beta}_1} = -2\sum x_i(y_i - \hat{\beta}_0 - \hat{\beta}_1 x_i) = 0 \end{cases} \qquad (6\text{-}6)$$

解上述方程组可得

$$
\begin{cases}
\hat{\beta}_1 = \dfrac{\sum(x-\bar{x})(y-\bar{y})}{\sum(x-\bar{x})^2} = \dfrac{n\sum xy - \sum x \sum y}{n\sum x^2 - \left(\sum x\right)^2} \\[3mm]
\hat{\beta}_0 = \bar{y} - \hat{\beta}_1 \bar{x}
\end{cases}
\tag{6-7}
$$

由上式可知，当 $x=\bar{x}$ 时，$\hat{y}=\bar{y}$，即回归直线 $\hat{y}=\hat{\beta}_0+\hat{\beta}_1 x$ 通过点（$\bar{x}$，$\bar{y}$）。这是回归直线的重要特征之一，它对于回归直线的分析很有帮助。

例 6-7

试计算本章导入案例中人口数对销量的一元线性回归方程。

解：将表 6-2 的计算结果代入式（6-7）得

$$
\begin{cases}
\hat{\beta}_1 = \dfrac{n\sum xy - \sum x \sum y}{n\sum x^2 - \left(\sum x\right)^2} = \dfrac{15 \times 647\,107 - 3\,626 \times 2\,259}{15 \times 1\,067\,614 - 3\,626^2} = 0.529 \\[3mm]
\hat{\beta}_0 = \bar{y} - \hat{\beta}_1 \bar{x} = \dfrac{2\,259}{15} - 0.529 \times \dfrac{3\,626}{15} = 22.792
\end{cases}
$$

因此人口数对销量的一元线性回归方程为

$$
\hat{y}（销量）= 22.792 + 0.529x（人口数）
$$

⊿ 课堂练习

试计算本章导入案例中人均收入对销量的一元线性回归方程。

（四）一元线性回归模型的检验

在前面的讨论中，我们根据样本数据得出了估计的回归方程，它是否真实反映了自变量和因变量之间的关系，则需要通过检验后才能够证实。

1．拟合优度检验

回归直线 $\hat{y}=\hat{\beta}_0+\hat{\beta}_1 x$ 可用来估计或预测因变量 y 的取值。但估计或预测的精度如何，将取决于回归直线对观测数据的拟合程度。可以想象，如果各观测数据的散点都落在这一直线上，那么这条直线就是对数据的完全拟合，该直线充分代表了各个数据观测点，此时用 x 来估计 y 是没有误差的。各观测点越是紧密围绕直线，说明直线对观测数据的拟合程度越好，反之则越差。回归直线与各观测点的接近程度称为回归直线对数据的拟合优度（Goodness of Fit）。为说明直线的拟合优度，我们需要计算判定系数和估计标准误差。

（1）判定系数。判定系数是对估计的回归方程拟合优度的度量。为说明其含义，我们需要对因变量 y 的取值的变差进行研究。

不同观测点对应的因变量 y 的取值是不同的，y 取值的这种变动称为变差。变差的产生来源于两个方面：一是由于自变量 x 的取值不同造成的，二是除 x 以外的其他因素（如 x 对 y 的非线性影响、测量误差等）的影响。对一个具体的观测点来说，变差的大小可以用实际观测值 y 与其均值 $\bar{y}$ 之差（$y-\bar{y}$）来表示，如图 6-18 所示。n 次观测值的总变差

可由这些变差的平方和来表示，称为总平方和（Total Sum of Squares），记为 SST，即 SST = $\sum (y_i - \overline{y})^2$。

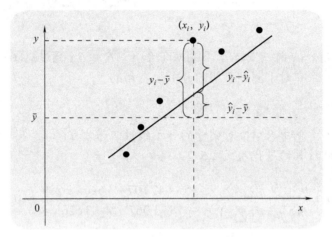

图 6-18 变差分解图

从图 6-18 中可以看出，每个观测点的变差都可分解为

$$y_i - \overline{y} = (y_i - \hat{y}_i) + (\hat{y}_i - \overline{y}) \tag{6-8}$$

将上式两边平方，并对全部的 n 个点求和，得

$$\sum (y_i - \overline{y})^2 = \sum (y_i - \hat{y}_i)^2 + \sum (\hat{y}_i - \overline{y})^2 + 2\sum (y_i - \hat{y}_i)(\hat{y}_i - \overline{y}) \tag{6-9}$$

可以证明 $\sum (y_i - \hat{y}_i)(\hat{y}_i - \overline{y}) = 0$，因此可得

$$\sum (y_i - \overline{y})^2 = \sum (y_i - \hat{y}_i)^2 + \sum (\hat{y}_i - \overline{y})^2 \tag{6-10}$$

所以总平方和 SST 可分解为回归平方和与残差平方和两部分：一部分是 $\sum (\hat{y}_i - \overline{y})^2$ 是回归值 $\hat{y}_i$ 与均值 $\overline{y}$ 的变差平方和。根据估计的回归方程，估计值 $\hat{y}_i = \hat{\beta}_0 + \hat{\beta}_1 x_i$，因此我们可以把 $(\hat{y}_i - \overline{y})$ 看作是由自变量 x 的变化引起的 y 的变化，而其平方和 $\sum (\hat{y}_i - \overline{y})^2$ 则反映了 y 的总变差中由于 x 与 y 之间线性关系引起的 y 的变化部分，它是可以由回归直线来解释的 y_i 的变差部分，称为回归平方和（Sum Square of Regression），记为 SSR。另一部分 $\sum (y_i - \hat{y}_i)^2$ 是各实际观测值与回归值的残差 $(y_i - \hat{y}_i)$ 平方和，它反映的是除了 x 对 y 的线性影响之外的其他因素对 y 变差的作用，是不能由回归直线来解释的 y_i 的变差部分，称为残差平方和或误差平方和（Sum Square of Error），记为 SSE。这三个平方和的关系为

　　　　总平方和（SST）= 回归平方和（SSR）+ 残差平方和（SSE）　　　（6-11）

从图 6-18 中可以直观地看出，回归直线拟合的好坏取决于 SSR 及 SSE 的大小，或者说取决于回归平方和 SSR 占总平方和 SST 的比例大小。各观测点越靠近直线，SSR/SST 越大，表示直线拟合得越好。因此，回归平方和占总平方和的比例，被称为判定系数，记为 R^2。

$$R^2 = \frac{\text{SSR}}{\text{SST}} = \frac{\sum(\hat{y}_i - \overline{y})^2}{\sum(y_i - \overline{y})^2} \qquad (6-12)$$

判定系数 R^2 测度了回归直线对观测数据的拟合程度。若所有观测点都落在直线上，那么残差平方和 SSE = 0，$R^2 = 1$，拟合是完全的；如果 y 的变化与 x 无关，那么 x 完全无助于解释 y 的变差，此时 SSR = 0，$R^2 = 0$。可见，R^2 的取值范围是 $[0, 1]$。R^2 越接近 1，表明回归平方和占总平方和的比例越大，回归直线与各观测点越接近，可用 x 的变化来解释 y 的变差的部分就越多，回归直线的拟合程度就越好；反之，R^2 越接近 0，回归直线的拟合程度就越差。

前文提到，相关系数 r 也是反映两个变量之间线性密切程度的重要指标。可以证明，相关系数 r 和判定系数 R^2 的关系为

$$R^2 = r^2 \qquad (6-13)$$

在引导案例中，人口数与销量的相关系数是 0.995 492，可以计算出人口数对销量的回归模型的判定系数约为 0.991。

（2）估计标准误差。如前所述，判定系数可以用于度量回归直线的拟合程度，相关系数也可以起到类似的作用，而残差平方和则可以说明实际观测值与回归估计值之间的差异程度。而对于一个变量的诸多观测值，还可以用标准差来测度各观测值在其平均数周围的分散程度。与之类似的一个量可以用来测量各实际观测点在直线周围的分布状况，这个量就是估计标准误差（Standard Error of Estimate），也称为估计量的标准差或标准误差，或简称为标准误，用 s_e 来表示。估计标准误差（s_e）是均方残差（Mean Squared Error，MSE）的平方根。

估计标准误差是对各观测点在直线周围分散程度的一个度量值，它是对误差项 ε 的标准差的估计。其计算公式为

$$s_e = \sqrt{\frac{\sum(y_i - \hat{y}_i)^2}{n - k - 1}} = \sqrt{\frac{\text{SSE}}{n - 2}} = \sqrt{\text{MSE}} \qquad (6-14)$$

式中，k 为自变量的个数，一元回归分析中，k 为 1。均方残差（MSE）等于残差平方和（SSE）除以其自由度（$n-2$）。估计标准误差是均方残差（MSE）的平方根。

估计标准误差 s_e 可以看作是在排除了 x 对 y 的线性影响后，y 随机波动程度的一个估计量。从估计标准误差的实际意义看，它反映了用估计的回归方程预测因变量 y 时的预测误差大小。若各观测点越靠近直线，那么 s_e 就越小，回归直线对各观测点的代表性就越好，而根据估计的回归方程进行的预测也就越准确。

2. 回归直线的显著性检验

回归分析的主要目的是根据所建立的估计方程，用自变量 x 来估计或预测因变量 y 的取值。我们在建立了估计方程后，还不能马上进行估计或预测，因为该估计方程是根据样本数据得出的。它是否真实地反映了变量 x 和 y 之间的关系，还需要通过检验才能证实。

如前所述，在根据样本拟合回归方程时，我们实际上已经假定变量 x 与 y 之间存在线性

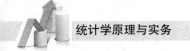

关系，即 $y = \beta_0 + \beta_1 x + \varepsilon$，并假定误差项 ε 是一个服从正态分布的随机变量，并且对不同的 x 具有相同的方差。这些假设是否成立，都需通过检验才能证实。

回归分析中的显著性检验主要包括两个方面的内容：①线性关系的显著性检验；②回归系数的显著性检验。

线性关系的显著性检验是检验自变量 x 和因变量 y 之间的线性关系是否显著，即它们之间能否用一个线性模型 $y = \beta_0 + \beta_1 x + \varepsilon$ 来表示。为检验线性关系是否显著，则需要构造一个用于检验的统计量，该统计量的构造是以回归平方和（SSR）以及残差平方和（SSE）为基础的。SSR 除以其自由度（自变量的个数 k，一元线性回归中自由度为 1）后的结果称为均方回归，记为 MSR；SSE 除以其自由度 $(n-k-1)$，一元线性回归中自由度为 $(n-2)$，得到的结果称为均方残差，记为 MSE。如果原假设成立（H_0：$\beta_1 = 0$，两个变量之间的线性关系不显著），则比值 MSR/MSE 的抽样分布服从分子自由度为 1、分母自由度为 $n-k-1$ 的 F 分布，即

$$F = \frac{\text{SSR}/1}{\text{SSE}/(n-k-1)} = \frac{\text{MSR}}{\text{MSE}} \sim F(1,\ n-k-1) \qquad (6\text{-}15)$$

因此，当原假设（H_0：$\beta_1 = 0$）成立时，MSR/MSE 的值应接近 1；而当原假设不成立且两个变量完全相关时，MSR/MSE 的值将变得无穷大。因此，较大的 MSR/MSE 将导致拒绝原假设，此时可以断定变量 x 与 y 之间存在着显著的线性关系。线性关系检验的具体步骤如下：

（1）提出假设。

H_0：$\beta_1 = 0$，即两个变量之间的线性关系不显著。

（2）根据式（6-11）计算检验统计量 F。

（3）做出决策。确定显著性水平 α，并根据分子自由度 $df_1 = 1$ 和分母自由度 $df_2 = n-2$ 查 F 分布表，找到相应临界值 F_α。若 $F > F_\alpha$，则拒绝 H_0，表明两个变量之间的线性关系是显著的；若 $F < F_\alpha$，则不拒绝 H_0，即没有证据表明两个变量之间的线性关系是显著的。

3．回归系数的显著性检验

回归系数的显著性检验是要检验自变量对因变量的影响是否显著的问题。在一元线性回归模型 $y = \beta_0 + \beta_1 x + \varepsilon$ 中，如果回归系数 $\beta_1 = 0$，那么回归线是一条水平线，表明因变量 y 的取值不依赖于自变量 x，即两个变量之间没有线性关系；但如果回归系数 $\beta_1 \neq 0$，我们也不能肯定得出两个变量之间存在着线性关系的结论，此时要看这种关系是否具有统计意义上的显著性。回归系数的显著性检验就是检验系数 β_1 是否等于 0。若想检验原假设（H_0：$\beta_1 = 0$）是否成立，则需要构造用于检验的统计量。为此，就需要研究回归系数 β_1 的抽样分布。

估计的回归方程 $\hat{y}_i = \hat{\beta}_0 + \hat{\beta}_1 x$ 是根据样本数据计算的，在抽取不同的样本时，会得出不同的估计方程。实际上 $\hat{\beta}_0$ 和 $\hat{\beta}_1$ 都是根据最小二乘法得到的用于估计参数 β_0 和 β_1 的统计量，它们都是随机变量，也都有自己的分布。根据检验的需要，在此只讨论 $\hat{\beta}_1$ 的分布。统计证明，$\hat{\beta}_1$ 服从于正态分布，其数学期望为 $E(\hat{\beta}_1) = \beta_1$，标准差为

$$\sigma_{\hat{\beta}_1} = \frac{\sigma}{\sqrt{\sum x_i^2 - \frac{1}{n}\left(\sum x_i\right)^2}} \qquad (6\text{-}16)$$

式中，σ 为误差项 ε 的标准差。

由于 σ 未知，将 σ 的估计值 s_e 代入上式，就可得到 $\sigma_{\hat\beta_1}$ 的估计量，即 $\hat\beta_1$ 的估计标准差为

$$s_{\hat\beta_1} = \frac{s_e}{\sqrt{\sum x_i^2 - \frac{1}{n}\left(\sum x_i\right)^2}} \tag{6-17}$$

据此，就可以构造出用于检验回归系数 $\hat\beta_1$ 的统计量 t，其表达式为

$$t = \frac{\hat\beta_1 - \beta_1}{s_{\hat\beta_1}} \tag{6-18}$$

该统计量服从自由度为 $n-2$ 的 t 分布。如果原假设成立，则 $\beta_1 = 0$，检验的统计量为

$$t = \frac{\hat\beta_1}{s_{\hat\beta_1}} \sim t(n-2) \tag{6-19}$$

回归系数显著性检验的具体步骤如下：

（1）提出假设。

H_0：$\beta_1 = 0$；H_1：$\beta_1 \neq 0$。

（2）计算检验统计量 $t = \dfrac{\hat\beta_1}{s_{\hat\beta_1}}$。

（3）做出决策。确定显著性水平 α，并根据自由度 $df = n-2$ 查 t 分布表，找到相应临界值 $t_{\frac{\alpha}{2}}$。若 $|t| > t_{\frac{\alpha}{2}}$，拒绝 H_0，回归系数等于 0 的可能性小于 α，表明自变量 x 对因变量 y 的影响是显著的，也就是两个变量之间存在着显著的线性关系；若 $|t| < t_{\frac{\alpha}{2}}$，则不拒绝 H_0，即没有证据表明 x 对 y 的影响是显著的，或者说，两者之间尚不存在显著的线性关系。

4. 残差的独立性检验

在回归分析的假设条件中，有一个假设是无自相关假设，即要求 ε 的每一个值都是相互独立的，否则回归模型进行的估计或预测就会失效。残差的独立性检验就是检验模型是否存在自相关。残差的独立性检验需要计算德宾-沃森（Durbin-Watson，DW）统计量，通过 DW 统计量的取值来进行判断。

$$DW = \frac{\sum(e_i - e_{i-1})^2}{\sum e_i^2} \tag{6-20}$$

式中，e_i 为残差，满足 $e_i = y_i - \hat{y}_i$。DW 的取值范围在 0～4 之间，当 DW = 2 时，无自相关。根据经验 DW 统计量在 1.5～2.5 的时候可以认为不存在显著的自相关问题，即残差是相互独立的。但这一经验做法不是很严格，更谨慎的做法是查 DW 统计量临界值表来判断是否自相关。

📖 知识拓展

一元线性回归估计与检验计算过程：

（1）参数的估计：$\begin{cases} \hat{\beta}_1 = \dfrac{\sum(x-\overline{x})(y-\overline{y})}{\sum(x-\overline{x})^2} = \dfrac{n\sum xy - \sum x\sum y}{n\sum x^2 - (\sum x)^2} \\ \hat{\beta}_0 = \overline{y} - \hat{\beta}_1\overline{x} \end{cases}$。

（2）判定系数：$R^2 = \dfrac{\text{SSR}}{\text{SST}} = \dfrac{\sum(\hat{y}_i - \overline{y})^2}{\sum(y_i - \overline{y})^2}$。

（3）F 检验：$F = \dfrac{\text{SSR}/1}{\text{SSE}/(n-2)} = \dfrac{\text{MSR}}{\text{MSE}} \sim F(1,\ n-2)$。

（4）t 检验：$t = \dfrac{\hat{\beta}_1}{s_{\hat{\beta}_1}} \sim t(n-2)$。

（5）残差检验：$\text{DW} = \dfrac{\sum(e_i - e_{i-1})^2}{\sum e_i^2}$。

三、利用回归方程进行估计和预测

在对线性回归模型检验其显著性之后，如果所拟合的样本回归方程通过了检验，就可以利用该模型进行预测。如果自变量 x 取一个特定值 x_0 时，代入 $\hat{y}_0 = \hat{\beta}_0 + \hat{\beta}_1 x_0$，求出一个预测值 $\hat{y}_0$，就是点估计。由于点估计的结果往往与实际结果有偏差，所以通常用区间来估计因变量值的可能范围。估计区间有两种类型：均值的置信区间和个别值的预测区间。

（一）均值的置信区间

利用样本的回归方程，对于 x 一个特定的值 x_0，求出 y 均值的一个估计值区间即为区间估计。对于一个给定的 x_0，$E(y_0)$ 为给定自变量 x_0 时因变量 y 的期望值即均值。一般来说不能期望点估计值 $\hat{y}_0$ 精确地等于 $E(y_0)$，因此要用 $\hat{y}_0$ 推断 $E(y_0)$ 的区间。根据参数估计的原理，y 的均值的置信区间等于点估计值±估计误差，即 $\hat{y}_0 \pm E$。E 是由所要求的置信水平的分位数值和点估计量 $\hat{y}_0$ 的标准误差构成的。用 $s_{\hat{y}_0}$ 表示 $\hat{y}_0$ 的标准误差的估计值，统计证明可得

$$s_{\hat{y}_0} = s_e \sqrt{\frac{1}{n} + \frac{(x_0 - \overline{x})^2}{\sum(x-\overline{x})^2}} \tag{6-21}$$

因此，对于给定的 x_0，均值 $E(y_0)$ 在 $1-\alpha$ 置信水平下的置信区间为

$$\left[\hat{y}_0 - t_{\frac{\alpha}{2}} s_{\hat{y}_0},\ \hat{y}_0 + t_{\frac{\alpha}{2}} s_{\hat{y}_0} \right] \tag{6-22}$$

当 $x_0 = \overline{x}$ 时，$\hat{y}_0$ 的标准误差的估计值最小，此时有 $s_{\hat{y}_0} = s_e \sqrt{\dfrac{1}{n}}$。也就是说，当 $x_0 = \overline{x}$ 时，估计是最准确的。x_0 偏离 $\overline{x}$ 越远，y 的均值的置信区间就越宽，估计的效果也就越差。

（二）个别值的预测区间

个别值的预测区间是对 x 的一个给定值 x_0，求出对应 y 的个别值的估计区间。与置信区间类似，y 的个别值的预测区间等于点估计±估计误差，即 $\hat{y}_0 \pm E$。E 是由所要求的置信水平的分位数值和点估计量 $\hat{y}_0$ 的标准误差构成的。用 s_{ind} 表示估计 y 的个别值时 $\hat{y}_0$ 的标准误差的估计量。统计证明，s_{ind} 的计算公式为

$$s_{\text{ind}} = s_{\text{e}} \sqrt{1 + \frac{1}{n} + \frac{(x_0 - \overline{x})^2}{\sum (x - \overline{x})^2}} \tag{6-23}$$

对于给定的 x_0，y 的个别值 y_0 在 $1-\alpha$ 置信水平的预测区间为

$$\left[\hat{y}_0 - t_{\frac{\alpha}{2}} s_{\text{e}} \sqrt{1 + \frac{1}{n} + \frac{(x_0 - \overline{x})^2}{\sum (x - \overline{x})^2}}, \ \hat{y}_0 + t_{\frac{\alpha}{2}} s_{\text{e}} \sqrt{1 + \frac{1}{n} + \frac{(x_0 - \overline{x})^2}{\sum (x - \overline{x})^2}} \right] \tag{6-24}$$

与均值的置信区间相比，个别值的预测区间公式的根号里多了一个"1"。因此，即使是对于同一个 x_0，这两个区间的宽度也是不一样的，个别值的预测区间要比均值的置信区间宽一些。

例 6-8 利用 Excel 软件进行一元线性回归分析

在引入案例中，通过散点图和相关系数的分析得知，相对于人均收入，人口数与销量的关系更为密切。请以销量为因变量，人口数为自变量，做一元线性回归分析。

在 Excel 中进行操作的步骤如下：

（1）创建和图 6-2 一样的数据表格。

（2）选择【数据】→【分析】→【数据分析】选项，打开"数据分析"对话框，然后选择"回归"选项，打开"回归"对话框，如图 6-19 所示。

一元线性回归分析（Excel）

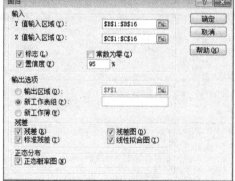

图 6-19 "回归"对话框

（3）在"回归"对话框中，"Y 值输入区域"选择销量，"X 值输入区域"选择人口数。如果"Y 值输入区域"和"X 值输入区域"在选择数据时选择了标志名称"销量"和"人口数"，则勾选"标志"选项。选中"置信度"后，Excel 会输出置信区间的信息，系统默认置信度即置信水平为 95%。输出选项选择"新工作表组"。在"残差"中，选中"残差""标准

残差”“残差图”和“线性拟合图”，Excel 会输出残差值、标准残差值、残差散点图和线性拟合图。

（4）在“回归”对话框中，单击【确定】，Excel 在新建工作表中输出回归分析结果，如图 6-20 所示。

	A	B	C	D	E	F	G	H	I
1	SUMMARY OUTPUT								
2									
3	回归统计								
4	Multiple	0.995492							
5	R Square	0.991004							
6	Adjusted	0.990312							
7	标准误差	6.107255							
8	观测值	15							
9									
10	方差分析								
11		df	SS	MS	F	Significance F			
12	回归分析	1	53416.72	53416.72	1432.139	1.09533E-14			
13	残差	13	484.8814	37.29857					
14	总计	14	53901.6						
15									
16		Coefficien	标准误差	t Stat	P-value	Lower 95%	Upper 95%	下限 95.0%	上限 95.0%
17	Intercept	22.7922	3.727261	6.114998	3.69E-05	14.73993738	30.84445	14.7399374	30.84445
18	人口数	0.528714	0.013971	37.84361	1.1E-14	0.498531463	0.558897	0.49853146	0.558897

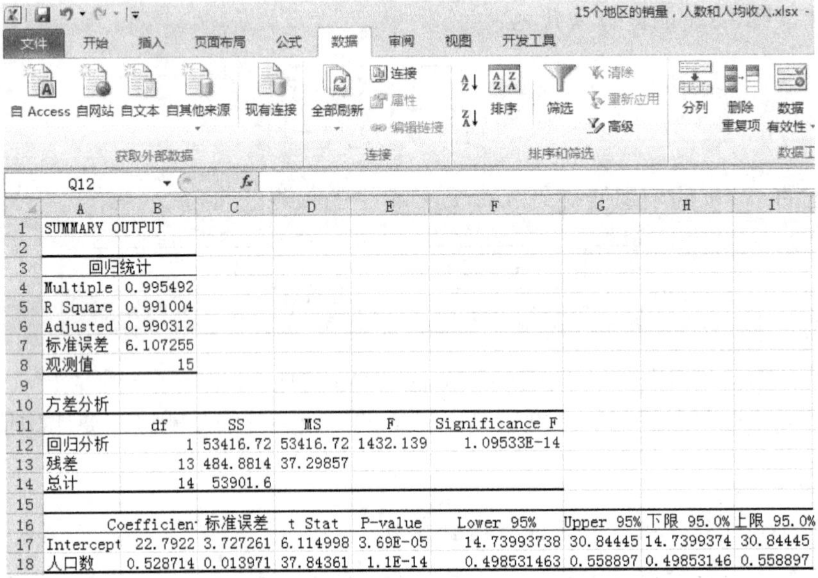

图 6-20　一元线性回归分析汇总结果

从图 6-20 显示的回归分析汇总结果可以看出，R^2 为 0.991。调整的 R^2 为 0.990。方差分析显示，回归系数显著，人口数的回归系数为 0.529，0.001 水平下显著。图 6-21 给出了销量的预测值、残差和标准化残差的结果与销量的百分比排位。图 6-22 给出的则分别是回归的残差图、线性拟合图和正态概率图。

	A	B	C	D	E	F	G
22	RESIDUAL OUTPUT					PROBABILITY OUTPUT	
23							
24	观测值	预测 销量	残差	标准残差		百分比排位	销量
25	1	167.6598	-5.65984	-0.96172		3.333333333	55
26	2	117.9607	2.039279	0.346516		10	67
27	3	221.06	1.940044	0.329654		16.66666667	81
28	4	131.1786	-0.17857	-0.03034		23.33333333	103
29	5	68.2616	-1.2616	-0.21437		30	116
30	6	162.9014	6.098587	1.036276		36.66666667	120
31	7	74.60617	6.39383	1.086444		43.33333333	131
32	8	197.2678	-5.26783	-0.89511		50	144
33	9	125.8914	-9.89143	-1.68076		56.66666667	162
34	10	50.81404	4.185961	0.711281		63.33333333	169
35	11	250.1392	1.860772	0.316184		70	192
36	12	219.4738	12.52619	2.128458		76.66666667	212
37	13	147.5687	-3.56871	-0.6064		83.33333333	223
38	14	105.8003	-2.8003	-0.47583		90	232
39	15	218.4164	-6.41639	-1.09028		96.66666667	252

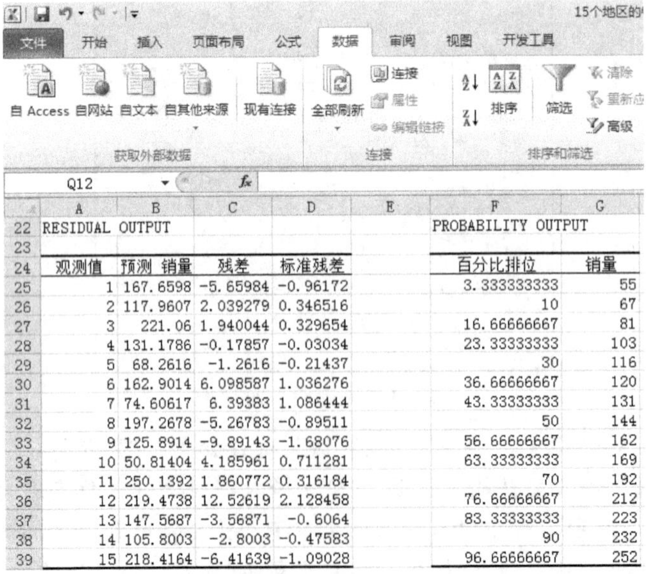

图 6-21　预测值、残差输出和销量的百分比排位

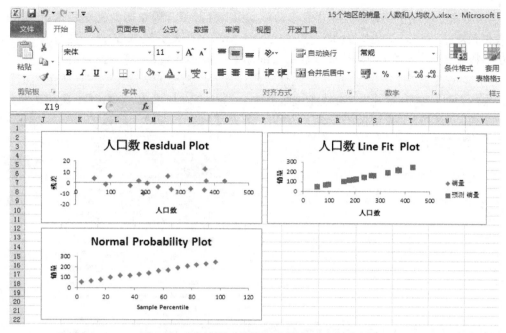

图 6-22　残差图、线性拟合图和正态概率图

例 6-9　**利用 SPSS 软件进行一元线性回归分析**

请以销量为因变量，人口数为自变量，做一元线性回归分析。

在 SPSS 中进行操作的步骤如下：

（1）单击【分析】→【回归】→【线性】，打开"线性回归"对话框。

（2）从左侧源变量框中，将销量选入"因变量"框，人口数选入"自变量"框，如图 6-23 所示。

一元线性回归
分析（SPSS）

（3）单击【统计量】按钮，打开"线性回归：统计量"对话框，如图 6-24 所示。勾选"估计""模型拟合度""Durbin-Watson"选项。单击【继续】返回"线性回归"对话框。

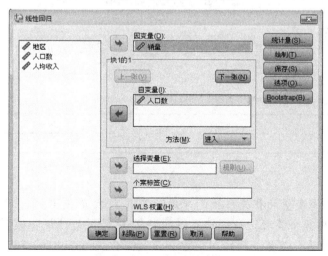

图 6-23　"线性回归"对话框

图 6-24　"线性回归：统计量"对话框

（4）单击【绘制】按钮，打开"线性回归：图"对话框。从左侧源变量框选择"ZPRED"（标准化预测值）进入 X 栏，选择"ZRESID"（标准化残差）进入 Y 栏，再勾选"直方图"和"正态概率图"，如图 6-25 所示。单击【继续】返回"线性回归"对话框。

（5）单击【保存】按钮，打开"线性回归：保存"对话框，如图 6-26 所示。在预测值选项栏中，勾选"未标准化"。在残差选项栏中，勾选"未标准化"。在预测区间选项栏中，勾选"均值""单值"，置信区间设定为 95%。单击【继续】返回"线性回归"对话框。单击【确定】，提交运行。

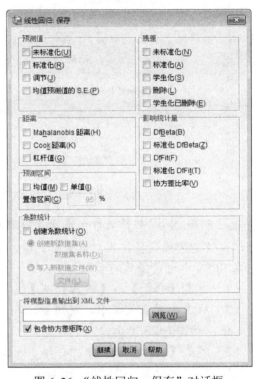

图 6-25 "线性回归：图"对话框　　　　图 6-26 "线性回归：保存"对话框

（6）在结果输出窗口得到如下统计图表。

表 6-4 报告了本次回归共形成一个模型，自变量是人口数，因变量是销量，采用的回归方法是强行进入法。

表 6-4 输入或移去的变量[a]

模　型	输入的变量	移去的变量	方　法
1	人口数[b]		输入

a. 因变量：销量。

b. 已输入所有请求的变量。

表 6-5 报告了回归模型的自变量和因变量的相关系数是 0.995，判定系数 R^2 是 0.991。由于判定系数 R^2 受个案数的影响较大，根据个案数进行调整后得到调整 R^2 能更好地说明模型的拟合优度。表中，调整 R^2 为 0.990，说明自变量能解释因变量 99%的变化。DW 值为 1.787，说明随机误差项不存在自相关问题。

表 6-5　回归模型的概要 [a]

模　型	R	R^2	调整 R^2	估计的标准误差	Durbin-Watson
1	0.995 [a]	0.991	0.990	6.107	1.787

a. 预测变量（常量）：人口数。

b. 因变量：销量。

表 6-6 报告了回归模型的方差分析及 F 检验的结果。F 值为 1 432.139，显著性水平（Sig.）等于 0.000，小于 0.05，拒绝原假设，认为因变量和自变量之间存在显著的线性关系。

表 6-6　方差分析表 [a]

模　型		平 方 和	df	均　方	F	Sig.
1	回归	53 416.719	1	53 416.719	1 432.139	0.000 [b]
	残差	484.881	13	37.299		
	总计	53 901.600	14			

a. 因变量：销量。

b. 预测变量（常量）：人口数。

表 6-7 报告了回归系数及 t 检验结果。回归方程的常数项即截距为 22.792，t 值为 6.115，显著水平为 0.000，小于 0.05；回归方程的斜率为 0.529，t 值为 37.844，显著水平为 0.000，小于 0.05，因此拒绝原假设，认为自变量对因变量的影响是显著的。由此可得到回归方程：

$$\hat{y}（销量）= 22.792 + 0.529x（人口数）$$

回归系数 0.529 的含义是，人口数每增加 1 万人，销量增加 0.529 万元。标准回归系数，是指消除了因变量和自变量所取单位的影响之后的回归系数，其绝对值的大小直接反映了自变量对因变量的影响程度。

表 6-7　回归系数表 [a]

模　型		非标准化系数		标准系数	t	Sig.
		β	标准误差	β		
1	（常量）	22.792	3.727		6.115	0.000
	人口数	0.529	0.014	0.995	37.844	0.000

a. 因变量：销量。

表 6-8 报告了预测值、残差、标准化预测值和标准化残差的概况。残差的均值为 0，说明满足回归模型残差为 0 的假设。

表 6-8　残差统计量 [a]

	极 小 值	极 大 值	均　值	标准偏差	N
预测值	50.814	250.139	150.600	61.770	15
残差	−9.891	12.526	0.000	5.885	15
标准预测值	−1.615	1.611	0.000	1.000	15
标准残差	−1.620	2.051	0.000	0.964	15

a. 因变量：销量。

图 6-27、图 6-28 用于检验残差分布的正态性。如果残差呈正态分布，则标准化残差直方图会呈现中间高、两边低的正态分布，回归标准化残差的 P-P（Probability Plot）图的点会沿着 45° 对角线分布。从图 6-27、图 6-28 可以看出，残差服从正态分布。

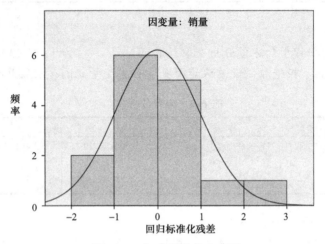

图 6-27　标准化残差直方图

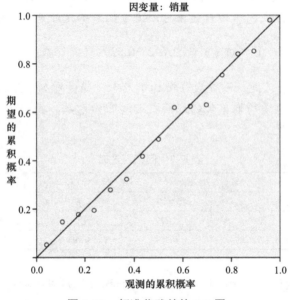

图 6-28　标准化残差的 P-P 图

图 6-29 用于检验残差分布的方差齐性。如果残差分布具有方差齐性，则图中的散点应该是在自原点出发的横线上下一定范围内随机分布的。从图 6-29 可以看出，残差基本满足方差齐性的假设。

如图 6-30 所示，在数据窗口可以看到新生成的六个变量。"PRE_1""RES_1"表示回归方程未标准化的预测值和残差，"LMCI_1""UMCI_1"表示均值的置信区间的上限和下限；"LICI_1""UICI_1"表示个别值的预测区间的上限和下限。图 6-31 能更直观地看出两种估计区间的差别：实线是拟合直线，虚线是均值的置信区间，点画线是个别值的预测区间。

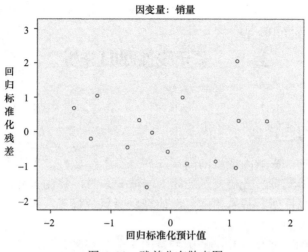

图 6-29 残差分布散点图

	地区	销量	人口数	人均收入	PRE_1	RES_1	LMCI_1	UMCI_1	LICI_1	UICI_1
1	1.00	162.00	274.00	2450.00	167.65984	-5.65984	164.11671	171.20297	153.99846	181.32122
2	2.00	120.00	180.00	3254.00	117.96072	2.03928	114.07780	121.84364	104.20730	131.71414
3	3.00	223.00	375.00	3802.00	221.05996	1.94004	215.78886	226.33105	206.85207	235.26784
4	4.00	131.00	205.00	2838.00	131.17857	-.17857	127.59604	134.76110	117.50692	144.85023
5	5.00	67.00	86.00	2347.00	68.26160	-1.26160	62.45649	74.06672	53.84706	82.67614
6	6.00	169.00	265.00	3782.00	162.90141	6.09859	159.42313	166.37970	149.25671	176.54612
7	7.00	81.00	98.00	3008.00	74.60617	6.39383	69.09023	80.12211	60.30564	88.90670
8	8.00	192.00	330.00	2450.00	197.26783	-5.26783	192.94315	201.59250	183.38321	211.15244
9	9.00	116.00	195.00	2137.00	125.89143	-9.89143	122.20430	129.57856	112.19200	139.59087
10	10.00	55.00	53.00	2560.00	50.81404	4.18596	44.17665	57.45143	36.04466	65.58342
11	11.00	252.00	430.00	4020.00	250.13923	1.86077	243.51392	256.76453	235.37528	264.90318
12	12.00	232.00	372.00	4427.00	219.47381	12.52619	214.27149	224.67614	205.29130	233.65633
13	13.00	144.00	236.00	2660.00	147.56871	-3.56871	144.15766	150.97975	133.94098	161.19643
14	14.00	103.00	157.00	2088.00	105.80030	-2.80030	101.54049	110.06011	91.93575	119.66484
15	15.00	212.00	370.00	2605.00	218.41639	-6.41639	213.25953	223.57324	204.25048	232.58229

图 6-30 回归分析保存的变量

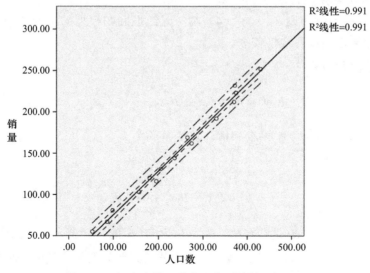

图 6-31 拟合直线及均值和个别值的区间估计

一、多元线性回归模型

在许多实际问题中，影响因变量的因素往往有多个，这种一个因变量同多个自变量的回归即为多元回归。当因变量与各自变量之间为线性关系时，称为多元线性回归。多元线性回归分析的原理同一元线性回归基本相同，但计算上要复杂得多，因此需要借助统计软件来完成。多元线性回归建模的大体思路如下：

（1）确定所关注的因变量 y 和影响因变量的 k 个自变量。

（2）假设因变量 y 和 k 个自变量之间为线性关系，并建立变量之间的线性关系模型。

（3）对模型进行评估和检验。

（4）判别模型中是否存在多重共线性，如果存在，进行处理。

（5）利用回归方程进行预测，并利用预测的残差分析模型的假设。

1. 回归模型

设因变量为 y，k 个自变量分别为 x_1，x_2，$\cdots$，x_k，多元线性回归模型是描述因变量 y 如何依赖于自变量 x_1，x_2，$\cdots$，x_k 和误差项 ε 的方程。其一般形式可表示为

$$y = \beta_0 + \beta_1 x_1 + \beta_2 x_2 + \cdots + \beta_k x_k + \varepsilon \tag{6-25}$$

上式表明：y 是 x_1，x_2，$\cdots$，x_k 的线性函数（$\beta_0 + \beta_1 x_1 + \beta_2 x_2 + \cdots + \beta_k x_k$）加上误差项 ε。误差项反映了除 x_1，x_2，$\cdots$，x_k 对 y 的线性关系之外的随机因素对 y 的影响，是不能由 x_1，x_2，$\cdots$，x_k 与 y 之间的线性关系所解释的变异性。

多元线性回归模型的假设（1）～（4）与一元线性回归模型的假设（1）～（4）相同；假设（5）：自变量之间没有线性关系。

2. 总体线性回归方程

$$E(y) = \beta_0 + \beta_1 x_1 + \beta_2 x_2 + \cdots + \beta_k x_k \tag{6-26}$$

总体线性回归方程描述了 y 的期望值与自变量的关系。

3. 估计的回归方程

$$\hat{y} = \hat{\beta}_0 + \hat{\beta}_1 x_1 + \hat{\beta}_2 x_2 + \cdots + \hat{\beta}_k x_k \tag{6-27}$$

式中，$\hat{\beta}_0$，$\hat{\beta}_1$，$\hat{\beta}_2$，$\cdots$，$\hat{\beta}_k$ 是参数 β_0，β_1，β_2，$\cdots$，β_k 的估计值，$\hat{y}$ 是因变量 y 的估计值。其中的 $\hat{\beta}_i (i = 1, 2, \cdots, k)$ 是偏回归系数，反映的是当其他的变量不变时，此变量 x_i 每变动一个单位所引起的因变量的平均变动量。

二、参数估计

回归方程中的 $\hat{\beta}_0$，$\hat{\beta}_1$，$\hat{\beta}_2$，$\cdots$，$\hat{\beta}_k$ 仍然是根据最小二乘法求得，即为使残差平方和 $Q = \sum e_i^2 = \sum (y_i - \hat{y}_i)^2 = \sum (y_i - \hat{\beta}_0 - \hat{\beta}_1 x_1 - \hat{\beta}_2 x_2 - \cdots - \hat{\beta}_k x_k)^2$ 最小，通过分别对式中的 $\hat{\beta}_0$，$\hat{\beta}_1$，$\hat{\beta}_2$，$\cdots$，$\hat{\beta}_k$ 求偏导，令它们等于零，从而得到一个由（$k+1$）个线性方程组成的方程组，如下所示：

$$\begin{cases} \dfrac{\partial Q}{\partial \hat{\beta}_0} = 0 \\[2mm] \dfrac{\partial Q}{\partial \hat{\beta}_i} = 0 \ (i = 1, \ 2, \ \cdots, \ k) \end{cases} \tag{6-28}$$

求解上述方程组需要借助于计算机，可直接利用 Excel 或 SPSS 得出回归结果。

三、多元线性回归模型的检验

建立了多元线性回归模型，利用样本数据估计了回归方程后，在实际应用前还应对模型进行检验。

（一）回归方程的拟合优度评价

1．多重判定系数

同一元线性回归相似，在多元线性回归模型中，为了衡量模型与数据拟合效果是否良好，需要利用多重判定系数来评价其拟合程度。在一元线性回归中，我们曾介绍了因变量总离差和的分解，而在多元线性回归分析中，总离差平方和的分解公式依然成立。在多元回归分析中，回归平方和占总平方和的比例，称为多重判定系数。其计算公式为

$$R^2 = \frac{\text{SSR}}{\text{SST}} = 1 - \frac{\text{SSE}}{\text{SST}} \tag{6-29}$$

式中，$\text{SST} = \sum (y_i - \bar{y})^2$ 为总平方和；$\text{SSR} = \sum (\hat{y}_i - \bar{y})^2$ 为回归平方和；$\text{SSE} = \sum (y_i - \hat{y}_i)^2$ 为残差平方和。

利用 R^2 来评价多元线性回归方程的拟合程度时，有一点值得注意：由于自变量个数的增加，将影响到因变量中被估计回归方程所解释的变差比例。当增加自变量时，会使预测误差减小，从而减少残差平方和 SSE。由于回归平方和 SSR = SST − SSE，当 SSE 变小时，SSR 就会变大，从而使 R^2 变大。如果模型中增加一个自变量，即使这个自变量在统计上并不显著，R^2 也会变大。因此，为避免由于增加自变量数量而高估 R^2，统计学家提出用样本量 n 和自变量的个数 k 修正 R^2，计算出修正的多重判定系数。修正的多重判定系数的计算公式为

$$R_a^2 = 1 - (1 - R^2) \times \frac{n-1}{n-k-1} \tag{6-30}$$

式中，R_a^2 为修正的多重判定系数；n 为样本容量；k 为模型中的自变量个数；$n-1$ 和 $n-k-1$ 实际上分别为总平方和与残差平方和的自由度。

修正的多重判定系数具有如下性质：

（1）修正 R^2 值的解释与 R^2 类似，修正 R^2 值越大，说明回归直线的拟合效果越好；修正 R^2 值越小，回归直线的拟合效果就越差。

（2）修正 R^2 值 $\leqslant R^2$。因为 $k \leqslant 1$，所以根据修正 R^2 值和 R^2 各自的定义式可以得出这一结论。对于给定的 R^2 值和 n 值，k 值越大修正 R^2 值越小。与 R^2 不同，修正 R^2 值不会由于模型中自变量个数 k 的增加而越来越接近 1。因此，在多元回归分析中，通常用修正 R^2 值对回归模型进行评价。

（3）修正 R^2 值小于 1，但未必都大于 0。在拟合效果极差的情况下，修正 R^2 值有可能为负值。

2．估计标准误差

同一元线性回归的情况一样，多元回归分析中的估计标准误差在衡量模型的拟合优度方面起着关键性的作用，它是多元回归模型中误差项 ε 标准差的一个估计值，计算公式为

$$s_e = \sqrt{\frac{\sum(y_i - \hat{y}_i)^2}{n - (被估计的参数个数)}} = \sqrt{\frac{\text{SSE}}{n - (k+1)}} = \sqrt{\text{MSE}} \qquad (6\text{-}31)$$

式中，n 为样本容量；k 为模型中自变量个数。使用这一公式计算较为烦琐，实际问题中可通过统计软件求解。由于 s_e 是预测误差的标准差的估计量，因此其含义解释为根据自变量 x_1，x_2，$\cdots$，x_k 来预测因变量 y 时的平均预测误差。若各实际观测值越靠近直线，则 s_e 越小，回归直线对各观测值的代表性就越好；若实际观测值全部落在直线上，则 $s_e=0$。

（二）显著性检验

多元线性回归中的显著性检验同样包括对回归方程线性关系的检验和对回归系数的检验。在一元线性回归中，这两种检验是等价的，但在多元回归分析中，它们不再等价。线性关系检验（F 检验）主要是检验因变量同多个自变量的线性关系是否显著。在 k 个自变量中，只要有一个自变量同因变量的线性关系显著，F 检验就能通过，但这不一定意味着每个自变量同因变量的关系都显著。回归系数检验（t 检验）则是对每个回归系数分别进行单独的检验，主要用于检验每个自变量对因变量的影响是否都显著。如果某个自变量没有通过检验，则意味着这个自变量对因变量的影响不显著，也许就没有必要将这个自变量放进回归模型中了。因此在多元回归分析中，既要进行 F 检验，也要进行 t 检验。

1．回归方程线性关系检验

线性关系检验是检验因变量 y 与 k 个自变量之间的关系是否显著，也称为总体显著性检验。检验的具体步骤如下：

（1）建立原假设。

H_0：$\beta_1 = \beta_2 = \cdots = \beta_k = 0$，即回归方程整体不显著。

H_1：β_i 不全等于 0（$i=1$，2，$\cdots$，k），即回归模型整体显著。

（2）计算检验的统计量：

$$F = \frac{\text{SSR}/k}{\text{SSE}/(n-k-1)} \sim F(k, \ n-k-1) \qquad (6\text{-}32)$$

（3）做出统计决策。给定显著性水平 α，根据分子的自由度为 k，分母的自由度为 $n-k-1$ 查 F 分布表得临界值 $F_\alpha[k, (n-k-1)]$。若 $F>F_\alpha$，则拒绝原假设；若 $F<F_\alpha$，则不拒绝原假设。利用统计软件，可直接根据输出的结果（p 值）做出决策：若 p 值小于显著性水平 α，拒绝原假设；若 p 值大于 α，则不拒绝原假设。

2. 回归系数的显著性检验

多元回归中进行 t 检验的目的主要是为了检验各自变量对因变量的影响是否显著，以便对自变量的取舍做出正确的判断。一般来说，当发现某个自变量的影响不显著时，应将其从模型中删除。这样才能以尽可能少的自变量去达到尽可能高的拟合优度。

多元回归中回归系数的检验同样采取 t 检验，其原理和基本步骤与一元回归模型中的 t 检验基本相同，检验的具体步骤如下：

（1）建立原假设。

假设样本从一个没有线性关系的总体中选出，即 H_0：$\beta_i=0$；H_1：$\beta_i\neq0$（$i=1, 2, \cdots, k$）。

（2）计算检验统计量 t 值。

$$t_i=\frac{\hat{\beta}_i-\beta_i}{s_{\hat{\beta}_i}} \tag{6-33}$$

该统计量服从自由度为 $n-2$ 的 t 分布。如果原假设成立，则 $\beta_i=0$，检验的统计量为

$$t_i=\frac{\hat{\beta}_i}{s_{\hat{\beta}_i}}\sim t(n-k-1) \tag{6-34}$$

式中，$s_{\hat{\beta}_i}$ 是回归系数 $\hat{\beta}_i$ 的抽样分布的标准差。

（3）确定显著性水平。（一般取 $\alpha=0.05$），并根据自由度 $n-k-1$ 查 t 分布表，找出相应的临界值 $t_{\frac{\alpha}{2}}$。

（4）得出检验结果。若 $|t|>t_{\frac{\alpha}{2}}$，拒绝 H_0，表示回归系数通过了显著性检验；若 $|t|<t_{\frac{\alpha}{2}}$，则不能拒绝 H_0，表示回归系数未通过显著性检验。

一般情况下，在建立回归模型中，应把未通过检验的自变量剔除掉。当存在多个回归系数未通过显著性检验时，并不是一次性把这些变量都剔除掉，最简单的办法是一次只剔除 t 值最小的一个变量，直到所有变量的系数全部通过统计检验为止。

四、多重共线性及处理

当回归模型中使用两个或两个以上的自变量时，这些自变量往往会提供多余的信息。也就是说，这些自变量之间可能彼此相关。当回归模型中有两个或两个以上的自变量彼此相关时，称回归模型中存在多重共线性。自变量之间存在相关性是很常见的事，但是回归分析中存在多重共线性却会产生一些问题，使回归的结果混乱，甚至影响参数估计的正负号，造成对回归系数的错误估计。

下面介绍几种简单的识别多重共线性的方法：

（1）对模型中每两个自变量之间的相关系数进行显著性检验。如果有一个或多个相关系数显著，说明自变量之间存在显著相关，模型可能存在多重共线性。

（2）考察各回归系数的显著性。若模型的 F 检验显著，而几乎所有回归系数的 t 检验都不显著，则表示模型中可能存在多重共线性。

（3）分析回归系数的正负号。如果回归系数的正负号与预期的相反，则表示模型可能存在多重共线性。

（4）用容忍度和方差膨胀因子（VIF）来识别多重共线性。某个自变量的容忍度等于 1 减去以该自变量为因变量而其余 $k-1$ 个自变量为自变量所得到的线性回归模型的判定系数，即 $1-R^2$。容忍度越小，多重共线性越严重。通常认为容忍度小于 0.1 时，存在严重的多重共线性。方差膨胀因子等于容忍度的倒数，即 $\text{VIF}=\dfrac{1}{1-R^2}$。VIF 越大，多重共线性越严重。一般认为 VIF >10 时，模型存在严重的多重共线性。

当模型存在严重的多重共线性时，则需要采取措施解决。处理多重共线性的方法有很多，感兴趣的读者可以参考有关资料。

五、利用多元回归方程进行预测

在一元回归分析中，我们曾介绍了利用自变量估计因变量的方法。对于多元线性回归，同样可以给出 k 个自变量的值，然后对因变量 y 的均值和个别值进行预测。预测的方法同样是点估计和区间估计。

由于多元线性回归方程的均值置信区间和个别值预测区间的计算相当烦琐，我们通常运用统计软件求解多元回归的问题。如通过 SPSS 软件中的回归分析程序，就可以直接给出因变量的均值置信区间和个别值预测区间，其操作方法可参考一元线性回归方程的估计和预测。

📖 **知识拓展**

回归分析的注意事项：

（1）回归分析要有实际意义，线性回归用于预测时，最好不要任意外推。

（2）注意线性回归分析的应用条件。回归分析假定自变量与因变量间的关系是线性的；自变量取不同值时，因变量的分布是正态的且方差相等；各观测值是独立的。当资料不满足正态性和方差齐性时，亦可以建立多重线性回归方程，但不可估计预测区间和置信区间。

（3）方程与变量的检验。回归方程有统计学意义，并不表示方程中每个自变量均有统计学意义，因此除了对方程进行检验，还要对每个自变量的作用进行检验。

（4）变量的筛选方法很多，最常用的是逐步前进法和逐步后退法。逐步回归所得结果可能不是全局最优的，而是局部最优的。运用逐步回归分析的目的，除建立方程外，更重要的是观察变量进出方程的过程，深入分析变量的独立作用和联合作用。因此，在进行逐步回归时，需多用几个剔选变量的界值，考察不同界值时变量进出方程的情况，达到深入分析之目的。被剔除的变量不一定是与因变量无关或关系不大的变量，可能是其作用被其他变量代替了。如果根据专业知识基本明确某些变量与因变量有线性关系，则这些变量可不参加变量的筛选，而直接保留在方程中。如果这些变量参加了变量剔选，且被剔出方程，则需要给予解释。在实际工作中，可以多建立几个回归方程，容许多个方程同时存在，并通过之后的实践来考察其优劣。

（5）样本含量。有的学者认为，多元回归分析需要的样本含量一般是所研究变量数的10～20倍。这一要求在复相关系数大于 0.5 时尚可，但对较小的复相关系数可能仍然偏小。

例 6-10　利用 Excel 软件进行多元线性回归分析

请以销量为因变量，人口数、人均收入为自变量，用 Excel 做多元线性回归分析。

在 Excel 中进行操作的步骤和一元回归分析相似，只是在"回归"对话框中，"X 值输入区域"选择人口数和人均收入两个变量的数据。图 6-32 显示了回归分析的汇总结果，调整的 R^2 为 0.999，方差分析显著，表明线性关系成立。人口数和人均收入的回归系数分别是 0.496 和 0.009，均达到 0.001 的显著水平。

多元线性回归分析（Excel）

图 6-32　多元线性回归分析汇总结果

例 6-11　利用 SPSS 软件进行多元线性回归分析

请以销量为因变量，人口数、人均收入为自变量，用 SPSS 做多元线性回归分析。

在 SPSS 中进行操作的步骤和一元回归分析相似，只是在"线性回归"对话框中，将人口数和人均收入两个变量选入"自变量"框。在结果输出窗口得到如下统计表。

多元线性回归
分析（SPSS）

表 6-9 报告了本次回归共形成两个模型，第一个模型的自变量是人口数，第二个模型又加入一个自变量人均收入，因变量是销量，采用的回归方法是逐步回归法。对比可以看出模

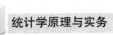

型 1 和例 6-2 中的一元线性回归分析结果相同，因此下面主要分析回归模型 2 的结果。

表 6-9　输入或移去的变量 [a]

模　型	输入的变量	移去的变量	方　　法
1	人口数		步进（准则：F-to-enter的概率<=0.050，F-to-remove的概率>=0.100）
2	人均收入		步进（准则：F-to-enter的概率<=0.050，F-to-remove的概率>=0.100）

a. 因变量：销量。

　　表 6-10 报告了两个回归模型的判决系数。第二个模型中，自变量和因变量的相关系数是 0.999，判定系数 R^2 是 0.999，调整的 R^2 为 0.999，说明自变量能解释因变量 99.9% 的变化。DW 值为 2.701，查阅 DW 表，发现随机误差项不存在自相关问题。

表 6-10　回归模型的概要 [a]

模　型	R	R^2	调整R^2	估计的标准误差	Durbin-Watson
1	0.995[b]	0.991	0.990	6.107	
2	0.999[c]	0.999	0.999	2.177	2.701

a. 因变量：销量。

b. 预测变量（常量）：人口数。

c. 预测变量（常量）：人口数，人均收入。

　　表 6-11 报告了两个回归模型的方差分析及 F 检验的结果。模型 2 的显著性水平等于 0.000，均小于 0.05，拒绝原假设，认为因变量和自变量之间存在显著的线性关系。

表 6-11　方差分析表 [a]

模　型		平 方 和	df	均　　方	F	Sig.
1	回归	53 416.719	1	53 416.719	1 432.139	0.000[b]
	残差	484.881	13	37.299		
	总计	53 901.600	14			
2	回归	53 844.716	2	26 922.358	5 679.466	0.000[c]
	残差	56.884	12	4.740		
	总计	53 901.600	14			

a. 因变量：销量。

b. 预测变量（常量）：人口数。

c. 预测变量（常量）：人口数，人均收入。

　　表 6-12 报告了两个回归系数及 t 检验结果。模型 2 的回归方程的常数项即截距为 3.453，t 值为 1.420，显著水平为 0.181，大于 0.05，不显著。但常数项不是分析的重点，分析的重点是自变量的系数。人口数的系数为 0.496，t 值为 81.924，显著水平为 0.000，小于 0.05，因此拒绝原假设，认为人口数对销量的影响是显著的。同理，人均收入对销量的影响也显著。方差膨胀因子 VIF 小于 10，说明模型不存在多重共线性的问题。由此可得到回归方程：

$$\hat{y}（销量）= 3.453 + 0.496x_1（人口数）+ 0.009x_2（人均收入）$$

　　表 6-13 报告了模型排除的变量。模型 1 不包含人均收入，模型 2 包含了所有变量。表 6-14 为共线性诊断表，与表 6-13 的作用一样。

表 6-12　回归系数表[a]

模　型		非标准化系数		标准系数	t	Sig.	共线性统计量	
		β	标准误差	β			容　忍　度	VIF
1	（常量）	22.792	3.727		6.115	0.000		
	人口数	0.529	0.014	0.995	37.844	0.000	1.000	1.000
2	（常量）	3.453	2.431		1.420	0.181		
	人口数	0.496	0.006	0.934	81.924	0.000	0.677	1.478
	人均收入	0.009	0.001	0.108	9.502	0.000	0.677	1.478

a. 因变量：销量。

表 6-13　排除的变量[a]

模　型		β	t	Sig.	偏　相　关	共线性统计量		
						容　忍　度	VIF	最小容忍度
1	人均收入	0.108[b]	9.502	0.000	0.940	0.677	1.478	0.677

a. 因变量：销量。

b. 模型中的预测变量（常量）：人口数。

表 6-14　共线性诊断表[a]

模　型	维　数	特　征　值	条　件　索　引	方　差　比　例		
				（常量）	人　口　数	人　均　收　入
1	1	1.906	1.000	0.05	0.05	
	2	0.094	4.505	0.95	0.95	
2	1	2.878	1.000	0.01	0.01	0.00
	2	0.100	5.373	0.17	0.77	0.02
	3	0.023	11.261	0.82	0.22	0.98

a. 因变量：销量。

　　表 6-15 报告了预测值、标准化预测值、残差和标准化残差的概况。残差的均值为 0，说明满足回归模型残差为 0 的假设。

表 6-15　残差统计量[a]

	极　小　值	极　大　值	均　　值	标　准　偏　差	N
预测值	53.291	253.715	150.600	62.017	15
标准预测值	−1.569	1.663	0.000	1.000	15
预测值的标准误差	0.591	1.295	0.955	0.196	15
调整的预测值	52.667	254.389	150.473	61.978	15
残差	−3.832	3.309	0.000	2.016	15
标准残差	−1.760	1.520	0.000	0.926	15
Student化残差	−1.925	1.891	0.026	1.054	15
已删除的残差	−4.583	5.122	0.127	2.628	15
Student化已删除的残差	−2.22	2.161	0.027	1.135	15
Mahal距离	0.099	4.022	1.867	1.085	15
Cook距离	0.000	0.653	0.108	0.166	15
居中杠杆值	0.007	0.287	0.133	0.078	15

a. 因变量：销量。

图 6-33 用于检验残差分布的正态性。如果残差呈正态分布，则回归标准化残差的 P-P 图的点会沿着 45° 对角线分布。从图 6-33 可以看出，残差服从正态分布。

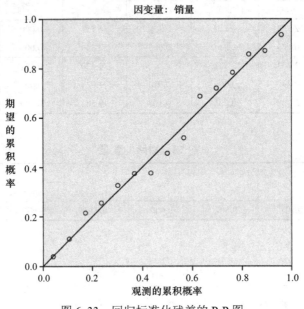

图 6-33　回归标准化残差的 P-P 图

图 6-34 用于检验残差分布的方差齐性。如果残差分布具有方差齐性，则图中的散点应该是在自原点出发的横线上下一定范围内随机分布的。从图 6-34 可以看出，残差基本满足方差齐性的假设。

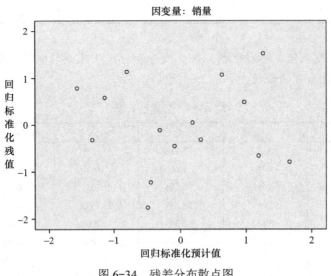

图 6-34　残差分布散点图

如图 6-35 所示，在数据窗口可以看到新生成的 12 个变量。后缀是 "_1" 的变量是模型 1 的保存变量，后缀是 "_2" 的变量是模型 2 的保存变量。在模型 2 的保存变量中，"PRE_2" "RES_2" 分别表示回归方程未标准化的预测值和残差；"LMCI_2" "UMCI_2" 表示均值置信区间的上限和下限；"LICI_2" "UICI_2" 表示个别值预测区间的上限和下限。

	地区	销量	人口数	人均收入	PRE_1	RES_1	LMCI_1	UMCI_1	LICI_1	UICI_1	PRE_2	RES_2	LMCI_2	UMCI_2	LICI_2	UICI_2
1	1.00	162.00	274.00	2450.00	161.8957	.10428	160.0600	163.7314	156.8092	166.9823	161.8957	.10428	160.0600	163.7314	156.8092	166.9823
2	2.00	120.00	180.00	3254.00	122.6673	-2.66732	120.9027	124.4319	117.6060	127.7286	122.6673	-2.66732	120.9027	124.4319	117.6060	127.7286
3	3.00	223.00	375.00	3802.00	224.4294	-1.42938	222.3828	226.4760	219.2630	229.5958	224.4294	-1.42938	222.3828	226.4760	219.2630	229.5958
4	4.00	131.00	205.00	2838.00	131.2406	-.24062	129.9525	132.5288	126.3251	136.1562	131.2406	-.24062	129.9525	132.5288	126.3251	136.1562
5	5.00	67.00	86.00	2347.00	67.69928	-.69928	65.60813	69.79044	62.51506	72.88351	67.69928	-.69928	65.60813	69.79044	62.51506	72.88351
6	6.00	169.00	265.00	3782.00	169.6849	-.68486	167.6890	171.6807	164.5383	174.8314	169.6849	-.68486	167.6890	171.6807	164.5383	174.8314
7	7.00	81.00	98.00	3008.00	79.73194	1.26806	77.42661	82.03726	74.45768	85.00619	79.73194	1.26806	77.42661	82.03726	74.45768	85.00619
8	8.00	192.00	330.00	2450.00	189.6720	2.32800	187.3372	192.0068	184.3848	194.9592	189.6720	2.32800	187.3372	192.0068	184.3848	194.9592
9	9.00	116.00	195.00	2137.00	119.8320	-3.83202	117.9116	121.7524	114.7143	124.9497	119.8320	-3.83202	117.9116	121.7524	114.7143	124.9497
10	10.00	55.00	53.00	2560.00	53.29052	1.70948	50.83748	55.74357	47.95005	58.63100	53.29052	1.70948	50.83748	55.74357	47.95005	58.63100
11	11.00	252.00	430.00	4020.00	253.7151	-1.71506	251.1958	256.2343	248.3439	259.0863	253.7151	-1.71506	251.1958	256.2343	248.3439	259.0863
12	12.00	232.00	372.00	4427.00	228.6908	3.30921	225.8685	231.5131	223.1710	234.2106	228.6908	3.30921	225.8685	231.5131	223.1710	234.2106
13	13.00	144.00	236.00	2660.00	144.9793	-.97934	143.6168	146.3419	140.0438	149.9149	144.9793	-.97934	143.6168	146.3419	140.0438	149.9149
14	14.00	103.00	157.00	2088.00	100.5331	2.46693	98.58258	102.4836	95.40397	105.6622	100.5331	2.46693	98.58258	102.4836	95.40397	105.6622
15	15.00	212.00	370.00	2605.00	210.9381	1.06194	208.4126	213.4636	205.5639	216.3122	210.9381	1.06194	208.4126	213.4636	205.5639	216.3122

图 6-35　回归分析保存的变量

本章小结

相关与回归分析是统计中研究变量间关系的最常用也是最实用的方法。通过相关分析，可以从众多看似不相关的变量中找到相关的变量，通过回归分析可以得到自变量和因变量间相互的变动关系，这些分析在研究中是很重要的。因此不论是在自然科学还是在社会科学中，相关和回归分析都有着广泛的应用。相关与回归分析的一般过程包括变量的筛选、理论模型的建立、模型参数估计、模型的检验与模型的应用。为了建立一元线性回归模型，我们需要从诸多自变量中挑选出合适的一个变量作为自变量，通常选取相关系数最大的变量为自变量，与因变量建立一元线性回归模型。接下来采用最小二乘法对理论模型中的参数进行估计，得到回归方程。此时，还不能直接用此回归方程进行应用，而需要对回归方程进行检验，比如进行拟合优度检验和回归系数的检验，一是检验回归方程是否解释了因变量的大部分信息，二是检验自变量的系数是否显著不为 0。

多元回归的建模过程与一元线性回归的建模过程是相同的，但多个自变量共同对因变量建立回归方程时，会出现一些一元线性回归模型所没有的问题，比如自变量间的多重共线性问题。

主要公式

相关系数	$r = \dfrac{n\sum xy - \sum x \sum y}{\sqrt{\left[n\sum x^2 - \left(\sum x\right)^2\right]\left[n\sum y^2 - \left(\sum y\right)^2\right]}}$
相关系数显著性检验	$t = \lvert r \rvert \sqrt{\dfrac{n-2}{1-r^2}} \sim t(n-2)$
一元线性回归模型	$y = \beta_0 + \beta_1 x + \varepsilon$
一元线性回归方程	$E(y) = \beta_0 + \beta_1 x$
估计的一元线性回归方程	$\hat{y} = \hat{\beta}_0 + \hat{\beta}_1 x$
一元线性回归模型系数估计	$\begin{cases} \hat{\beta}_1 = \dfrac{\sum(x-\bar{x})(y-\bar{y})}{\sum(x-\bar{x})^2} = \dfrac{n\sum xy - \sum x \sum y}{n\sum x^2 - \left(\sum x\right)^2} \\ \hat{\beta}_0 = \bar{y} - \beta_1 \bar{x} \end{cases}$

（续）

判定系数	$R^2 = \dfrac{\text{SSR}}{\text{SST}} = \dfrac{\sum(\hat{y}_i - \overline{y})^2}{\sum(y_i - \overline{y})^2}$
误差项 ε 的标准差 σ 的估计值	$s_e = \sqrt{\dfrac{\sum(y_i - \hat{y}_i)^2}{n-k-1}} = \sqrt{\dfrac{\text{SSE}}{n-2}} = \sqrt{\text{MSE}}$
F 检验	$F = \dfrac{\text{SSR}/1}{\text{SSE}/(n-k-1)} = \dfrac{\text{MSR}}{\text{MSE}} \sim F(1,\ n-k-1)$
t 检验	$t = \dfrac{\hat{\beta}_1}{s_{\hat{\beta}_1}} \sim t(n-k-1)$，其中 $s_{\hat{\beta}_1} = \dfrac{s_e}{\sqrt{\sum x_i^2 - \frac{1}{n}\left(\sum x_i\right)^2}}$
Durbin-Watson（DW）统计量	$\text{DW} = \dfrac{\sum(e_i - e_{i-1})^2}{\sum e_i^2}$
平均值 $E(y_0)$ 在 $1-\alpha$ 置信水平下的置信区间	$\left[\hat{y}_0 - t_{\frac{\alpha}{2}} s_{\hat{y}_0},\ \hat{y}_0 + t_{\frac{\alpha}{2}} s_{\hat{y}_0}\right]$，其中 $s_{\hat{y}_0} = s_e\sqrt{\dfrac{1}{n} + \dfrac{(x_0 - \overline{x})^2}{\sum(x - \overline{x})^2}}$
y 的个别值 y_0 在 $1-\alpha$ 置信水平的预测区间	$\left[\hat{y}_0 - t_{\frac{\alpha}{2}} s_{\text{ind}},\ \hat{y}_0 + t_{\frac{\alpha}{2}} s_{\text{ind}}\right]$，其中 $s_{\text{ind}} = s_e\sqrt{1 + \dfrac{1}{n} + \dfrac{(x_0 - \overline{x})^2}{\sum(x - \overline{x})^2}}$
多元线性回归模型	$y = \beta_0 + \beta_1 x_1 + \beta_2 x_2 + \cdots + \beta_k x_k + \varepsilon$
多元线性回归方程	$E(y) = \beta_0 + \beta_1 x_1 + \beta_2 x_2 + \cdots + \beta_k x_k$
估计的多元线性回归方程	$\hat{y} = \overline{\beta}_0 + \overline{\beta}_1 x_1 + \overline{\beta}_2 x_2 + \cdots + \overline{\beta}_k x_k$
调整的 R^2	$R_a^2 = 1 - (1 - R^2) \times \dfrac{n-1}{n-k-1}$
多元回归模型中误差项 ε 标准差 σ 的估计值	$s_e = \sqrt{\dfrac{\sum(y_i - \hat{y}_i)^2}{n - (\text{被估计的参数个数})}} = \sqrt{\dfrac{\text{SSE}}{n - (k+1)}} = \sqrt{\text{MSE}}$
多元回归模型的 F 检验	$F = \dfrac{\text{SSR}/k}{\text{SSE}/(n-k-1)} \sim F(k,\ n-k-1)$
多元回归模型的 t 检验	$t_i = \dfrac{\hat{\beta}_i}{s_{\hat{\beta}_i}} \sim t(n-k-1)$

练习与案例分析

一、填空题

1. 现象之间的相关关系按相关的程度分为_____、_____和_____；按相关的形式分为_____和_____；按影响因素的多少分为_____和_____。

2. 两个相关现象之间，当一个现象的数量由小变大，另一个现象的数量_____，这种相关称为正相关；当一个现象的数量由小变大，另一个现象的数量_____，这种相关称为负相关。

3. 相关系数的取值范围是_____。

4. 完全相关即是_____关系，其相关系数为_____。

5. 相关系数，用于反映_____条件下，两变量相关关系的密切程度和方向的统计指标。

6. 直线相关系数等于 0，说明两变量之间_____；直线相关系数等于 1，说明两变量之间_____；直线相关系数等于–1，说明两变量之间_____。

7. 对现象之间变量的统计研究，是从两个方面进行的，一方面是研究变量之间关系的_____，这种研究称为相关关系；另一方面是研究关于自变量和因变量之间的变动关系，用数学方程式表达，称为_____。

8. 回归方程 $y=a+bx$ 中的参数 a 是_____，b 是_____。在统计中估计待定参数的常用方法是_____。

9. _____分析要确定哪个是自变量哪个是因变量，在这点上它与_____不同。

10. 求两个变量之间非线性关系的回归线比较复杂，在许多情况下，非线性回归问题可以通过_____化成_____来解决。

11. 用来说明回归方程代表性大小的统计分析指标是_____。

二、单项选择题

1. 下面属于函数关系的是（　　）。

    A．销售人员测验成绩与销售额大小的关系

    B．圆周的长度决定于它的半径

    C．家庭的收入和消费的关系

    D．数学成绩与统计学成绩的关系

2. 相关系数 r 的取值范围（　　）。

    A．$-\infty < r < +\infty$ B．$-1 \leqslant r \leqslant +1$

    C．$-1 < r < +1$ D．$0 \leqslant r \leqslant +1$

3. 年劳动生产率 z（元）和工人工资 $y = 10 + 70x$，这意味着年劳动生产率每提高 1 个单位时，工人工资平均（　　）。

    A．增加 70 元　　　B．减少 70 元　　　C．增加 80 元　　　D．减少 80 元

4. 若要证明两变量之间线性相关程度是较高的，则计算出的相关系数应接近于（　　）。

    A．+1　　　　　B．0　　　　　C．0.5　　　　　D．+1 或–1

5. 回归系数和相关系数的符号是一致的，其符号均可用来判断现象（　　）。

    A．线性相关还是非线性相关　　　B．正相关还是负相关

    C．完全相关还是不完全相关　　　D．单相关还是复相关

6. 某校经济管理类的学生学习统计学的时间（x）与考试成绩（y）之间建立线性回归方程 $\hat{y} = a + bx$。经计算，方程为 $\hat{y} = 200 - 0.8x$，该方程参数的计算（　　）。

    A．a 值是明显不对的　　　　　　B．b 值是明显不对的

    C．a 值和 b 值都是不对的　　　　D．a 值和 b 值都是正确的

7. 在线性相关的条件下，自变量的均方差为 2，因变量均方差为 5，而相关系数为 0.8 时，则其回归系数为（　　）。

    A．8　　　　　　B．0.32　　　　　C．2　　　　　D．12.5

8. 进行相关分析，要求相关的两个变量（　　）。

    A．都是随机的　　　　　　　　　B．都不是随机的

    C．一个是随机的，一个不是随机的　D．随机或不随机都可以

9. 下列关系中，属于正相关关系的有（　　）。

    A. 合理限度内，施肥量和平均单产量之间的关系

    B. 产品产量与单位产品成本之间的关系

    C. 商品的流通费用与销售利润之间的关系

    D. 流通费用率与商品销售量之间的关系

10. 相关分析是研究（　　）。

    A. 变量之间的数量关系　　　　　　B. 变量之间的变动关系

    C. 变量之间相互关系的密切程度　　D. 变量之间的因果关系

11. 在回归直线 $\hat{y}=a+bx$，$b<0$，则 x 与 y 之间的相关系数（　　）。

    A. $r=0$　　　　　B. $r=1$　　　　　C. $0<r<1$　　　　D. $-1<r<0$

12. 在回归直线 $\hat{y}=a+bx$ 中，b 表示（　　）。

    A. 当 x 增加一个单位时，y 增加 a 的数量

    B. 当 y 增加一个单位时，x 增加 b 的数量

    C. 当 x 增加一个单位时，y 的平均增加量

    D. 当 y 增加一个单位时，x 的平均增加量

13. 当相关系数 $r=0$ 时，表明（　　）。

    A. 现象之间完全无关　　　　　　B. 相关程度较小

    C. 现象之间完全相关　　　　　　D. 无直线相关关系

14. 下列现象的相关密切程度最高的是（　　）。

    A. 某商店的职工人数与商品销售额之间的相关系数 0.87

    B. 流通费用水平与利润率之间的相关关系为-0.94

    C. 商品销售额与利润率之间的相关系数为 0.51

    D. 商品销售额与流通费用水平的相关系数为-0.81

15. 估计标准误差是反映（　　）。

    A. 平均数的代表性指标　　　　　B. 相关关系的指标

    C. 回归直线的代表性指标　　　　D. 序时平均数的代表性指标

三、多项选择题

1. 下列（　　）之间的关系为相关关系。

    A. 家庭收入与消费支出　　　　　B. 圆的面积与它的半径

    C. 广告支出与商品销售额　　　　D. 单位产品成本与利润

    E. 在价格固定情况下，销售量与商品销售额

2. 相关系数表明两个变量之间的（　　）。

    A. 线性关系　　　B. 因果关系　　　C. 变异程度　　　D. 相关方向

    E. 相关的密切程度

3. 对于一元线性回归分析来说（　　）。

    A. 两变量之间必须明确哪个是自变量，哪个是因变量

    B. 回归方程是据以利用自变量的给定值来估计和预测因变量的平均可能值

    C. 可能存在着 y 依 x 和 x 依 y 的两个回归方程

D．回归系数只有正号

E．确定回归方程时，尽管两个变量也都是随机的，但要求自变量是给定的

4．可用来判断现象相关方向的指标有（　　　　）。

A．相关系数 　　　　　　　　　　B．回归系数

C．回归方程参数 a 　　　　　　　D．估计标准误差

E．x、y 的平均数

5．单位成本（元）依产量（千件）变化的回归方程为 $\hat{y} = 78 - 2x$，这表示（　　　　）。

A．产量为 1 000 件时，单位成本 76 元

B．产量为 1 000 件时，单位成本 78 元

C．产量每增加 1 000 件时，单位成本下降 2 元

D．产量每增加 1 000 件时，单位成本下降 78 元

E．当单位成本为 72 元时，产量为 3 000 件

6．估计标准误的作用是表明（　　　　）。

A．回归方程的代表性 　　　　　　B．样本的变异程度

C．估计值与实际值的平均误差 　　D．样本指标的代表性

E．总体的变异程度

7．销售额与流通费用率，在一定条件下，存在相关关系，这种相关关系属于（　　　　）。

A．正相关 　　　B．单相关 　　　C．负相关 　　　D．复相关

E．完全相关

8．在直线相关和回归分析中（　　　　）。

A．据同一资料，相关系数只能计算一个

B．据同一资料，相关系数可以计算两个

C．据同一资料，回归方程只能配合一个

D．据同一资料，回归方程随自变量与因变量的确定不同，可能配合两个

E．回归方程和相关系数均与自变量和因变量的确定无关

9．相关系数 r 的数值（　　　　）。

A．可为正值 　　　B．可为负值 　　　C．可大于 1 　　　D．可等于 -1

E．可等于 1

10．从变量之间相互关系的表现形式看，相关关系可分为（　　　　）。

A．正相关 　　　B．负相关 　　　C．直线相关 　　　D．曲线相关

E．不相关和完全相关

11．确定直线回归方程必须满足的条件是（　　　　）。

A．现象间确实存在数量上的相互依存关系

B．相关系数 r 必须等于 1

C．y 与 x 必须同方向变化

D．现象间存在着较密切的直线相关关系

E．相关系数 r 必须大于 0

12．当两个现象完全相关时，下列统计指标值可能为（　　　　）。

A．$r = 1$ 　　　B．$r = 0$ 　　　C．$r = -1$ 　　　D．$s_{yx} = 0$

E．$s_{yx} = 1$

13. 在直线回归分析中，确定直线回归方程的两个变量必须是（ ）。

    A. 一个自变量，一个因变量

    B. 均为随机变量

    C. 对等关系

    D. 一个是随机变量，一个是可控制变量

    E. 不对等关系

14. 配合直线回归方程是为了（ ）。

    A. 确定两个变量之间的变动关系　　B. 用因变量推算自变量

    C. 用自变量推算因变量　　　　　　D. 两个变量相互推算

    E. 确定两个变量间的相关程度

15. 在直线回归方程中（ ）。

    A. 在两个变量中须确定自变量和因变量

    B. 一个回归方程只能做一种推算

    C. 回归系数只能取正值

    D. 要求两个变量都是随机变量

    E. 要求因变量是随机的，而自变量是给定的

16. 相关系数与回归系数（ ）。

    A. 回归系数大于 0 则相关系数大于 0

    B. 回归系数小于 0 则相关系数小于 0

    C. 回归系数大于 0 则相关系数小于 0

    D. 回归系数小于 0 则相关系数大于 0

    E. 回归系数等于 0 则相关系数等于 0

四、判断题

1. 相关关系和函数关系都属于完全确定性的依存关系。　　　　　　　　　（ ）

2. 如果两个变量的变动方向一致，同时呈上升或下降趋势，则二者是正相关关系。

                            （ ）

3. 假定变量 x 与 y 的相关系数是 0.8，变量 m 与 n 的相关系数为 –0.9，则 x 与 y 的相关密切程度高。　　　　　　　　　　　　　　　　　　　　　　　　　（ ）

4. 当直线相关系数 $r = 0$ 时，说明变量之间不存在任何相关关系。　　　（ ）

5. 相关系数 r 有正负、有大小，因而它反映的是两现象之间具体的数量变动关系。

                            （ ）

6. 在进行相关和回归分析时，必须以定性分析为前提，判定现象之间有无关系及其作用范围。　　　　　　　　　　　　　　　　　　　　　　　　　　　　　　（ ）

7. 回归系数 b 的符号与相关系数 r 的符号，可以相同也可以不相同。　（ ）

8. 在直线回归分析中，两个变量是对等的，不需要区分因变量和自变量。　（ ）

9. 相关系数 r 越大，则估计标准误差 s_{xy} 值越大，从而直线回归方程的精确性越低。

                            （ ）

10．进行相关与回归分析应注意对相关系数和回归直线方程的有效性进行检验。

（　　）

11．工人的技术水平提高，使得劳动生产率提高。这种关系是一种不完全的正相关关系。

（　　）

12．正相关指的就是两个变量之间的变动方向都是上升的。（　　）

13．回归分析和相关分析一样所分析的两个变量都一定是随机变量。（　　）

14．相关的两个变量，只能算出一个相关系数。（　　）

15．一种回归直线只能做一种推算，不能反过来进行另一种推算。（　　）

五、计算题

1．有 10 个同类企业的生产性固定资产年平均价值和工业总产值资料如下：

企 业 编 号	生产性固定资产年平均价值（万元）	工业总产值（万元）
1	318	524
2	910	1 019
3	200	638
4	409	815
5	415	913
6	502	928
7	314	605
8	1 210	1 516
9	1 022	1 219
10	1 225	1 624
合计	6 525	9 801

要求：（1）说明两变量之间的相关方向。

（2）建立直线回归方程。

（3）计算估计标准误差。

（4）估计生产性固定资产（自变量）为 1 100 万元时总产值（因变量）的可能值。

2．检查 5 位同学统计学的学习时间与成绩分数如下表：

每周学习时间（小时）	学习成绩（分）
4	40
6	60
7	50
10	70
13	90

要求：（1）由此计算出学习时数与学习成绩之间的相关系数。

（2）建立直线回归方程。

（3）计算估计标准误差。

3．某种产品的产量与单位在成本的资料如下：

产量 x（千件）	单位成本 y（元/件）
2	73
3	72
4	71
3	73
4	69
5	68

要求：（1）计算相关系数 r，判断其相关议程和程度。

（2）建立直线回归方程。

（3）指出产量每增加 1 000 件时，单位成本平均下降了多少元。

4．某地高校教育经费（x）与高校学生人数（y）连续六年的统计资料如下：

教育经费 x （万元）	在校学生数 y （万人）
316	11
343	16
373	18
393	20
418	22
455	25

要求：（1）建立直线回归方程，估计教育经费为 500 万元的在校学生数。

（2）计算估计标准误差。

5．设某公司下属十个门市部有关资料如下：

门市部编号	职工平均销售额（万元）	流通费用水平（%）	销售利润率（%）
1	6	2.8	12.6
2	5	3.3	10.4
3	8	1.8	18.5
4	1	7.0	3.0
5	4	3.9	8.1
6	7	2.1	16.3
7	6	2.9	12.3
8	3	4.1	6.2
9	3	4.2	6.6
10	7	2.5	16.8

要求：（1）确立适宜的回归模型。

（2）计算有关指标，判断这三种经济现象之间的相关紧密程度。

六、综合案例

对于家长来说，总是希望自家孩子能有个不错的身高。俗话说"龙生龙，凤生凤，老鼠生来会打洞"，说的是遗传基因的强大。在身高方面也是如此，父母的身高往往对孩子的身高有着极大的影响。随着生活水平不断提高，青少年的平均身高确实有了明显的提升，但因此也使得部分家长开始麻痹大意，认为只要营养跟得上，孩子的身高就不用担心。

据研究，遗传基因并不能决定孩子的一切，至少在身高方面，遗传的影响只占到了 70%，还有 30%取决于后天的养育。这也就是说，如果养育得当的话，矮个子的父母也能养出高个子的孩子；相反，要是养育不得法的话，高个子家长生的孩子，身高也不一定就会高。

为了了解父母身高对子代身高的影响，现收集 90 位大学生及其父母的身高。y 表示学生的身高，x_1 表示父亲的身高，x_2 表示母亲的身高。试运用统计软件进行相关分析和回归分析，分析 x_1、x_2 对 y 的单独作用和共同作用，找出解释孩子身高的最优回归模型。

（单位：厘米）

y	x_1	x_2	y	x_1	x_2	y	x_1	x_2
172	160	170	178	174	155	165	168	163
180	178	160	180	185	167	171	176	165
176	170	161	165	165	160	156	160	179
175	178	170	178	175	165	158	175	156
172	170	155	178	175	160	160	172	160
175	168	170	180	165	170	158	175	158
169	169	165	170	170	165	158	176	160
178	172	160	175	172	165	162	178	156
180	170	163	169	189	158	168	170	168
170	170	160	172	180	156	159	175	154
180	170	158	156	174	162	178	176	168
175	176	160	170	168	160	156	175	155
170	175	165	172	183	164	162	170	155
175	170	160	166	180	160	165	182	162
178	178	160	160	170	158	165	170	160
175	173	165	167	170	160	160	175	162
172	170	155	168	175	158	158	180	155
185	180	158	155	170	150	166	175	163
175	168	158	167	173	165	167	170	159
170	178	165	158	173	168	161	173	158
175	175	168	168	172	155	162	180	158
170	179	156	164	178	163	158	162	165
175	175	158	166	170	160	163	178	160
170	170	155	162	172	163	163	175	155
182	180	165	165	177	154	155	165	157
174	170	162	161	165	160	160	175	165
173	170	165	166	177	160	162	175	158
170	175	165	168	170	160	158	165	155
170	175	160	160	175	159	164	172	156
179	184	168	160	163	159	165	178	158

实践训练

实训目标：

（1）增强对相关关系的感性认识。

（2）培养分析应用相关关系的初步能力。

实训内容与要求：

按班级 4~6 人一组建立调查小组，每组确定一名组长，调查 100 名学生每月生活费、手机价格及每月话费额，并用相关分析和回归分析，研究每月生活费和手机价格对每月话费额的影响。

实训成果与检测：

各组就各自分析的结果在班级进行交流、讨论后，在教师主持下就计算及分析结果进行评判，并做出评价打分。

第七章 动态数列分析

● 学习目标 ●

- ☑ 理解动态数列的概念。
- ☑ 了解动态数列的种类。
- ☑ 掌握动态数列编制的原则。
- ☑ 理解水平指标和速度指标的应用条件。
- ☑ 了解动态数列的因素构成。
- ☑ 理解长期趋势和季节变动分析的基本原理。
- ☑ 能借助统计软件用水平指标和速度指标分析社会经济问题。
- ☑ 能借助统计软件对现象进行长期趋势和季节变动分析测定。

引导案例 >>>> **"十二五"期间国民经济保持中高速增长，综合国力显著增强**

"十二五"期间，支撑我国经济高速增长的要素条件与市场环境发生了明显改变，潜在生产率趋于下行。与此同时，"三期叠加"的影响不断深化，经济面临较大的下行压力。面对困难和挑战，党中央、国务院把握规律，积极作为，向改革要动力，向结构调整要助力，向民生改善要潜力，激活力、补短板、强实体、控风险，确保了经济增长换挡不失势。2011～2015 年国内生产总值及其增长速度如图 7-1 所示。

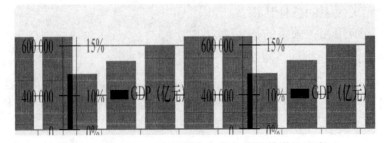

图 7-1 2011～2015 年国内生产总值及其增长速度

经济增长保持中高速。2011～2015 年，国内生产总值年均增长 7.8%，由高速增长转为中高速增长。分年度看，2011 年比 2010 年增长 9.5%，2012 年、2013 年均增长 7.7%，2014

年增长 7.3%，2015 年增长 6.9%。"十二五"期间，我国经济年均增长近 8%，不仅高于同期世界 2.5% 左右的年均增速，在世界主要经济体中也名列前茅。

　　经济总量稳居世界第二位。 继 2009 年超过日本成为世界第二大经济体后，我国经济总量稳步攀升，2015 年达到 689 052 亿元，占世界的份额达到 15%，比 2010 年提高 5.8 个百分点。我国经济对世界经济复苏做出了重要贡献，2011～2015 年对世界经济增长的贡献率超过 1/4。

　　人均国内生产总值稳步提高。 2015 年，我国人均国内生产总值 50 251 元，扣除价格因素，比 2010 年增长近 40%，年均实际增长 6.3%。根据世界银行数据，我国人均国民总收入由 2010 年的 4 300 美元提高至 2015 年的 7 990 美元，在上中等收入国家中的位次不断提高。2011～2015 年人均国内生产总值及其增长速度如图 7-2 所示。

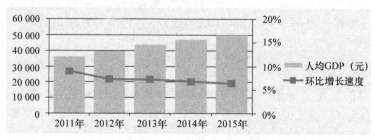

图 7-2　2011～2015 年人均国内生产总值及其增长速度

　　外汇储备位居世界第一位。 2011 年末，我国外汇储备突破 3 万亿美元大关，2015 年末达到 33 304 亿美元，较 2010 年增长 17.0%，年均增长 3.2%，稳居世界第一位。

（资料来源：根据国家统计局发布数据整理。）

动态数列的编制

一、动态数列的概念

　　社会经济现象总是随着时间的变化而不断发展变化，在不同的时期，影响其发展变化的因素各不相同。因此，客观现象在不同时期，发展变化的结果是不相同的。将社会经济现象在不同时间上发展变化所达到的水平值，按时间先后顺序排列所形成的数列，称为动态数列，又称时间数列或时间序列。如表 7-1 所示的 2010～2015 年全国就业人口数据，就是一个动态数列。

表 7-1　2010～2015 年全国就业人口数据

年　份	2010 年	2011 年	2012 年	2013 年	2014 年	2015 年
就业人员（万人）	76 105	76 420	76 704	76 977	77 253	77 451

（资料来源：根据国家统计局发布数据整理。）

　　动态数列是反映社会经济现象在一段时间内发展变化规模的历史数据资料的排序。因

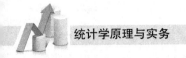

而，动态数列都有两个构成要素：一个是时间要素，说明社会经济现象发展变化的时期或时点；另一个是统计指标值，说明社会经济现象在各个发展时期所达到的规模或水平。

> **课堂讨论**
>
> 变量数列和动态数列有何区别与联系？
> 动态数列的构成要素有哪些？

二、动态数列的类型

动态数列是由一系列具有相同性质的统计指标值按时间先后顺序排列所形成的。根据组成动态数列的统计指标性质的不同，可以将动态数列分为绝对数动态数列、相对数动态数列和平均数动态数列。

（一）绝对数动态数列

将一系列同类的总量指标值按时间的先后顺序排列所形成的动态数列称为绝对数动态数列。它反映社会经济现象在各时期发展所达到的绝对水平及不同时期发展变化的状况。

总量指标按所反映的社会经济现象的时间状态不同，可分为时期指标和时点指标，所以，绝对数动态数列又分为时期数列和时点数列。

1．时期数列

在绝对数动态数列中，如果每项统计指标都是同类性质的时期指标，这种绝对数动态数列就称为时期数列。时期数列反映某个经济现象在各个相同长度的时期内发展变化的总量。如表 7-2 所示的 2011～2016 年全国国内生产总值即为时期数列。

表 7-2　2011～2016 年全国国内生产总值

年　份	2011 年	2012 年	2013 年	2014 年	2015 年	2016 年
国内生产总值（亿元）	489 301	540 367	595 244	643 974	689 052	744 127

（资料来源：根据国家统计局发布数据整理。）

时期数列主要有下列三个特点：

（1）数列中各项指标值具有可加性。相加的结果反映现象在更长一段时期内发展过程的总量。例如，将 2011～2016 年的 GDP 相加，即为我国这六年内实现的 GDP 总值。

（2）数列中各项指标值的大小与统计的时期长短有必然的联系。一般来说，时期越长，指标值越大；时期越短，指标值就越小。例如，一年实现的 GDP 总值大于半年的，半年实现的 GDP 总值大于一个季度的。

（3）数列中的各项指标值是通过连续不断地登记而获得的，是由经济中各个基本单位每天实现的增加值连续记录汇总而成的。

2．时点数列

在绝对数动态数列中，如果每一项统计指标都是同类性质的时点指标，这种绝对数动态数列就称为时点数列。时点数列反映同类现象在各个时点上所达到的规模或水平。如表 7-3 所示的 2010～2016 年全国人口数即为时点数列。

表 7-3　2010～2016 年全国人口数

年　份	2010 年	2011 年	2012 年	2013 年	2014 年	2015 年	2016 年
年末总人口（万人）	134 091	134 735	135 404	136 072	136 782	137 462	138 271
男性人口（万人）	68 748	69 068	69 395	69 728	70 079	70 414	70 815
女性人口（万人）	65 343	65 667	66 009	66 344	66 703	67 048	67 456
城镇人口（万人）	66 978	69 079	71 182	73 111	74 916	77 116	79 298
乡村人口（万人）	67 113	65 656	64 222	62 961	61 866	60 346	58 973

注：2010 年数据为当年人口普查数据推算数；其余年份数据为年度人口抽样调查推算数据。总人口和按性别分人口中包括现役军人，按城乡分人口中现役军人计入城镇人口。

（资料来源：根据国家统计局发布数据整理。）

时点数列有如下三个特点：

（1）数列中各项指标值不具有可加性。不同时点上的指标值相加没有经济意义。例如，我们不能把每年年末的固定电话用户数相加总，因为相加的结果会有重复，不能反映任何实际内容。

（2）数列中各项指标值的大小与其统计时间间隔长短没有直接关系。时点指标反映了现象在某一时点上的发展总量，其数值大小不会随着时点间隔的扩大或缩小而发生必然的改变。

（3）数列中每个指标的数值是通过一次性登记而取得的。时点指标值是社会经济现象经过一段时期的发展变化后所达到的水平，只能通过间隔一段时间登记一次而取得。

课堂讨论

以下数列中哪些属于时点数列？
（1）某校历年毕业生人数。
（2）某校历年年末在校生人数。
（3）某商店各月月末商品库存额。
（4）某单位历年职工工资总额。
（5）某养猪场历年年末生猪存栏头数。
（6）某厂历年设备台数。

（二）相对数动态数列

将一系列同类的相对指标值按时间先后顺序排列起来而形成的动态数列，称为相对数动态数列。它可以反映相互联系的现象之间的相对水平，如社会经济现象中的比例关系、结构、速度、效益等的发展变化过程。例如，某企业各年度的劳动生产率、信息业产值占全部 GDP 的比重等，将其按时间顺序排列即形成相对数动态数列。如表 7-4 所反映的 2010～2016 年全国人口出生率、死亡率和自然增长率的动态变动，即为相对数动态数列。相对数动态数列的各项指标一般不具有可加性。

表 7-4　2010～2016 年全国人口出生率、死亡率和自然增长率

年　份	2010 年	2011 年	2012 年	2013 年	2014 年	2015 年	2016 年
人口出生率（‰）	11.90	11.93	12.10	12.08	12.37	12.07	12.95
人口死亡率（‰）	7.11	7.14	7.15	7.16	7.16	7.11	7.09
人口自然增长率（‰）	4.79	4.79	4.95	4.92	5.21	4.96	5.86

（资料来源：根据国家统计局发布数据整理。）

（三）平均数动态数列

将一系列同类的平均指标值按时间先后顺序排列所形成的动态数列称为平均数动态数列。它反映社会经济现象一般水平的发展趋势。如某企业产品的平均成本组成的动态数列、某高校学生的平均成绩组成的动态数列等都是平均数动态数列。表 7-5 所列出的我国 2010 年、2015 年全国人口平均预期寿命即为平均数动态数列。平均数动态数列的各项指标一般也不具有可加性。

表 7-5　2010 年、2015 年全国人口平均预期寿命

年　　份	2010 年	2015 年
平均预期寿命（岁）	74.83	76.34
男性平均预期寿命（岁）	72.38	73.64
女性平均预期寿命（岁）	77.37	79.43

注：平均预期寿命根据人口普查数据计算。

（资料来源：根据国家统计局发布数据整理。）

需要说明的是，绝对数动态数列是基础，相对数或平均数动态数列是由绝对数动态数列派生出来的。

三、动态数列的编制原则

动态数列反映社会经济现象发展变动的规律和趋势。要使所编制的动态数列能够揭示现象发展的客观实际，就要保证数列中各项指标值具有可比性。这是编制动态数列的基本要求。具体而言，动态数列有以下四个方面的编制原则。

（1）时期长短一致。在时期数列中，各项指标值与时期长短有密切关系，如果各项指标值所属的时期长短不一致，则很难根据时期数列直接做出正确的比较和判断，因而保持时期长短的一致性是编制时期数列的首要原则。在时点数列中，虽然指标值与时间间隔没有必然联系，但为了更好地分析其长期趋势，提高其可比性，也应保持时间间隔长短一致。

（2）总体范围一致。在动态数列中，各项指标值在总体范围上要保持可比性，即各项指标所反映的总体范围前后期应该一致。如研究某地区国内生产总值的变动情况时，如果该地区的行政区划有所变动，必须将各期资料都进行相应的调整。总体范围保持一致，指标才能对现象的发展状况做出正确的解释和分析。

（3）计算方法统一。动态数列中各项指标的计算口径、计量单位和计算方法应保持一致。例如，要研究某企业劳动生产率的变化，用于计算劳动生产率的指标可以是实物量指标，也可以是价值量指标；劳动者人数可以是生产工人数，也可以是全部职工人数。为了保持各项指标之间的可比性，各个指标的计算方法必须统一。

（4）经济内容一致。动态数列中的各项指标值反映的都是现象在不同时间上所达到的水平，有特定的经济内涵，因而数列中各项指标值所反映的经济内容前后各期要保持一致。例如，在研究上海证券交易所每日股票交易量变化情况时，则不允许数列中出现债券或基金交易量的数据，不能将内容和含义不同的统计指标值混合编制成一个动态数列。

动态数列反映了现象发展的历史过程，为预测未来提供了依据。有了动态数列，才可以进行深入的动态分析。

第二节　动态数列水平指标

为了研究社会经济现象的发展水平和速度，认识事物发展的规律性，需要对动态数列计算一系列分析指标。主要的分析指标有：发展水平、平均发展水平、增长量、平均增长量、发展速度、增长速度、平均发展速度和平均增长速度。前四种运用于现象发展的水平分析，后四种运用于现象发展的速度分析。本节主要介绍动态数列的水平指标。

一、发展水平

在动态数列中的各项指标数值称为发展水平或动态数列水平，即反映社会经济现象在不同时间状态下所达到的规模或水平，它是计算其他动态分析指标的基础。发展水平可以是绝对数水平，也可以是相对数或平均数水平。

发展水平按其在动态数列中所处位置的不同可分为最初水平、中间水平和最末水平。动态数列中第一个指标数值为最初水平，最后一个指标数值为最末水平，其余各个指标数值则为中间水平。如果用符号 a_0, a_1, a_2, $\cdots$ a_n 表示发展水平，那么 a_0 为最初水平，a_n 为最末水平，其余为中间水平。发展水平按其在动态分析中所起的作用不同可分为基期水平和报告期水平。基期水平是指作为比较基础时期的发展水平；报告期水平是指所要分析研究的那个时期的发展水平。发展水平的概念不是固定不变的，它们会随着研究目的的改变而改变。例如，本年的报告期水平可能是将来的基期水平，一个数列的最末水平可能是另一数列的最初水平。发展水平在文字说明上习惯用"增加到""增加为"或"降低到""降低为"表述。

二、平均发展水平

平均发展水平在统计上又称序时平均数或动态平均数，是将不同时期的发展水平加以平均而得到的平均数。它和一般平均数有共同之处，即都是将研究现象的个别数量差异抽象化，概括地反映现象的一般水平。但两者也有区别，平均发展水平所平均的是社会经济现象在不同时间上的数量差异，从动态上说明其在某一段时间内现象发展的一般水平，它是根据动态数列来计算的。而一般平均数是将总体各单位某一数量标志在同一时间上的数量差异抽象化，从静态上说明其在具体历史条件下的一般水平，它是根据变量数列来计算的。由于动态数列可以分为绝对数动态数列、相对指标动态数列和平均指标动态数列，因此在计算平均发展水平时，可以根据绝对数动态数列计算，也可根据相对数动态数列和平均数动态数列计算。从计算方法来说，根据绝对数动态数列计算平均发展水平是最基本的方法。现分别说明如下：

（一）绝对数动态数列的平均发展水平

绝对数动态数列分为时期数列和时点数列，由于两者资料特点不同，计算平均发展水平的方法也不相同。

1.由时期数列计算平均发展水平

由于时期数列中各项指标数值可以直接相加，因此，由时期数列计算平均发展水平可采

用简单算术平均法，即把时期数列的各项指标数值相加，再除以时期数列的项数。其计算公式为

$$\bar{a} = \frac{a_1 + a_2 + a_3 + \cdots + a_n}{n} = \frac{\sum a}{n} \qquad (7\text{-}1)$$

式中，$\bar{a}$ 为平均发展水平；a_i 为各期发展水平（$i=1$，2，3，$\cdots$，n）；n 为动态数列项数。

例 7-1

根据表 7-2 的数据计算 2011～2016 年全国平均国内生产总值。

解：2011～2016 年全国平均国内生产总值为

$$\bar{a} = \frac{\sum a}{n} = \frac{489\,301 + 540\,367 + 595\,244 + 643\,974 + 689\,052 + 744\,127}{6} = 617\,010.83\,(\text{亿元})$$

2．由时点数列计算平均发展水平

时点数列都是瞬时资料，在两个时点之间一般都是有一定间隔的。因此，时点数列一般是不连续数列。但是，如果时点数列的资料是逐日记录，而又逐日排列的，这时的时点数列就可以看成是连续的时点数列。由于占有资料的不同，在根据时点数列计算平均发展水平时就需要采用不同的方法。

（1）根据连续时点数列计算平均发展水平。

1）间隔相等的连续时点数列。这种资料的特点是相邻两个时点的间隔都是 1 日，即有连续每日登记的时点资料。在计算平均发展水平时可用简单算术平均法，即将各时点的指标数值相加，再除以时点数列项数，即

$$\bar{a} = \frac{a_1 + a_2 + a_3 + \cdots + a_n}{n} = \frac{\sum a}{n} \qquad (7\text{-}2)$$

例 7-2

某班学生一周的出勤情况如表 7-6 所示，试计算本周该班平均出勤人数。

表 7-6　某班学生一周的出勤情况

时　间	周一	周二	周三	周四	周五
出勤人数（人）	45	44	42	45	42

解：本周该班平均出勤人数为

$$\bar{a} = \frac{\sum a}{n} = \frac{45 + 44 + 42 + 45 + 42}{5} = 43.6\,(\text{人})$$

2）间隔不等的连续时点数列。这种资料的特点是相邻两个时点的间隔日数不相等，即没有每日连续登记的时点资料，只有现象发生变动时登记的时点资料。计算平均发展水平时，须以两个时点的间隔日数为权数进行加权平均计算，即

$$\bar{a} = \frac{\sum af}{\sum f} \qquad (7\text{-}3)$$

式中，f 为各项指标的时间间隔。

例 7-3

某企业 1 月份职工人数变动情况记录如表 7-7 所示，试计算 1 月该企业平均职工人数。

表 7-7 某企业 1 月份职工人数变动情况

时 间	1 日	10 日	21 日	26 日
职工人数（人）	350	340	351	352

解：

$$\bar{a} = \frac{\sum af}{\sum f} = \frac{350 \times 9 + 340 \times 11 + 351 \times 5 + 352 \times 6}{31} = 347 \text{（人）}$$

（2）根据间断时点数列计算平均发展水平。

在实际统计工作中，很多现象并不是逐日对其时点数据进行统计，而是隔一段时间（如一个月、一季度、一年等）对其期末时点数据进行登记，这样得到的时点数列称为间断时点数列。如果每隔相同的时间登记一次，所得数列称为间隔相等的间断时点数列；如果每两次登记的时间间隔不相等，所得数列称为间隔不等的间断时点数列。

1）间隔相等的间断时点数列。根据这样的数列计算序时平均数时，可以假定所研究现象在两个相邻时点之间的变动是均匀的，因而将相邻两个时点指标数值相加后除以 2，即可得到这两个时点之间的序时平均数；然后根据这些平均数，再用简单算术平均法，求得整个时点数列的序时平均数。其计算公式为

$$\begin{aligned}\bar{a} &= \frac{(a_1 + a_2)/2 + (a_2 + a_3)/2 + (a_3 + a_4)/2 + \cdots + (a_{n-1} + a_n)/2}{n-1} \\ &= \frac{a_1/2 + a_2 + a_3 + a_4 + \cdots + a_{n-1} + a_n/2}{n-1}\end{aligned} \tag{7-4}$$

该公式表现为首末两项数值折半，故称为"首末折半法"。

例 7-4

根据表 7-3 的数据计算 2010～2016 年全国平均人口数。

解：2010～2016 年全国平均人口数为

$$\begin{aligned}\bar{a} &= \frac{a_1/2 + a_2 + a_3 + a_4 + \cdots + a_{n-1} + a_n/2}{n-1} \\ &= \frac{134\,091/2 + 134\,735 + 135\,404 + 136\,072 + 136\,782 + 137\,462 + 138\,271/2}{7-1} \\ &= 136\,106 \text{（万人）}\end{aligned}$$

2）间隔不等的间断时点数列。如果掌握的时点数列资料时间间隔不相等，可用两个时点数值之间的间隔长度作为权数，应用加权算术平均法来计算序时平均数，这个方法称为"加权序时平均法"。其计算公式为

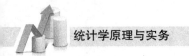
$$\overline{a} = \frac{\dfrac{(a_1 + a_2)}{2} f_1 + \dfrac{(a_2 + a_3)}{2} f_2 + \dfrac{(a_3 + a_4)}{2} f_3 + \cdots + \dfrac{(a_{n-1} + a_n)}{2} f_{n-1}}{f_1 + f_2 + f_3 + \cdots + f_{n-1}} \qquad (7-5)$$

式中，f_i 为各时点的间隔长度。

例 7-5

某企业 2017 年职工数资料如表 7-8 所示，试计算该企业 2017 年月平均职工数。

表 7-8　某企业 2017 年职工数资料

时　　间	1月1日	3月1日	6月1日	10月1日	11月1日	12月31日
职工数（人）	110	120	115	125	130	140

解：该企业 2016 年月平均职工数为

$$
\begin{aligned}
\overline{a} &= \frac{\dfrac{(a_1 + a_2)}{2} f_1 + \dfrac{(a_2 + a_3)}{2} f_2 + \dfrac{(a_3 + a_4)}{2} f_3 + \cdots + \dfrac{(a_{n-1} + a_n)}{2} f_{n-1}}{f_1 + f_2 + f_3 + \cdots + f_{n-1}} \\
&= \frac{\dfrac{(110+120)}{2} \times 2 + \dfrac{(120+115)}{2} \times 3 + \dfrac{(115+125)}{2} \times 4 + \dfrac{(125+130)}{2} \times 1 + \dfrac{(130+140)}{2} \times 2}{2 + 3 + 4 + 1 + 2} \\
&= 121.67 \text{（人）}
\end{aligned}
$$

根据间断时点数列计算序时平均数，是假定研究现象在相邻两个时点之间的变动是均匀的，实际上各种现象的变动并不完全如此。因此，为了使计算结果能尽量反映实际情况，间断时点数列的间隔不宜过长。

从理论上讲，在计算时点数列平均发展水平的四种方法中，以第一种为最优，准确性也最好，但在实际工作中往往受到客观条件的限制，无法获得每日的数据；第二种方法使用较少；第三种方法使用最多，最为普遍，因为它适用于我国的定期统计报表制度；第四种有时使用，主要适用于不定期的统计专门调查。

（二）根据相对数动态数列计算平均发展水平

相对数动态数列一般是由两个相互联系的绝对数动态数列相应项对比派生而来的。计算其序时平均数时不能根据数列中的相对指标直接计算，而是先分别计算分子与分母动态数列的序时平均数，然后加以对比，即得相对数动态数列的序时平均数。其基本公式为

$$\overline{c} = \frac{\overline{a}}{\overline{b}} \qquad (7-6)$$

式中，$\overline{c}$ 为相对数动态数列的平均发展水平；$\overline{a}$ 为分子动态数列的平均发展水平；$\overline{b}$ 为分母动态数列的平均发展水平。

由于相对数动态数列由两个时期数列、两个时点数列或一个时期数列和一个时点数列的指标对比形成，而时期数列与时点数列的平均发展水平计算方法不同，所以相对数动态数列的平均发展水平主要有以下三种情况。

（1）由分子、分母均为时期数列的指标对比形成的相对数动态数列，其平均发展水平的计算公式为

$$\bar{c} = \frac{\bar{a}}{\bar{b}} = \frac{\sum a / n}{\sum b / n} = \frac{\sum a}{\sum b} \tag{7-7}$$

例 7-6

某企业第三季度产值计划完成程度资料如表 7-9 所示，求第三季度各月产值的平均计划完成程度。

表 7-9　某企业第三季度产值计划完成情况

月　　份	7 月	8 月	9 月
实际产值（万元）	360	550	714
计划产值（万元）	400	500	700
计划完成程度（%）	90	110	102

解：该企业第三季度各月产值的平均计划完成程度为

$$\bar{c} = \frac{\bar{a}}{\bar{b}} = \frac{\sum a / n}{\sum b / n} = \frac{\sum a}{\sum b} = \frac{360 + 550 + 714}{400 + 500 + 700} = 101.5\%$$

（2）由分子、分母均为时点数列的指标对比形成的相对数动态数列，其平均发展水平的计算公式根据动态数列的不同情况有所不同，但现实中最常见的是间隔相等的间断时点数列对比而形成的相对数动态数列，其平均发展水平的计算公式为

$$\begin{aligned}
\bar{c} = \frac{\bar{a}}{\bar{b}} &= \frac{(a_1/2 + a_2 + a_3 + \cdots + a_{n-1} + a_n/2)/(n-1)}{(b_1/2 + b_2 + b_3 + \cdots + b_{n-1} + b_n/2)/(n-1)} \\
&= \frac{a_1/2 + a_2 + a_3 + \cdots + a_{n-1} + a_n/2}{b_1/2 + b_2 + b_3 + \cdots + b_{n-1} + b_n/2}
\end{aligned} \tag{7-8}$$

例 7-7

某企业 2017 年第二季度职工数资料如表 7-10 所示，要求计算该企业第二季度生产工人占全部职工的平均比重。

表 7-10　某企业 2017 年第二季度职工数情况

月　　份	4 月	5 月	6 月
月末生产工人数（人）	523	549	576
月末全部职工数（人）	646	654	662
生产工人占全部职工的比重（%）	81	84	87

解：该企业第二季度生产工人占全部职工的平均比重为

$$\bar{c} = \frac{\bar{a}}{\bar{b}} = \frac{a_1/2 + a_2 + a_3 + \cdots + a_{n-1} + a_n/2}{b_1/2 + b_2 + b_3 + \cdots + b_{n-1} + b_n/2}$$

$$= \frac{523/2 + 549 + 576/2}{646/2 + 654 + 662/2}$$

$$= 83.98\%$$

（3）由分子、分母分别为时期数列和时点数列的指标对比形成的相对数动态数列，其平均发展水平的计算公式为

$$\bar{c} = \frac{\bar{a}}{\bar{b}} = \frac{(a_1 + a_2 + a_3 + \cdots + a_{n-1} + a_n)/n}{(b_0/2 + b_1 + b_2 + \cdots + b_{n-1} + b_n/2)/n} \tag{7-9}$$

$$= \frac{a_1 + a_2 + a_3 + \cdots + a_{n-1} + a_n}{b_0/2 + b_1 + b_2 + \cdots + b_{n-1} + b_n/2}$$

例 7-8

某商场商品流转额及流转次数资料如表 7-11 所示，要求计算第四季度平均每月商品流转次数。

表 7-11　某商场商品流转额及流转次数

月　份	9 月	10 月	11 月	12 月
商品流转额（万元）	240	260	450	405
月末商品库存额（万元）	120	140	160	110
商品流转次数（次）	2.1	2	3	4

解：第四季度平均每月商品流转次数为

$$\bar{c} = \frac{\bar{a}}{\bar{b}} = \frac{a_1 + a_2 + a_3 + \cdots + a_{n-1} + a_n}{b_0/2 + b_1 + b_2 + \cdots + b_{n-1} + b_n/2}$$

$$= \frac{260 + 450 + 405}{120/2 + 140 + 160 + 110/2}$$

$$= 2.69$$

（三）平均数动态数列的平均发展水平

平均数动态数列分为两种，一种是由一般平均数组成的动态数列，另一种是由序时平均数所组成的动态数列。由于这两种动态数列性质不同，计算序时平均数的方法也不同。根据序时平均数所组成的平均数动态数列计算序时平均数，在时期相等时，可直接采用简单算术平均法来计算，即

$$\bar{a} = \frac{\sum a}{n} \tag{7-10}$$

如果时期不相等，则以时期作为权数，采用加权算术平均法来计算，即

$$\bar{a} = \frac{\sum af}{\sum f} \tag{7-11}$$

至于由一般平均数所组成的平均数动态数列，实质上也是两个绝对数动态数列相应项对比所形成的。分子数列是标志总量数列，分母数列是总体单位总数数列，因此要计算这种平均数动态数列的序时平均数，也和相对数动态数列一样，应先分别计算分子数列和分母数列的序时平均数，然后将这两个序时平均数进行对比，即可求出平均指标的序时平均数，即

$$\bar{c} = \frac{\bar{a}}{\bar{b}} \qquad (7\text{-}12)$$

三、增长量和平均增长量

（一）增长量

增长量是说明社会经济现象在一定时期内所增长的绝对数量，它是报告期水平与基期水平之差，反映报告期比基期增长的水平。其计算公式为

$$增长量 = 报告期水平 - 基期水平 \qquad (7\text{-}13)$$

根据采用的基期不同，增长量可以分为逐期增长量和累计增长量。逐期增长量是指报告期水平与前一期水平之差，表明本期比上一期增长的绝对数量；累计增长量是指报告期水平与某一固定时期（基期）水平之差，表明本期比某一固定时期增长的绝对数量，也即说明在某一段较长时期内总的增长量。这两个指标可用公式表示为

$$逐期增长量：a_1-a_0, \quad a_2-a_1, \quad \cdots, \quad a_n-a_{n-1}$$

$$累计增长量：a_1-a_0, \quad a_2-a_0, \quad \cdots, \quad a_n-a_0$$

逐期增长量与累计增长量的关系是：逐期增长量之和等于累计增长量，即

$$a_n-a_0 = (a_1-a_0) + (a_2-a_1) + \cdots + (a_n-a_{n-1}) \qquad (7\text{-}14)$$

在实际工作中，常计算年距增长量指标，它是报告期水平与上年同期水平之差。其公式为

$$年距增长量 = 本期发展水平 - 去年同期发展水平 \qquad (7\text{-}15)$$

例如，某地区 2017 年第一季度钢产量为 3 000 万吨，2016 年第一季度为 2 400 万吨，则

$$年距增长量 = 3\,000 - 2\,400 = 600（万吨）$$

这说明 2017 年第一季度钢产量比 2016 年同期增产 600 万吨。

计算年距增长量可以消除季节变动的影响，表明报告期水平较上年同期水平增加（或减少）的绝对数量。

（二）平均增长量

平均增长量是说明社会经济现象在一定时期内平均每期增长的数量。从广义来说，它也是一种序时平均数，即是逐期增长量动态数列的序时平均数，反映现象平均增长水平。其计算公式为

$$平均增长量 = \frac{逐期增长量之和}{逐期增长量项数} = \frac{累计增长量}{数列项数 - 1} \qquad (7\text{-}16)$$

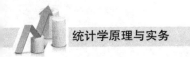

例 7-9

"十二五"时期某水泥厂水泥产量资料如表7-12所示，试根据逐期增长量计算年平均增长量指标。

表7-12 "十二五"时期某水泥厂水泥产量 （单位：万吨）

年 份		2011 年	2012 年	2013 年	2014 年	2015 年
水泥产量		53	60	64	71	75
增 长 量	逐 期	—	7	4	7	4
	累 计	—	7	11	18	22

解：

$$年平均增长量 = \frac{7+4+7+4}{4} = \frac{22}{4} = 5.5（万吨）$$

$$或 = \frac{75-53}{5-1} = \frac{22}{5-1} = 5.5（万吨）$$

第三节 动态数列速度指标

为了进一步对社会经济现象在不同时间上的动态情况进行分析，还需要计算一系列动态数列的速度指标。常用的速度指标有发展速度、增长速度、平均发展速度和平均增长速度。

一、发展速度

发展速度是以相对数形式表示的动态指标，它是报告期水平与基期水平之比，用以说明报告期水平是基期水平的多少倍或百分之多少。其计算公式为

$$发展速度 = \frac{报告期水平}{基期水平} \qquad (7-17)$$

发展速度一般用百分数表示，有时也用倍数或系数表示。发展速度大于1（或100%）表示上升，小于1（或100%）表示下降，等于1（或100%）表示报告期水平与基期水平相等。

发展速度根据采用基期的不同，分为定基发展速度和环比发展速度。定基发展速度是将报告期水平与某一固定时期水平（通常是最初水平）进行对比，说明社会经济现象在一个较长时间内的变动程度，也称"总速度"。环比发展速度是将各期发展水平与前一时期水平进行对比，说明报告期水平相对于前一时期水平逐期发展变动的情况。若用 a_0 代表最初水平，用 a_1，a_2，a_3，…，a_n 代表动态数列的各期发展水平，则

$$定基发展速度：\frac{a_1}{a_0}, \frac{a_2}{a_0}, \frac{a_3}{a_0}, …, \frac{a_n}{a_0}$$

$$环比发展速度：\frac{a_1}{a_0}, \frac{a_2}{a_1}, \frac{a_3}{a_2}, \cdots, \frac{a_n}{a_{n-1}}$$

定基发展速度和环比发展速度之间的关系表现为以下两点：

（1）定基发展速度等于环比发展速度的连乘积，即

$$\frac{a_n}{a_0} = \frac{a_1}{a_0} \times \frac{a_2}{a_1} \times \frac{a_3}{a_2} \times \cdots \times \frac{a_n}{a_{n-1}} \tag{7-18}$$

（2）两个相邻时期的定基发展速度之比，等于它们的环比发展速度，即

$$\frac{a_i/a_0}{a_{i-1}/a_0} = \frac{a_i}{a_{i-1}} \tag{7-19}$$

利用以上的关系，我们可以进行相互推算。

在实际工作中，还常要计算一种年距发展速度指标。它是报告期发展水平与上年同期发展水平之比，其公式表示为

$$年距发展速度 = \frac{报告期发展水平}{上年同期发展水平} \tag{7-20}$$

计算年距发展速度，可以消除季节变动的影响，表明本期比上年同期相对发展程度。

例 7-10

依据表 7-12 的数据计算水泥厂"十二五"时期水泥产量的发展速度。

解：水泥厂"十二五"时期水泥产量的发展速度如表 7-13 所示。

表 7-13　水泥厂"十二五"时期水泥产量的发展速度

年　　份		2011 年	2012 年	2013 年	2014 年	2015 年
水泥产量（万吨）		53	60	64	71	75
发 展 速 度	环　　比	—	113.21%	106.67%	110.94%	105.63%
	定　　基	—	113.21%	120.75%	133.96%	141.51%

二、增长速度

增长速度是表明社会经济现象增长程度的相对指标，可以根据增长量与基期发展水平对比求得。通常用百分比或倍数表示。其计算公式为

$$增长速度 = \frac{增长量}{基期发展水平} \tag{7-21}$$

增长速度和发展速度既有区别又有联系。两者的区别在于概念的不同：增长速度表示社会经济现象报告期比基期增长的程度，而发展速度则表示报告期与基期相比发展到了什么程度。两者的联系可用公式表示为

$$增长速度 = 发展速度 -1（或 100\%） \tag{7-22}$$

根据采用的基期不同，增长速度又分为定基增长速度和环比增长速度。定基增长速度是累计增长量与某一固定时期发展水平之比的相对数，反映社会经济现象在较长时期内总的增

长程度。环比增长速度是逐期增长量与前一期发展水平之比的相对数，表示社会经济现象逐期的增长程度。但这两个指标是不能直接进行相互换算的。如要进行换算，须先将环比增长速度加 1 转化为环比发展速度后，再连乘得定基发展速度，然后再减 1，才能求得定基增长速度。

由此可见，发展速度大于 1，则增长速度为正值，在说明社会经济现象增长的程度时用"增加了"表述；反之，发展速度小于 1，则增长速度为负值，在说明社会经济现象降低的程度时用"降低了"表述。

例 7-11

依据表 7-12 的数据计算水泥厂"十二五"时期水泥产量的增长速度。

解：水泥厂"十二五"时期水泥产量的发展速度如表 7-14 所示。

表 7-14 水泥厂"十二五"时期水泥产量的发展速度

年 份		2011 年	2012 年	2013 年	2014 年	2015 年
水泥产量（万吨）		53	60	64	71	75
发 展 速 度	环 比	—	113.21%	106.67%	110.94%	105.63%
	定 基	—	113.21%	120.75%	133.96%	141.51%
增 长 速 度	环 比		13.21%	6.67%	10.94%	5.63%
	定 基		13.21%	20.75%	33.96%	41.51%

☑ 知识拓展

在实际工作中，我们也常计算年距增长速度，用于说明年距增长量与上年同期发展水平对比达到的相对增长程度。用公式表示为

$$年距增长速度 = \frac{年距增长量}{上年同期发展水平} = 年距发展速度 - 1（或100\%）$$

三、平均发展速度和平均增长速度

为了观察社会经济现象在一个较长时期内逐期平均发展变化的程度和逐期平均增长变化的程度，就需计算平均发展速度和平均增长速度指标，这是动态研究中很重要的两个分析指标。

（一）平均发展速度

平均发展速度是各期环比发展速度的序时平均数。由于环比发展速度是根据同一现象在不同时间发展水平对比而得的动态相对数，因此它不能应用上述所讲的计算序时平均数的方法来计算。在实际工作中，计算平均发展速度的方法主要有两种，即几何平均法和方程法。两种方法数理依据不同，具体的计算和应用场合也不一样。

1. 几何平均法

计算平均发展速度时，因为总速度不等于各期环比发展速度的算术总和，而等于各期环比发展速度的连乘积，所以不能应用算术平均法，而要用几何平均法来计算。在实践中，如

果用水平法制订长期计划，则要求用几何平均法计算其平均发展速度，按此平均发展速度发展，可以保证在最后一年达到规定的 a_n 水平，所以几何平均法也称"水平法"。即从最初水平 a_0 出发，以平均发展速度 $\overline{x}$ 代替各环比发展速度 x_1, x_2, x_3, $\cdots$, x_n, 经过 n 期发展，正好达到最末水平 a_n, 用公式表示如下：

$$a_0 x_1 x_2 x_3 \cdots x_n = a_n$$

$$a_0 \overline{x}\ \overline{x}\ \overline{x} \cdots \overline{x} = a_n$$

$$a_0 \overline{x}^{\,n} = a_n \tag{7-23}$$

因此，平均发展速度 $\overline{x}$ 的计算公式为

$$\overline{x} = \sqrt[n]{\frac{a_n}{a_0}} \tag{7-24}$$

因 $\dfrac{a_n}{a_0}$ 为 n 期的定基发展速度，根据定基发展速度等于相应时期各环比发展速度的连乘积的关系，计算平均发展速度也可以应用下列公式：

$$\overline{x} = \sqrt[n]{\frac{a_n}{a_0}} = \sqrt[n]{x_1\ x_2\ x_3 \cdots x_n} = \sqrt[n]{\prod x} \tag{7-25}$$

又因为 $\dfrac{a_n}{a_0}$ 也是整个时期的总速度（R），所以平均发展速度还可以根据总速度计算，计算公式为

$$\overline{x} = \sqrt[n]{\frac{a_n}{a_0}} = \sqrt[n]{R} \tag{7-26}$$

计算平均发展速度时，根据所掌握的资料可选用以上任意一个公式来进行。如果掌握了最初水平和最末水平，可用式（7-23）计算；如果掌握了各期环比发展速度，可用式（7-24）计算；如果掌握了总速度，则可直接用式（7-25）计算。三个公式的计算结果是一致的。

例 7-12

以表 7-13 的数据为例，试计算"十二五"期间水泥厂水泥产量的年平均发展速度。

解：根据最初水平和最末水平计算平均发展速度为

$$\overline{x} = \sqrt[n]{\frac{a_n}{a_0}} = \sqrt[4]{\frac{75}{53}} = 109.07\%$$

根据各环比发展速度计算平均发展速度为

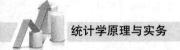
$$\bar{x} = \sqrt[n]{\prod x}$$
$$= \sqrt[4]{113.21\% \times 106.67\% \times 110.94\% \times 105.63\%}$$
$$= 109.07\%$$

根据总速度计算平均发展速度为

$$\bar{x} = \sqrt[n]{R} = \sqrt[4]{141.51\%} = 109.07\%$$

2. 方程法

在实践中，如果按累计法制订长期计划，则要求用方程法计算平均发展速度，按此平均速度发展，可以保证计划内各期发展水平的累计达到计划规定的总数，所以方程法也称"累计法"。即从最初水平 a_0 出发，各期按平均发展速度 $\bar{x}$ 计算发展水平，则得出的各期发展水平累计总和应与实际各期发展水平的累计总和相等。据此列出方程式，再求解，便得出平均发展速度。

设 $\bar{x}$ 为平均发展速度，按平均发展速度计算的各期水平的假定水平为

$$\text{第一期 } a_1 = a_0 \bar{x}$$

$$\text{第二期 } a_2 = a_0 \bar{x} \times \bar{x} = a_0 \bar{x}^2$$

$$\text{第三期 } a_3 = a_0 \bar{x}^2 \times \bar{x} = a_0 \bar{x}$$

$$\cdots\cdots$$

$$\text{第 } n \text{ 期 } a_n = a_0 \bar{x}^{n-1} \times \bar{x} = a_0 \bar{x}^n$$

故各期假定水平之和为

$$a_0 \bar{x} + a_0 \bar{x}^2 + a_0 \bar{x}^3 + \cdots + a_0 \bar{x}^n$$
$$= a_0(\bar{x} + \bar{x}^2 + \bar{x}^3 + \cdots + \bar{x}^n)$$

各期实际水平之和为

$$a_1 + a_2 + a_3 + \cdots + a_n = \sum_{i=1}^{n} a_i$$

各期假定水平之和应等于各期实际水平之和，故有

$$a_0(\bar{x} + \bar{x}^2 + \bar{x}^3 + \cdots + \bar{x}^n) = \sum_{i=1}^{n} a_i$$

即
$$\bar{x} + \bar{x}^2 + \bar{x}^3 + \cdots + \bar{x}^n = \frac{\sum_{i=1}^{n} a_i}{a_0} \tag{7-27}$$

解此方程所得的正根就是要计算的平均发展速度。但是要解这个高次方程是比较复杂

的，实际工作中则根据事先编就的《平均增长速度查对表》来计算。

╔══╗

⬚ 阅读材料

2016 年全国经济增长 6.7%，GDP 首破 70 万亿元

国家统计局 2017 年发布数据表明，初步核算，2016 年我国国内生产总值（GDP）为 744 127 亿元，按可比价格计算，比上年增长 6.7%。分季度看，前三个季度同比增长均为 6.7%，第四季度同比增长 6.8%。

"国民经济运行缓中趋稳、稳中向好，实现了'十三五'良好开局。"国家发展改革委副主任、国家统计局局长宁吉喆在新闻发布会上说。

分产业看，第一产业增加值比上年增长 3.3%，第二产业增长 6.1%，第三产业增长 7.8%。

统计数据显示，工业生产平稳增长，企业效益明显好转。全年全国规模以上工业增加值比上年实际增长 6.0%，增速与前三季度持平。

固定资产投资缓中趋稳，市场销售平稳较快增长。全年固定资产投资比 2015 年名义增长 8.1%（扣除价格因素实际增长 8.8%），增速比前三季度回落 0.1 个百分点。全年社会消费品零售总额比上年名义增长 10.4%（扣除价格因素实际增长 9.6%），增速与前三季度持平。

产业结构优化转型，全年第三产业增加值占 GDP 的比重为 51.6%，比 2015 年提高 1.4 个百分点，高于第二产业 11.8 个百分点。需求结构继续改善，全年最终消费支出对 GDP 增长的贡献率为 64.6%。节能降耗成效突出，全年单位 GDP 能耗比 2015 年下降 5.0%。

人口总量平稳增长，城镇化率继续提高。年末全国大陆总人口 138 271 万人，比 2015 年末增加 809 万人。从年龄构成看，16 周岁以上至 60 周岁以下（不含 60 周岁）的劳动年龄人口 90 747 万人，占总人口的比重为 65.6%。从城乡结构看，城镇常住人口 79 298 万人，比 2015 年末增加 2 182 万人。年末全国就业人员 77 603 万人，其中城镇就业人员 41 428 万人。

总体来看，2016 年国民经济运行保持在合理区间，实现中高速增长，经济增长的质量和效益不断提高，经济发展新常态特征更加明显。

（资料来源：国家统计局网站 http://news.xinhuanet.com/fortune/2017-01/20/c_1120351814.htm。）

╚══╝

（二）平均增长速度

平均增长速度是各期环比增长速度的序时平均数，它表明现象在一定时期内远期平均增长变化的程度。根据增长速度与发展速度之间的运算关系，要计算平均增长速度，首先要计算出平均发展速度指标，然后将其减 1（或 100%）求得。即

$$平均增长速度 = 平均发展速度 - 1（或 100\%） \tag{7-28}$$

平均发展速度大于 1，平均增长速度为正值，表示某种现象在一个较长时期内逐期平均递增的程度，这个指标也称为"平均递增速度"或"平均递增率"；反之，平均发展速度小于 1，平均增长速度则为负值，表示某种现象在一个较长时期内逐期平均递减程度，这个指标也可称为"平均递减速度"或"平均递减率"。

（三）计算和运用平均速度指标时应注意的问题

（1）根据统计研究目的选择计算方法。前述计算平均发展速度有几何平均法（水平法）和方程法（累计法）两种方法。这两种方法在具体运用上各有其特点和局限性。当目的在于

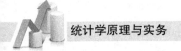

考察最末一年发展水平而不关心各期水平总和时，可采用水平法；当目的在于考察各期发展水平总和而不是只关心最末一年水平时，可采用累计法。这样可以扬长避短，发挥两种计算方法的作用。

（2）要注意社会经济现象的特点。①当现象随着时间的推移比较稳定地逐年上升或逐年下降时，一般采用水平法计算平均发展速度。但要注意，如果编制的动态数列中，最初水平和最末水平受特殊因素的影响而出现过高或过低的情况，则不可计算平均发展速度。②当现象的发展不是有规律地逐年上升或下降，而是经常表示为升降交替时，一般采用累计法计算平均发展速度。但要注意，如果资料中间有几年环比速度增长得特别快，而有几年又降低得较多，出现显著的悬殊和不同的发展方向，则不可计算平均速度指标。因为用这样的资料计算的平均速度指标代表性较差，不能确切说明实际情况。

（3）应采取分段平均速度来补充说明总平均速度。这在分析较长历史时期资料时尤为重要。因为仅根据一个总的平均速度指标只能笼统地反映其在很长时期内逐年平均发展或增长的程度，对深入了解这种现象的发展过程和变化情况往往是不够的。例如，要分析新中国成立以来粮食产量的平均发展速度和平均增长速度时，就有必要分别以国民经济恢复时期、各个五年计划（规划）时期和各个特定时期（如有几年受自然灾害的影响，产量逐年下降）等分段计算其平均速度加以补充说明。

（4）平均速度指标要与其他指标结合应用。①要与发展水平、增长量、环比速度、定基速度等各项基本指标结合应用，起到分析研究和补充说明的作用，以便对现象有比较确切和完整的认识。②在经济分析中，要与其他有关经济现象的平均速度指标结合运用。例如，工农业生产的平均速度、基本建设投资额与新增固定资产的平均速度、商品销售额与利润额的平均速度等，都可结合其他指标进行比较研究，以便深入了解有关现象在各个研究时期中每年平均发展和增长程度等，为研究国民经济中各种具有密切联系的现象的发展动态提供数据。

第四节 动态数列因素分析

一、动态数列的影响因素

动态数列反映了现象随时间的发展变化，是许多复杂因素共同作用的结果。不同因素的作用不同，形成的结果也相应不同。影响现象发展变动的因素主要有以下四种类型。

1. 长期趋势（T）

长期趋势是影响现象发展变动的最基本因素，在现象发展变化的各个时期起普遍的、持续的、决定性的作用，是现象发展的内在因素，反映了现象在相当长的时期内发展变化的基本规律和特征。比如，长期来看，随着现代医学技术的发展、人民生活水平的提高和个人自我保健意识的增强，人的期望寿命是不断延长的。

2．季节变化（S）

地球上绝大多数地区，一年四季季节分明，任何现象都要随着一年中季节的变动而发生有规律的变化，呈现出"旺季"和"淡季"的季节性特征，即现象的发展会呈现出有规律的季节性波动。

3．循环变动（C）

历史事实证明，宏观经济具有周期性，既有发展变动的**繁荣时期**，也有发展变动的萧条时期。社会经济现象的发展受宏观经济环境的周期性变化影响而呈现出一定的周期性，其发展变动结果具有周期性的循环变化特征。

4．不规则变动（I）

不规则变动是指社会经济现象发展过程中由非确定的偶然因素引起的无周期的波动，这种变动通常是无法预知的，如政治选举、罢工、战争、政治动荡、自然灾害等。

动态数列的每一项指标值（Y）都是上述四种变动因素综合作用的结果，根据四种因素对 Y 的影响方式的不同，动态数列的变动有两种形式的假设模型。

（1）乘法模型。当四种因素存在相互影响的关系时，动态数列的每一项观察值都是四种因素的乘积，即

$$Y = T \times S \times C \times I \tag{7-29}$$

（2）加法模型。当四种因素存在相互独立的关系时，动态数列的每一项指标值都是四种因素的和，即

$$Y = T + S + C + I \tag{7-30}$$

由于各种因素的变化是不确定的，因而客观事物在不同时间上的发展水平具有很大的偶然性，但是任何一种客观事物都有其内在的发展规律，如何探求其发展规律、掌握现象发展的本质特征、预测其发展趋势是动态分析的一项有意义的工作。

二、长期趋势分析

长期趋势是现象发展变动的最基本因素。根据现象发展变动的历史资料，采用一定的方法可以剔除影响现象发展变动的季节变动、循环波动和不规则波动等因素的作用，从而使现象在长时期内呈现出基本的变动趋势。所谓长期趋势是指社会经济现象在长时期内所具有的持续向上或向下发展的变动规律，长期趋势是现象发展的内在规律和基本特征的反映。对现象长期趋势的测定可以实现以下目的：反映现象发展变动的基本趋势和规律；探求合适的趋势线，描述其发展规律；将这种发展规律用于经济预测和决策。

反映现象发展的长期趋势既有直线型趋势，又有曲线型趋势。当所研究的现象在一个相当长的时期内逐期增长量大致相等时，则为直线型发展趋势，用最小二乘法可求出该直线的数学方程式，这条直线也称为趋势直线。直线趋势的变化率或趋势线的斜率是大致相等的，而非直线趋势的变化率或趋势线的斜率是变动的。随着时间的推移，如果现象的发展水平是逐步发展的，即其逐期增长量大于 0 或发展速度大于 1 或增长速度大于 0，则现象具有上升的发展趋势；反之，则具有下降的趋势。测定长期趋势的主要方法有时距扩大法、移动平均法和最小二乘法。

（一）时距扩大法

时距扩大法是通过扩大动态数据各项指标所属的时间，对原始资料加以整理，消除因时间间隔短而使各指标值受偶然性因素影响所引起的波动，以反映现象发展变化的趋势。

例如，某企业 2017 年各月总产值的完成情况如表 7-15 所示。

表 7-15　某企业 2017 年各月总产值

月　份	1月	2月	3月	4月	5月	6月	7月	8月	9月	10月	11月	12月
总产值（万元）	35	54	42	53	55	52	65	77	75	82	85	97

从表 7-15 可看出，该企业 2017 年各月份的总产值有很大的波动性，有的月份数据上升、有的月份数据下降，升降交替频繁，趋势不明显，其趋势图如图 7-3 所示。

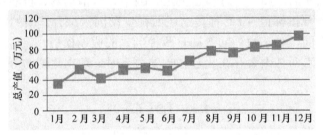

图 7-3　某企业 2017 年各月总产值趋势图

现将时距扩大到季度，上述数列资料整理成如表 7-16 所示的新数列。

表 7-16　某企业 2017 年各季度总产值

季　　度	第一季度	第二季度	第三季度	第四季度
总产值（万元）	131	160	217	264

从整理后的新数列看出，该企业总产值的完成情况呈现明显的上升趋势，如图 7-4 所示。时距扩大法是测定直线趋势的一种简单的方法，当原始动态数列中各指标值上下波动现象的变化规律不明显时，可采用时距扩大法消除偶然因素的影响。

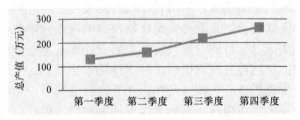

图 7-4　某企业 2017 年各季度总产值趋势图

运用时距扩大法时，时距的扩大要适当，并且时距扩大后动态数列的各项指标所属的时期长短应当一致，否则，扩大后的动态数列会掩盖现象发展的趋势。时距扩大到多少才适当，要根据原始数据的波动情况和研究目的而定。

（二）移动平均法

移动平均法是通过逐期移动计算序时平均数，把原始动态数据的时距扩大，得出的序时平均数构成一个新的动态数列。新数列比原始数列的波动减小，数据的波动趋势更加平滑。移动平均法是修匀动态数列的常用方法之一，通过计算移动平均数，在一定程度上可以削弱短期的偶然因素对现象发展的作用，经过修匀的动态数列所描绘的轨迹会变得更平滑，从而反映现象发展变化的总体趋势，通过移动平均得到的一系列移动序时平均数就是各对应时期的趋势值。

假设 y_1，y_2，y_3，$\cdots$，y_n 是一个动态数列，取 k 项，依次连续计算每 k 项数据的算术平均数，其计算公式为

$$y_1' = \frac{y_1 + y_2 + \cdots + y_k}{k}, \quad y_2' = \frac{y_2 + y_3 + \cdots + y_{k+1}}{k}, \quad y_3' = \frac{y_3 + y_4 + \cdots + y_{k+2}}{k}, \cdots,$$

$$y_{n-k+1}' = \frac{y_{n-k+1} + y_{n-k+2} + \cdots + y_n}{k}$$

（7-31）

则 y_1'，y_2'，y_3'，$\cdots$，y_{n-k+1}' 为原数列的 k 项移动平均数列。

运用移动平均法的关键是确定移动平均的项数。如果数列中有自然周期，则以该周期长度作为移动平均的项数。例如，在按季度排列的资料中，以四项移动平均；在按月份排列的资料中，以 12 项移动平均。如果没有自然周期，一般使用奇数项移动平均。这样计算新的动态平均数就能与原动态数列的数值一一对应，计算起来比较简单；如果采用偶数项移动平均，则新的动态数列和原动态数列的数值不能一一对应，还需要进行一次二项移动平均，用以调整趋势值的位置。

例如，某企业近 10 年商品销售额资料如表 7-17 所示。分别进行了三、五、四项移动平均，其中四项移动平均需要进行一次二项移动平均来正位。

表 7-17　某企业商品销售额资料　　　　　　　　　（单位：百万元）

年　份	商品销售额	三项移动平均	五项移动平均	四项移动平均	四项移动正位平均
2008 年	4.81	—	—	—	—
2009 年	5.33	5.64	—	—	—
2010 年	6.78	6.49	6.17	6.07	6.29
2011 年	7.36	6.90	6.60	6.51	6.71
2012 年	6.55	6.97	7.04	6.92	7.02
2013 年	7.00	7.03	7.51	7.11	7.33
2014 年	7.53	7.88	7.84	7.55	7.86
2015 年	9.12	8.55	8.38	8.16	8.44
2016 年	8.99	9.12	—	8.72	—
2017 年	9.25	—	—	—	—

从图 7-5 可以看出，原始数据的波动较大，而移动的项数越多，趋势图越平滑。但需要注意的是，并不是移动的项数越多越好。移动的项数越多，则动态数列减少的项数越多，丢失的信息也越多，会影响分析的效果。

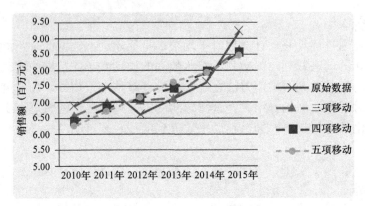

图 7-5 移动平均趋势图

例 7-13 **移动平均在 Excel 中的实现**

利用表 7-17 的数据,借助 Excel 软件,进行移动平均分析,并制作对应的趋势图。

移动平均(Excel)

具体操作步骤如下:

(1)在 Excel 界面中,点击【数据】→【数据分析】,进入"数据分析"对话框,选择"移动平均",如图 7-6 所示,单击【确定】,进入"移动平均"对话框。

图 7-6 "数据分析"对话框

(2)在"移动平均"对话框中,在"输入区域"中选择商品销售额及对应的数据,勾选"标志位于第一行"(如果输入区域的第一行中包含标志项,则选中该复选框)。"间隔"填"3",表示采用三项移动平均。"输出区域"选 C1,勾选"图表输出",如图 7-7 所示。单击【确定】,提交分析。

(3)结果分析。结果如图 7-8 所示,三项移动平均的结果出现在 C 列。移动平均趋势图显示,预测值折线比实际值折线平滑,更能看出数据的趋势。

图 7-7 "移动平均"对话框

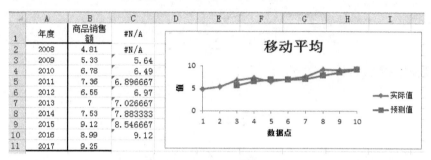

图 7-8 移动平均输出结果

（三）最小二乘法

最小二乘法是测定长期趋势的重要方法之一。前面介绍测定长期趋势的方法，只反映出现象总体的发展趋势，没有得出反映趋势规律的近似数学方程式，不能精确地描绘趋势规律，也无法用于准确预测。最小二乘法是根据其原理，即现象的实际值与趋势值的离差平方和为最小，以拟合优良的趋势模型，找出趋势线的近似数学方程式，从而测定长期趋势，并对未来的发展水平进行预测。用公式表示如下：

$$\sum (y - \hat{y})^2 \rightarrow 最小值 \tag{7-32}$$

式中，y 为原数列的实际数值，$\hat{y}$ 为趋势线的估计数值。

长期趋势有直线型，也有曲线型，而最小二乘法既可用于配合直线，也可用于配合曲线，所以它是分析长期趋势的十分普遍且理想的方法。下面主要介绍根据社会经济现象的基本趋势，如何用最小二乘法配合直线方程、抛物线方程及指数曲线方程。

1. 直线趋势模型

如果现象的发展过程中，其逐期增长量大体上相等，则可考虑配合直线趋势。直线方程的一般形式为

$$y = a + bt + \varepsilon \tag{7-33}$$

式中，a 为截距；b 为直线的斜率；t 为时间；ε 为随机误差项，是除去时间因素外，所有其他因素对 y 的影响结果。

根据已知的动态数据资料和最小二乘法原理，可以估计出待定系数 a、b 的值，进而得出直线趋势方程，用它描绘现象的发展趋势并进行预测。直线趋势方程如下：

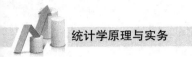

$$\hat{y} = \hat{a} + \hat{b}t \tag{7-34}$$

式中，$\hat{a}$ 为 a 的估计值；$\hat{b}$ 为 b 的估计值。将式（7-34）代入式（7-32）得

$$\sum(y - \hat{a} + \hat{b}t)^2 \rightarrow 最小值$$

根据最小二乘法原理，分别对 $\hat{a}$ 和 $\hat{b}$ 求偏导数，并令导数为 0，化简后得出以下关于 $\hat{a}$ 和 $\hat{b}$ 的标准联立方程组：

$$\begin{cases} \sum y = n\hat{a} + \hat{b}\sum t \\ \sum ty = \hat{a}\sum t + \hat{b}\sum t^2 \end{cases} \tag{7-35}$$

式中，n 为数据的项数。解联立方程组可得

$$\begin{cases} \hat{b} = \dfrac{n\sum ty - \sum t \sum y}{n\sum t^2 - (\sum t)^2} \\ \hat{a} = \dfrac{\sum y}{n} - \hat{b}\dfrac{\sum t}{n} = \overline{y} - \hat{b}\overline{t} \end{cases} \tag{7-36}$$

例 7-14

依据表 7-17 的数据，采用最小二乘法建立直线拟合方程，并预测 2019 年的产品销售额。

解：对某企业商品销售额资料进行处理，得表 7-18。

表 7-18 数据处理结果

t	y	t^2	ty
1	4.81	1.00	4.81
2	5.33	4.00	10.66
3	6.78	9.00	20.34
4	7.36	16.00	29.44
5	6.55	25.00	32.75
6	7.00	36.00	42.00
7	7.53	49.00	52.71
8	9.12	64.00	72.96
9	8.99	81.00	80.91
10	9.25	100.00	92.50
合计 55	72.72	385.00	439.08

将计算数据代入式（7-36），得

$$\begin{cases} \hat{b} = \dfrac{n\sum ty - \sum t \sum y}{n\sum t^2 - (\sum t)^2} = \dfrac{10 \times 439.08 - 55 \times 72.72}{10 \times 385.00 - 55.00^2} = 0.47 \\ \hat{a} = \dfrac{\sum y}{n} - \hat{b}\dfrac{\sum t}{n} = \dfrac{72.72}{10} - \hat{b} \times \dfrac{55.00}{10} = 4.66 \end{cases}$$

则回归方程为

$$\hat{y} = \hat{a} + \hat{b}t = 4.66 + 0.47t$$

2019 年时，$t=12$，代入回归方程，得

$$\hat{y}_{2019} = \hat{a} + \hat{b}t_{2019} = 4.66 + 0.47 \times 12 = 10.30 \text{（百万元）}$$

即按此趋势发展，到 2019 年产品的销售额将达到 10.30 百万元。

在最小二乘法的计算中，需要用到时间指标值，一般而言，动态数列的时间都是年份、季度、月份或是某个时点。为了计算方便，需要对时间的取值做特别处理：当动态数列为奇数项时，时间 t 的取值为…，-3，-2，-1，0，1，2，3，…；当动态数列为偶数项时，时间 t 的取值为…，-5，-3，-1，1，3，5，…，使 $\sum t = 0$，这时上述的方程组式（7-36）可简化为

$$\begin{cases} \hat{b} = \dfrac{\sum ty}{\sum t^2} \\ \hat{a} = \dfrac{\sum y}{n} = \bar{y} \end{cases} \tag{7-37}$$

例 7-15

依据表 7-17 的数据，采用最小二乘法的简化方法，即式（7-37），建立直线拟合方程，并预测 2019 年的产品销售额。

解：因为动态数列由偶数项，因此设置时间如表 7-19 所示。

表 7-19　数据处理结果

t	y	t^2	ty
−9.00	4.81	81.00	−43.29
−7.00	5.33	49.00	−37.31
−5.00	6.78	25.00	−33.90
−3.00	7.36	9.00	−22.08
−1.00	6.55	1.00	−6.55
1.00	7.00	1.00	7.00
3.00	7.53	9.00	22.59
5.00	9.12	25.00	45.60
7.00	8.99	49.00	62.93
9.00	9.25	81.00	83.25
0.00	72.72	330.00	78.24

将计算结果代入式（7-37）得

$$\begin{cases} \hat{b} = \dfrac{\sum ty}{\sum t^2} = \dfrac{78.24}{330.00} = 0.24 \\ \hat{a} = \dfrac{\sum y}{n} = \dfrac{72.72}{10} = 7.27 \end{cases}$$

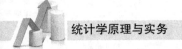

则回归方程为

$$\hat{y} = \hat{a} + \hat{b}t = 7.27 + 0.24t$$

2019 年时，$t=13$，代入回归方程，得

$$\hat{y}_{2019} = \hat{a} + \hat{b}t_{2019} = 7.27 + 0.24 \times 13 = 10.39（百万元）$$

即按此趋势发展，到 2019 年产品的销售额将达到 10.39 百万元。

由此可见虽然式（7-36）和式（7-37）计算出的回归系数不同，但是两种方法的预测结果是一致的（由于计算过程中四舍五入的原因，两个计算结果相差 0.09）。

例 7-16 **最小二乘法在 SPSS 软件中的实现**

依据表 7-17 的数据，借助 SPSS 软件，建立直线拟合方程，并预测 2019 年的产品销售额。

在 SPSS 中进行操作的步骤如下：

（1）将数据录入 SPSS 对话框中，如图 7-9 所示。

（2）单击【分析】→【回归】→【线性】，打开"线性回归"对话框。

（3）从左侧源变量框中，将"商品销售额"选入"因变量"框，"年份"选入"自变量"框，如图 7-10 所示。单击"确定"，提交运行。

最小二乘法（SPSS）

图 7-9　数据录入

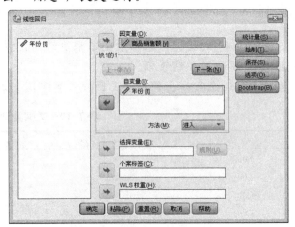

图 7-10　"线性回归"对话框

（4）结果分析。从表 7-20 可以看出，调整的 R^2 为 0.868，说明年份能解释销售额变动的 86.8%。表 7-21 给出了方程 F 检验的结果，显著水平为 0.000。表 7-22 给出了回归方程的系数、标准化系数和 t 检验的结果，常数项为 4.664，年份的系数为 0.474，则回归方程为

$$\hat{y} = \hat{a} + \hat{b}t = 4.664 + 0.474t$$

这个结果和例 7-14 中手工运算的结果一致。

表 7-20　模型汇总

模　型	R	R^2	调整 R^2	估计标准误差
1	0.939[a]	0.882	0.868	0.556

a. 预测变量（常量）：年份。

表 7-21 方差分析 [a]

模 型		平 方 和	df	均 方	F	Sig.
1	回归	18.550	1	18.550	59.994	0.000[b]
	残差	2.474	8	0.309		
	总计	21.024	9			

a. 因变量：商品销售额。

b. 预测变量（常量）：年份。

表 7-22 方程系数 [a]

模 型		非标准化系数		标准系数	t	Sig.
		b	标准误差	b		
1	（常量）	4.664	0.380		12.278	0.000
	年份	0.474	0.061	0.939	7.746	0.000

a. 因变量：商品销售额。

在 Excel 中，运用回归分析也能得到同样的结果，具体步骤见回归分析中的说明，这里不再重复。

2. 曲线趋势模型

现实经济生活中，多数经济现象的发展趋势并非直线型的，而是曲线型的，因此，研究长期趋势变动的曲线类型是十分重要的。下面介绍二次曲线趋势和指数曲线趋势。

（1）二次曲线趋势。如果现象发展的逐期增长量的逐期增长量（即各期的二级增长量）大致相同，则可用二次曲线（抛物线）描绘其发展趋势，曲线方程为

$$y = a + bt + ct^2 + \varepsilon \tag{7-38}$$

式中，a、b、c 为待定系数；t 为时间；ε 为随机误差项。

根据最小二乘法原理和已知动态数列资料可以估算出待定系数 a、b、c，即可得到反映趋势规律的二次曲线方程：

$$\hat{y} = \hat{a} + \hat{b}t + \hat{c}t^2 \tag{7-39}$$

式中，$\hat{a}$、$\hat{b}$、$\hat{c}$ 分别为 a、b、c 的估计值。

由最小二乘法原理，$\sum (y - \hat{y})^2 = \sum (y - \hat{a} - \hat{b}t - \hat{c}t^2)^2$ 取最小值，需分别对 $\hat{a}$、$\hat{b}$、$\hat{c}$ 求偏导数，并令导数为 0，可导出含有 $\hat{a}$、$\hat{b}$、$\hat{c}$ 的三个标准联立方程，即

$$\begin{cases} \sum y = n\hat{a} + \hat{b}\sum t + \hat{c}\sum t^2 \\ \sum ty = \hat{a}\sum t + \hat{b}\sum t^2 + \hat{c}\sum t^3 \\ \sum t^2 y = \hat{a}\sum t^2 + \hat{b}\sum t^3 + \hat{c}\sum t^4 \end{cases} \tag{7-40}$$

为了计算的方便，同样可以使 t 的取值满足 $\sum t = 0$，此时，上述方程组变为

$$\begin{cases} \sum y = n\hat{a} + \hat{c}\sum t^2 \\ \sum ty = \hat{b}\sum t^2 \\ \sum t^2 y = \hat{a}\sum t^2 + \hat{c}\sum t^4 \end{cases} \tag{7-41}$$

根据具体的动态数列资料，可由上述方程组解出 $\hat{a}$、$\hat{b}$、$\hat{c}$，并用于现象发展水平的预测。

（2）指数曲线趋势。当现象发展的各期环比发展速度大致相同时，现象具有指数曲线型的发展趋势，曲线方程为

$$y = ab^t + \varepsilon \qquad\qquad (7\text{-}42)$$

式中，a、b 为待定系数；t 为时间；ε 为随机误差项。

对指数曲线方程 $\hat{y} = \hat{a}\hat{b}^t$，不能直接用最小二乘法求解，必须把方程转化成线性方程，才能用最小二乘法求解趋势线中的未知数。对 $\hat{y} = \hat{a}\hat{b}^t$ 两边取对数，得

$$\ln \hat{y} = \ln \hat{a} + t \ln \hat{b} \qquad\qquad (7\text{-}43)$$

令 $\ln \hat{y} = Y, \ln \hat{a} = A, \ln \hat{b} = B$，则

$$Y = A + Bt \qquad\qquad (7\text{-}44)$$

这样指数曲线趋势就转变为了直线趋势。根据最小二乘法原理，推导出标准化方程组：

$$\begin{cases} \sum Y = n\hat{A} + \hat{B}\sum t \\ \sum tY = \hat{A}\sum t + \hat{B}\sum t^2 \end{cases} \qquad\qquad (7\text{-}45)$$

将上述联立方程求解，就能得出 $\hat{A}$、$\hat{B}$ 值。由于 $\hat{A}$、$\hat{B}$ 为对数值，需查反对数表求得 $\hat{a}$、$\hat{b}$ 值。将参数值代入指数曲线模型，可以求得动态数列中与各观察值对应的趋势值，由此形成一条趋势线，据此也可以进行预测。

三、季节变动分析

季节变动是指某些社会现象由于受到社会因素和自然因素的影响，在一年之内随着季节的更替而呈现的有规律性的周期性波动。如食品、服装、粮食生产、农业生产资料等，这些季节性特点很强的产品或商品，它们的生产和消费都随季节的变换而呈现周期性的波动，出现"旺季"和"淡季"。

如果我们已经掌握了社会经济现象在过去各年的按月份或季度的资料，就可以对其受季节变动的影响情况进行测定，找出一年中的"旺季"和"淡季"，从而克服由于季节变动而引起的不良影响，以便预测未来，采取措施，合理地组织生产和销售，更好地满足社会生产和人民的生活需要。

测定季节变动的方法主要是计算季节指数，也称为季节比率，它是表明一年中各月份（季度）现象波动程度的一个相对指标。按是否考虑长期趋势的影响，测定季节变动的方法主要分为：①按月（季）平均法，这种方法不考虑长期趋势的影响；②移动平均趋势剔除法，这种计算方法考虑到现象发展过程中的长期趋势的影响，并剔除长期趋势造成的影响。季节指数越大，说明相应月份或季度的生产或销售越好；反之越不好。季节指数大于100%的月份或季度，称为"旺季"，季节指数小于 100%的月份或季度，称为"淡季"。季节比率越高的季度或月份，其生产或消费水平越旺；季节比率越低的季度或月份，其生产或消费水平越淡。

（一）月（季）平均法

按月（季）平均法是测定季节变动的基本方法，它不考虑现象长期趋势本身的影响，用各月份的平均水平值除以各月的平均总水平值，表示季节指数，也称季节比率。为了较准确地观察季节变动的情况，需要有连续三年以上的按月资料。其计算步骤与方法如下：

（1）分别就每年各月（季）的水平值加总后，求各年的月（季）平均数。

（2）将各年同月（季）水平值加总，求各年同月（季）的平均数。

（3）若干年内每个月（季）的水平值总计，求总的月（季）平均数。

（4）将各年同月（季）的平均数与总的月（季）平均数相比，即得季节指数。

季节指数的计算公式为

$$季节指数=\frac{各年同月（季）平均数}{全期各月（季）总平均数}\times100\% \tag{7-46}$$

例 7-17

某企业产品销量动态数据资料如表 7-23 所示，试计算各月的季节指数。

表 7-23　某企业产品销量季节变动表

月　份	第一年 （千克）	第二年 （千克）	第三年 （千克）	三年平均 （千克）	季节指数
	（1）	（2）	（3）	（4）	（5）=（4）/115.53
1 月	200.00	197.00	201.00	199.33	172.54%
2 月	210.00	206.00	203.00	206.33	178.60%
3 月	150.00	152.00	148.00	150.00	129.84%
4 月	90.00	92.00	97.00	93.00	80.50%
5 月	70.00	75.00	78.00	74.33	64.34%
6 月	60.00	63.00	61.00	61.33	53.09%
7 月	50.00	54.00	53.00	52.33	45.30%
8 月	42.00	41.00	37.00	40.00	34.62%
9 月	78.00	81.00	76.00	78.33	67.80%
10 月	94.00	90.00	89.00	91.00	78.77%
11 月	150.00	147.00	152.00	149.67	129.55%
12 月	190.00	193.00	189.00	190.67	165.04%
合计	1 384.00	1 391.00	1 384.00	1 386.33	1 199.98%
平均	115.33	115.92	115.33	115.53	100.00%

计算结果显示，1 月、2 月、3 月、11 月和 12 月的季节指数大于 100%，为旺季；4～10 月的季节指数小于 100%，为淡季。2 月份是销售最高峰，8 月份为销售的最低谷。据此，我们可以预测未来的季节变动，组织好企业的生产经营活动。

假如该企业的第四年计划销售 1 500 千克，可以依据季节指数预测各月的销售量。如第四年 1 月份的销售量预测值为

$$\frac{1\,500}{12}\times172.54\%=215.68（千克）$$

按月（季）平均法计算简便，容易理解，但是未能消除长期趋势的影响。当现象的发展存在长期变动趋势时，按月（季）平均法测定的季节指数不够精确。比如，当现象的发展具

有上升趋势时，第四季度的季节指数就会大于第一季度；当现象的发展具有下降趋势时，第四季度的季节指数则会小于第一季度。此时需用移动平均趋势剔除法，剔除长期趋势的影响，更精确地测定现象的季节变动情况。

（二）移动平均趋势剔除法

移动平均趋势剔除法简称趋势剔除法，是利用移动平均法将原始数据资料进行修匀，以消除长期趋势的影响，然后再利用按月（季）平均法计算各月（季）的季节指数。假定动态数列的发展水平是各因素的连乘积，即发展水平符合乘法模型，那么，移动平均趋势剔除法的基本步骤如下所述：

（1）用移动平均法计算出长期趋势值（T）。

（2）用原始数列的各项指标值除以同期的趋势值得到修匀比率（y/T），以剔除长期趋势。

（3）修匀比率按季度（月份）排列，计算出各年同季（月）平均修匀比率，该数值即为各季（月）调整前的季节指数。若各季（月）的季节指数之和不等于 400%（按季平均）或 1 200%（按月平均），需要计算调整系数。

（4）计算调整系数，其计算公式为

$$调整系数 = \frac{400\%（或1200\%）}{调整前各季（月）季节指数之和} \tag{7-47}$$

（5）将调整系数乘以各月份的季节指数，即得调整后的季节指数。

$$季节指数调整值 = 调整前的季节指数 \times 调整系数 \tag{7-48}$$

例 7-18

某地区某商品 2014～2017 年的产品分季销量资料如表 7-24 所示，试用趋势剔除法计算季节指数。

表 7-24　趋势剔除法计算表

年　份	季　度	销量 y（万件）	四项移动平均（万件）	正位平均 T（万件）	修匀比率 y/T
2014 年	一	11	—	—	—
	二	29	—	—	—
	三	48	25.75	26.00	184.62%
	四	15	26.25	26.25	57.14%
2015 年	一	13	26.25	26.38	49.29%
	二	29	26.50	26.25	110.48%
	三	49	26.00	25.63	191.22%
	四	13	25.25	24.75	52.53%
2016 年	一	10	24.25	24.50	40.82%
	二	25	24.75	24.13	103.63%
	三	51	23.50	23.38	218.18%
	四	8	23.25	22.75	35.16%
2017 年	一	9	22.25	22.63	39.78%
	二	21	23.00	22.63	92.82%
	三	54	22.25	—	—
	四	5	—	—	—

为了计算季节指数，需要将测定趋势的表中的修匀比率重新排列，如表 7-25 所示。因为表中的同季平均修匀比率之和不等于400%，因此需要计算调整系数。

$$调整系数=\frac{400\%}{调整前各季（月）季节指数之和}=\frac{400\%}{391.89\%}=1.02$$

再运用式（7-41）计算出调整后的季节指数。

表 7-25　趋势剔除法调整季节指数计算表

年　份	第一季度	第二季度	第三季度	第四季度	合　计
2014 年	—	—	184.62%	57.14%	
2015 年	49.29%	110.48%	191.22%	52.53%	—
2016 年	40.82%	103.63%	218.18%	35.16%	—
2017 年	39.78%	92.82%	—	—	—
同季合计	129.89%	306.93%	594.02%	144.83%	1 175.67%
同季平均	43.30%	102.31%	198.01%	48.28%	391.89%
季节指数	44.16%	104.36%	201.97%	49.24%	400.00%

例 7-19　趋势剔除法在 SPSS 软件中的实现

依据表 7-22 的数据，在 SPSS 软件中进行季节分解。

首先，绘制趋势图，粗略判断数据的变动特点。具体操作为：

（1）设置变量并录入相关数据后，依次点击【分析】→【预测】→【序列图】，如图 7-11 所示。

趋势剔除法（SPSS）

图 7-11　打开"序列图"

（2）在"序列图"对话框中，将"销量"移至"变量"列表框，"时间"移至"时间轴标签"框，如图 7-12 所示。单击【确定】按钮，生成销量序列图，如图 7-13 所示。

图 7-12　"序列图"对话框

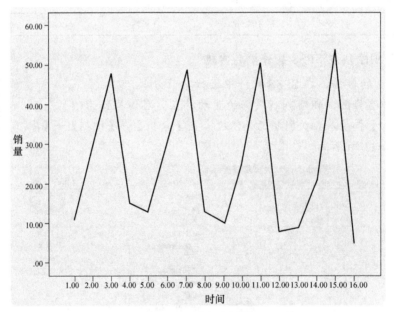

图 7-13　销量序列图

（3）结果分析。从销量序列图中可以看出，随着时间推移，销量呈季节性周期波动，且波动幅度有增大的趋势。因此，考虑使用乘法模型。

其次，进行模型估计。根据时间序列特点，选择带线性趋势的季节性乘法模型作为预测模型。具体操作如下：

（1）定义日期。依次点击【数据】→【定义日期】，打开"定义日期"对话框。在"定义日期"对话框中，在"个案为"列表框选择"年份、季度"的日期格式，在对话框的右侧定义数据的起始年份、季度，这里"年"中填入"2014"，"季度"填入"1"，表示从 2014 年的第一季度开始，如图 7-14 所示。单击【确定】，在数据视图中集中生成日期变量，如图 7-15 所示。

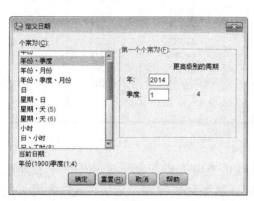

图 7-14 "定义日期"对话框

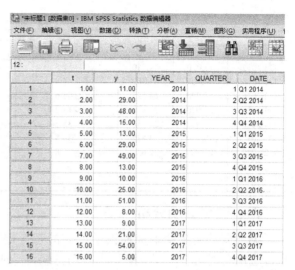

图 7-15 生成日期变量

（2）季节分解。依次点击【分析】→【预测】→【季节性分解】，打开"周期性分解"对话框。在"周期性分解"对话框中，将"销量"移入"变量"框，"模型类型"中选择"乘法"，"移动平均权重"中选择"结束点按 0.5 加权"，勾选"显示对象删除列表"，如图 7-16 所示。单击【确定】，生成季节性分解表，如表 7-26 所示。可以看出，分析结果与手工计算结果近似。

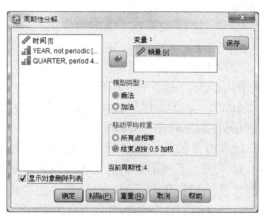

图 7-16 "周期性分解"对话框

表 7-26 季节性分解表

DATE_	原始序列	移动平均数序列	原始序列与移动平均数序列的比率（%）	季节性因素（%）	季节性调整序列	平滑的趋势循环序列	不规则（误差）分量
Q1 2014	11.000	—	—	42.1	26.154	25.509	1.025
Q2 2014	29.000	—	—	106.8	27.159	25.891	1.049
Q3 2014	48.000	26.000	184.6	197.0	24.361	26.655	0.914
Q4 2014	15.000	26.250	57.1	54.1	27.714	27.556	1.006
Q1 2015	13.000	26.375	49.3	42.1	30.909	27.967	1.105
Q2 2015	29.000	26.250	110.5	106.8	27.159	27.196	0.999
Q3 2015	49.000	25.625	191.2	197.0	24.868	25.738	0.966

（续）

DATE_	原始序列	移动平均数序列	原始序列与移动平均数序列的比率（%）	季节性因素（%）	季节性调整序列	平滑的趋势循环序列	不规则（误差）分量
Q4 2015	13.000	24.750	52.5	54.1	24.019	24.435	0.983
Q1 2016	10.000	24.500	40.8	42.1	23.777	24.105	0.986
Q2 2016	25.000	24.125	103.6	106.8	23.413	23.151	1.011
Q3 2016	51.000	23.375	218.2	197.0	25.883	22.135	1.169
Q4 2016	8.000	22.750	35.2	54.1	14.781	20.221	0.731
Q1 2017	9.000	22.625	39.8	42.1	21.399	20.709	1.033
Q2 2017	21.000	22.625	92.8	106.8	19.667	20.070	0.980
Q3 2017	54.000	—	—	197.0	27.406	18.770	1.460
Q4 2017	5.000	—	—	54.1	9.238	18.120	0.510

四、循环变动分析

循环变动是指变动周期大于一年的有一定规律性的重复变动。循环变动不同于长期趋势，它所表现的不是朝着某一个方向持续上升或下降，而是从低到高，又从高到低的周而复始的近乎规律性的变动。循环变动也不同于季节变动，季节变动一般以一年、一季或一月为一周期，是可以预见的。而循环变动没有固定的周期，一般都在数年以上，难以事先预知。因此，循环变动分析不仅要借助于统计方法，还要借助于定性的经济分析。从统计分析的角度来看，循环变动的测定方法有多种，其中较为常用的是剩余法。

剩余法的基本思想是：对各期时间序列用长期趋势和季节指数消除趋势变动和季节变动，从而得出反映循环变动与不规则变动的数列，再采用移动平均法消除不规则变动，便可得出反映循环变动程度的各期循环变动系数，即

$$Y = T \times S \times C \times I$$

$$\frac{Y}{T \times S} = \frac{T \times S \times C \times I}{T \times S} = C \times I \tag{7-49}$$

将 $C \times I$ 数列进行移动平均修匀，剔除不规则变动（I），则修匀后的数列即为各期循环变动指数。循环变动指数为100%，表示无循环波动；循环变动指数大于100%，表示经济上涨期；循环变动指数小于100%，表示经济下落期。

测定循环变动的程度，认识经济波动的某些规律，预测下一个循环变动可能产生的各种影响，以便充分利用有利因素，避免不利因素，对于保持国民经济持续稳定的发展具有重要的意义。但是循环变动预测和长期趋势预测不同，循环变动主要属于景气预测，在很大程度上要依靠经济分析，仅通过对历史资料进行统计处理是不够的。

五、随机变动分析

随机变动指数是由偶然因素引起的，无周期、无规律。分析测定随机变动指数，可以正确评价经济现象发展过程中人们的主观努力和客观环境条件的不同影响，以便进一步分析深层次的原因，更科学地组织未来的生产经营活动。

测定随机变动，仍然可以采用上述的剩余法剔除季节变动、长期趋势和循环变动的影响，求得随机变动指数，即

$$I = \frac{T \times S \times C \times I}{T \times S \times C} \tag{7-50}$$

随机变动指数反映出偶然因素所引起不规则变动的不同程度，其数值在100%上下波动。

随机变动指数等于 100%，表示无不规则变动；大于 100%，表示偶然因素对数列的影响为正；小于 100%，表示偶然因素对数列的影响为负，且离 100%越远，影响越大。应该指出，随机变动指数必须和影响原数列的各种具体情况联系起来分析才有意义。

本章小结

动态数列是将反映社会经济现象的某一指标在不同时间上的指标数值按照时间的先后顺序排列而成的数列，又称时间数列或时间序列。根据统计指标编制的动态数列，可分为绝对数动态数列、相对数动态数列和平均数动态数列。其中绝对数动态数列是基本数列，并将其分为时期数列和时点数列。

动态数列的水平指标有发展水平、平均发展水平、增长量和平均增长量。发展水平是动态数列中的每一项具体的指标数值；平均发展水平是将动态数列中不同时间上的指标数值加以平均所得的平均数，又称序时平均数；增长量是报告期水平与基期水平之差，可分为逐期增长量与累积增长量；平均增长量是现象在一定时期内平均每期增长的绝对数量。

动态数列的速度指标有发展速度、增长速度、平均发展速度和平均增长速度。发展速度是报告期水平与基期水平之比，可分为定基发展速度和环比发展速度；增长速度是报告期增长量与基期水平之比，可分为定基增长速度和环比增长速度；平均发展速度是各期环比发展速度的平均数；平均发展速度减 1 为平均增长速度。

长期趋势的测定主要方法有时距扩大法、移动平均法和最小二乘法。

季节变动测定的主要方法有按月（季）平均法和移动平均趋势剔除法。

主要公式

绝对数动态数列平均发展水平	时期数列			$\bar{a} = \dfrac{a_1 + a_2 + a_3 + \cdots + a_n}{n} = \dfrac{\sum a}{n}$
	时点数列	连续	间隔相等	$\bar{a} = \dfrac{a_1 + a_2 + a_3 + \cdots + a_n}{n} = \dfrac{\sum a}{n}$
			间隔不等	$\bar{a} = \dfrac{\sum af}{\sum f}$
		间断	间隔相等	$\bar{a} = \dfrac{a_1/2 + a_2 + a_3 + a_4 + \cdots + a_{n-1} + a_n/2}{n-1}$
			间隔不等	$\bar{a} = \dfrac{\dfrac{(a_1 + a_2)}{2}f_1 + \dfrac{(a_2 + a_3)}{2}f_2 + \dfrac{(a_3 + a_4)}{2}f_3 + \cdots + \dfrac{(a_{n-1} + a_n)}{2}f_{n-1}}{f_1 + f_2 + f_3 + \cdots + f_{n-1}}$
相对数动态数列平均发展水平				$\bar{c} = \dfrac{\bar{a}}{\bar{b}}$
平均数动态数列平均发展水平	由动态平均数组成		时期相等	$\bar{a} = \dfrac{\sum a}{n}$
			时期不等	$\bar{a} = \dfrac{\sum af}{\sum f}$
	由一般平均数组成			$\bar{c} = \dfrac{\bar{a}}{\bar{b}}$

（续）

增长量	增长量=报告期水平−基期水平
逐期增长量	$a_1-a_0,\ a_2-a_1,\ \cdots,\ a_n-a_{n-1}$
累计增长量	$a_1-a_0,\ a_2-a_0,\ \cdots,\ a_n-a_0$
年距增长量	年距增长量=本期发展水平−去年同期发展水平
平均增长量	$平均增长量=\dfrac{逐期增长量之和}{逐期增长量项数}=\dfrac{累计增长量}{数列项数-1}$
发展速度	$发展速度=\dfrac{报告期水平}{基期水平}$
定基发展速度	$\dfrac{a_1}{a_0},\dfrac{a_2}{a_0},\dfrac{a_3}{a_0},\cdots,\dfrac{a_n}{a_0}$
环比发展速度	$\dfrac{a_1}{a_0},\dfrac{a_2}{a_1},\dfrac{a_3}{a_2},\cdots,\dfrac{a_n}{a_{n-1}}$
年距发展速度	$年距发展速度=\dfrac{报告期发展水平}{上年同期发展水平}$
增长速度	$增长速度=\dfrac{增长量}{基期发展水平}=发展速度-1（或100\%）$
平均发展速度	$\bar{x}=\sqrt[n]{\dfrac{a_n}{a_0}}=\sqrt[n]{\prod x}=\sqrt[n]{R}$
平均增长速度	平均增长速度=平均发展速度−1（或100%）
乘法模型	$Y=T\times S\times C\times I$
加法模型	$Y=T+S+C+I$
直线回归方程的一般形式	$y=a+bt+\varepsilon$
估计的直线回归方程	$\hat{y}=\hat{a}+\hat{b}t$
直线方程的参数估计	$\begin{cases}\hat{b}=\dfrac{n\sum ty-\sum t\sum y}{n\sum t^2-\left(\sum t\right)^2}\\[2mm]\hat{a}=\dfrac{\sum y}{n}-\hat{b}\dfrac{\sum t}{n}=\bar{y}-\hat{b}\bar{t}\end{cases}$
直线方程的参数估计的简捷法	$\begin{cases}\hat{b}=\dfrac{\sum ty}{\sum t^2}\\[2mm]\hat{a}=\dfrac{\sum y}{n}=\bar{y}\end{cases}$
二次曲线回归方程的一般形式	$y=a+bt+ct^2+\varepsilon$
估计的二次曲线回归方程	$\hat{y}=\hat{a}+\hat{b}t+\hat{c}t^2$
二次曲线方程的参数估计	$\begin{cases}\sum y=n\hat{a}+\hat{b}\sum t+\hat{c}\sum t^2\\\sum ty=\hat{a}\sum t+\hat{b}\sum t^2+\hat{c}\sum t^3\\\sum t^2 y=\hat{a}\sum t^2+\hat{b}\sum t^3+\hat{c}\sum t^4\end{cases}$
二次曲线方程的参数估计的简捷法	$\begin{cases}\sum y=n\hat{a}+\hat{c}\sum t^2\\\sum ty=+\hat{b}\sum t^2\\\sum t^2 y=\hat{a}\sum t^2+\hat{c}\sum t^4\end{cases}$
指数曲线回归方程的一般形式	$y=ab^t+\varepsilon$
季节指数	$季节指数=\dfrac{各年同月（季）平均数}{全期各月（季）总平均数}\times100\%$
调整系数	$调整系数=\dfrac{400\%（或1\,200\%）}{调整前各季（月）季节指数之和}$
季节指数调整值	季节指数调整值=调整前的季节指数×调整系数

练习与案例分析

一、单项选择题

1. 下列数列中，指标数值可以相加的是（　　）。
   A．平均数动态数列　　　　　　B．相对数动态数列
   C．时期数列　　　　　　　　　D．时点数列

2. 在动态数列中，作为计算其他动态分析指标基础的是（　　）。
   A．发展水平　　　　　　　　　B．平均发展水平
   C．发展速度　　　　　　　　　D．平均发展速度

3. 已知各时期发展水平之和与最初水平及时期数，要计算平均发展速度，应采用（　　）。
   A．水平法　　　　　　　　　　B．累计法
   C．两种方法都能采用　　　　　D．两种方法都不能采用

4. 已知最初水平与最末水平及时期数，要计算平均发展速度，应采用（　　）。
   A．水平法　　　　　　　　　　B．累计法
   C．两种方法都能采用　　　　　D．两种方法都不能采用

5. 假定某产品产量 2017 比 2007 年增加了 235%，则 2007～2017 年期间平均发展速度为（　　）。

   A．$\sqrt[9]{135\%}$　　　　B．$\sqrt[10]{335\%}$　　　　C．$\sqrt[10]{235\%}$　　　　D．$\sqrt[9]{335\%}$

6. 环比发展速度与定基发展速度之间的关系是（　　）。
   A．环比发展速度等于定基发展速度减1
   B．定基发展速度等于环比发展速度之和
   C．环比发展速度等于定基发展速度的平方根
   D．环比发展速度的连乘积等于定基发展速度

7. 环比增长速度与定基增长速度之间的关系是（　　）。
   A．环比增长速度之和等于定基增长速度
   B．环比增长速度之积等于定基增长速度
   C．环比增长速度等于定基增长速度减1
   D．二者无直接代数关系

8. 某企业的职工人数比上年增加 5%，职工工资水平提高 2%，则该企业职工工资总额比上年增长（　　）。
   A．7%　　　　　　B．7.1%　　　　　　C．10%　　　　　　D．11%

9. 总速度是（　　）。
   A．定基发展速度　　　　　　　B．环比发展速度
   C．定基增长速度　　　　　　　D．环比增长速度

10. 以 1990 年为基期，2017 年为报告期，若求平均发展速度须开方计算，应开（　　）次方。
    A．29　　　　　　B．28　　　　　　C．27　　　　　　D．26

二、多项选择题

1. 下列数列中，属于时期数列的有（　　　　）。
   A. 全国第六次人口普查数　　　　B. 某省近五年钢铁产量
   C. 某市近五年企业数　　　　　　D. 某商场各季末商品库存量
   E. 某商场 2000～2017 年商品销售额

2. 已知各时期环比发展速度和时期数，就可计算（　　　　）。
   A. 平均发展速度　　　　　　　　B. 平均发展水平
   C. 定基发展速度　　　　　　　　D. 逐期增长量
   E. 累计增长量

3. 用水平法计算平均发展速度时，被开方的数是（　　　　）。
   A. 环比发展速度的连乘积
   B. 定基发展速度的连乘积
   C. 报告期发展水平与基期发展水平之比
   D. 基期发展水平与报告期发展水平之比
   E. 总速度

4. 定基增长速度等于（　　　　）。
   A. 累计增长量除以基期水平　　　B. 环比增长速度的连乘积
   C. 环比发展速度的连乘积减 1　　D. 定基发展速度减 1
   E. 逐期增长量分别除以基期水平

5. 编制动态数列应遵循的原则包括（　　　　）。
   A. 指标数值所属的总体范围应该一致
   B. 指标的经济含义应该相同
   C. 指标数值的计算方法应该一致
   D. 指标数值的计算价格和计量单位应该一致
   E. 指标数值所属的时期长短或时间间隔应该一致

6. 反映现象发展变化程度采用的指标有（　　　　）。
   A. 发展水平　　　　　　　　　　B. 发展速度
   C. 增长速度　　　　　　　　　　D. 平均发展速度
   E. 平均增长速度

三、判断题

1. 发展水平是计算其他动态分析指标的基础，它只能用总量指标来表示。　　（　　）
2. 保证动态数列中各个指标数值具有可比性是编制动态数列应遵守的基本原则。（　　）
3. 平均增长速度等于平均发展速度减 1。　　　　　　　　　　　　　　（　　）
4. 序时平均数与一般平均数是两个不同的概念，它们之间没有共同点。　　（　　）
5. 若将某市社会商品库存额按时间先后顺序排列，此种动态数列属于时期数列。（　　）
6. 平均增长速度不能根据各个环比增长速度直接求得。　　　　　　　　（　　）

四、综合应用题

1. 某市 2017 年城镇单位从业人员人数数列资料如下表：

某市 2017 年城镇单位从业人员人数

时　　间	1月1日	3月1日	7月1日	11月1日	12月31日
从业人员（万人）	140.2	142.5	144.1	149.5	148.8

请回答：

（1）关于此数列，下列表述不正确的有（　　　）。

    A．属于时期数列　　　　　　　　B．属于时点数列

    C．数列中的每个指标数值可以相加　　D．数列中的每个指标数值不能相加

（2）2017 年该市的年平均城镇单位从业人员人数为（　　　）万人。

    A．145.02　　　　B．145.07　　　　C．145.12　　　　D．145.15

（3）为了更真实地反映该市城镇单位从业人员的变动情况，应尽可能地收集（　　　）。

    A．月度数据　　　B．季度数据　　　C．半年度数据　　　D．年度数据

2．某企业 2012～2017 年期间工业增加值资料如下表：

某企业 2012～2017 年期间工业增加值

年　　份	2012年	2013年	2014年	2015年	2016年	2017年
工业增加值（万元）	200	220	231	240	252	262

请回答：

（1）该企业 2012～2017 年期间工业增加值数列属于（　　　）。

    A．平均数动态数列　　　　　　　B．相对数动态数列

    C．时期数列　　　　　　　　　　D．时点数列

（2）该企业 2012～2017 年期间工业增加值的年平均增长量为（　　　）万元。

    A．10.33　　　　B．12.40　　　　C．42.00　　　　D．62.00

（3）该企业 2012～2017 年期间工业增加值的年平均增长速度为（　　　）。

    A．$\sqrt[5]{\dfrac{262}{200}}-1$　　　B．$\sqrt[6]{\dfrac{262}{200}}-1$　　　C．$\sqrt[5]{\dfrac{262}{200}}-1$　　　D．$\sqrt[6]{\dfrac{262}{200}}-1$

（4）该企业 2012～2017 年期间年平均工业增加值为（　　　）万元。

    A．239.33　　　　B．239.14　　　　C．237.43　　　　D．234.17

3．2010～2016 年我国社会经济发展基本资料如下：

年　　份	2010年	2011年	2012年	2013年	2014年	2015年	2016年
GDP（万亿元）	41.30	48.93	54.04	59.52	64.40	68.91	74.36
年末人口数（亿人）	13.41	13.47	13.54	13.61	13.61	13.75	13.83
第三产业比重（%）	44.10	44.20	45.30	46.70	46.70	50.20	51.60
城镇单位就业人员平均工资（万元）	3.65	4.18	4.68	5.15	5.15	6.20	6.76

利用以上所给资料，完成下列题目：

（1）题干中的几个数列，属于相对数动态数列的是（　　　）。

    A．GDP 数列　　　　　　　　　　B．人口数列

    C．第三产业比重数列　　　　　　D．城镇单位就业人员平均工资数列

（2）题干中的几个数列，属于平均数动态数列的是（　　）。

    A. GDP 数列   B. 人口数列

    C. 第三产业比重数列   D. 城镇单位就业人员平均工资数列

（3）题干中的几个数列，属于时期数列的是（　　）。

    A. GDP 数列   B. 人口数列

    C. 第三产业比重数列   D. 城镇单位就业人员平均工资数列

（4）题干中的几个数列，属于时点数列的是（　　）。

    A. GDP 数列   B. 人口数列

    C. 第三产业比重数列   D. 城镇单位就业人员平均工资数列

（5）"十二五"期间，我国年均 GDP 为（　　）万亿元。

    A. 59.16   B. 58.78   C. 56.18   D. 53.64

（6）2011～2016 年我国人口平均数为（　　）亿人。

    A. 13.46   B. 13.64   C. 13.60   D. 13.06

（7）2010～2016 年我国 GDP 的累计增长量为（　　）万亿元。

    A. 25.43   B. 33.06   C. 5.45   D. 33.60

（8）2010～2016 年我国 GDP 的年均增长量为（　　）万亿元。

    A. 6.61   B. 4.72   C. 5.51   D. 5.09

（9）计算时间数列的水平指标时，常需要计算逐期增长量和累计增长量这两个指标，二者的关系是（　　）。

    A. 逐期增长量之和等于累计增长量

    B. 逐期增长量之积等于累计增长量

    C. 累计增长量之和等于逐期增长量

    D. 累计增长量之积等于逐期增长量

（10）2010～2016 年我国人口数的定基发展速度为（　　）。

    A. 100.58%   B. 103.13%   C. 0.58%   D. 3.13%

（11）2010～2016 年我国 GDP 的年定基发展速度为（　　）。

    A. 180.05%   B. 80.05%   C. 7.91%   D. 107.91%

（12）2010～2016 年我国 GDP 的年平均发展速度为（　　）。

    A. 110.30%   B. 100.30%   C. 111.28%   D. 101.28%

（13）计算上述平均发展速度时使用的方法是（　　）。

    A. 水平法   B. 累积法   C. 叠加法   D. 换算法

（14）计算动态数列的速度指标时，常需要计算环比发展速度和定基发展速度这两个指标，二者的关系是（　　）。

    A. 环比发展速度之和等于定基发展速度

    B. 环比发展速度之积等于定基发展速度

    C. 定基发展速度之和等于环比发展速度

    D. 定基发展速度之积等于环比发展速度

（15）2010～2016 年我国 GDP 的定基增长速度为（　　）。

    A. 180.05%   B. 80.05%   C. 7.91%   D. 107.91%

（16）2010～2016 年我国 GDP 的年平均增长速度为（　　）。

    A．180.05%　　　　B．80.05%　　　　C．7.91%　　　　D．107.91%

五、综合案例

国内生产总值（GDP）是按市场价格计算的一个国家（或地区）所有常住单位在一定时期内生产活动的最终成果。GDP 有三种表现形态，即价值形态、收入形态和产品形态。从价值形态看，它是所有常住单位在一定时期内生产的全部货物和服务价值超过同期投入的全部非固定资产货物和服务价值的差额，即所有常住单位的增加值之和；从收入形态看，它是所有常住单位在一定时期内创造并分配给常住单位和非常住单位的初次收入之和；从产品形态看，它是所有常住单位在一定时期内最终使用的货物和服务价值减去货物和服务进口价值。在实际核算中，GDP 有三种计算方法，即生产法、收入法和支出法。

下表给出了 2013～2016 年每季度的 GDP 数据，试分析国内生产总值的水平指标和速度指标，并借助统计软件分析 GDP 的长期趋势和第一产业增加值的季节变动。

指　标	GDP（亿元）	第一产业增加值（亿元）	第二产业增加值（亿元）	第三产业增加值（亿元）
2013 年第一季度	129 747.0	7 169.6	55 862.3	66 715.0
2013 年第二季度	143 967.0	10 842.3	65 131.3	67 993.4
2013 年第三季度	152 905.3	16 593.1	66 750.0	69 562.3
2013 年第四季度	168 625.1	20 724.1	74 212.5	73 688.5
2014 年第一季度	140 618.3	7 491.9	59 221.5	73 905.0
2014 年第二季度	156 461.3	11 653.4	69 541.1	75 266.8
2014 年第三季度	165 711.9	17 675.6	71 024.7	77 011.6
2014 年第四季度	181 182.5	21 522.7	77 784.5	81 875.3
2015 年第一季度	150 986.7	7 770.4	60 724.7	82 491.6
2015 年第二季度	168 503.0	12 486.7	71 147.4	84 868.9
2015 年第三季度	176 710.4	18 087.5	71 665.3	86 957.7
2015 年第四季度	192 851.9	22 517.5	78 502.9	91 831.6
2016 年第一季度	161 456.3	8 803.2	61 385.1	91 268.1
2016 年第二季度	180 615.0	13 294.1	73 730.7	93 590.2
2016 年第三季度	190 362.7	18 569.8	75 639.0	96 153.9
2016 年第四季度	211 151.4	23 005.7	85 792.9	102 352.8

实践训练

实训目标：

（1）增强对动态数据收集的感性认识。

（2）培养编制动态数列并进行分析的初步能力。

实训内容与要求：

按班级 4～6 人一组建立调查小组，每组确定一名组长，深入一家企业进行调研，收集企业 4～5 年的月销售额数据，编制成动态数列。运用所学知识，借助统计软件，对动态数列进行分析，计算水平指标和速度指标，并进行长期趋势分析和季节变动分析。

实训成果与检测：

各组就各自分析的结果在班级进行交流、讨论后，在教师主持下就计算及分析结果进行评判，并做出评价打分。

第八章　统计指数

学习目标

- ☑ 了解统计指数的概念和分类，以及统计指数的作用和性质。
- ☑ 掌握数量指标综合指数和质量指标综合指数的编制方法。
- ☑ 掌握平均指数的编制方法，以及平均指标指数的运用。
- ☑ 理解指数体系的含义及其作用，以及构建指数体系的原则。
- ☑ 熟练应用因素分析方法研究影响社会经济现象总体的变动。

引导案例>>>　2017 年 7 月份 CPI 环比微涨

CPI 是居民消费价格指数（Consumer Price Index）的简称。居民消费价格指数，是一个反映居民家庭一般所购买的消费品价格水平变动情况的宏观经济指标。它是在特定时段内度量一组代表性消费商品及服务项目的价格水平随时间变动的相对数，用来反映居民家庭购买消费商品及服务的价格水平的变动情况。

居民消费价格统计调查的是社会产品和服务项目的最终价格，不仅同人民群众的生活密切相关，同时在整个国民经济价格体系中也具有重要的地位。它是进行经济分析与决策、价格总水平监测与调控和国民经济核算的重要指标。其变动率在一定程度上反映了通货膨胀或紧缩的程度。一般来讲，物价全面地、持续地上涨就被认为发生了通货膨胀。

国家统计局发布的 2017 年 7 月份全国居民消费价格指数（CPI）数据显示，CPI 环比上涨 0.1%，同比上涨 1.4%。

从环比看，2017 年 7 月份 CPI 上涨 0.1%，走势基本平稳。食品价格下降 0.1%，影响 CPI 下降约 0.02 个百分点。受大范围持续高温天气和区域性强降水影响，鲜菜价格连降五个月后上涨 7.0%；高温导致蛋鸡产蛋率下降、储运成本提高，鸡蛋价格上涨 4.0%，两项合计影响 CPI 上涨约 0.17 个百分点。时令水果大量上市，鲜果价格下跌 9.2%；猪肉消费进入淡季，价格下降 0.7%，两项合计影响 CPI 下跌约 0.18 个百分点。非食品价格上涨 0.2%，影响 CPI 上涨约 0.13 个百分点。暑期旅游出行人数增多，飞机票和旅行社收费价格分别上涨 10.5%和6.1%，两项合计影响 CPI 上涨约 0.13 个百分点。

从同比看，2017 年 7 月份 CPI 上涨 1.4%，涨幅比上月回落 0.1 个百分点。食品价格下降 1.1%，影响 CPI 下降约 0.21 个百分点。其中，猪肉价格下降 15.5%，影响 CPI 下降 0.46 个百分点；鲜菜价格上涨 9.1%，影响 CPI 上涨约 0.20 个百分点。非食品价格上涨 2.0%，影响 CPI 上涨约 1.62 个百分点。其中，医疗保健类价格上涨 5.5%，教育服务类价格上涨 3.3%，居住类价格上涨 2.5%。

据测算，在 2017 年 7 月份 1.4%的同比涨幅中，去年价格变动的翘尾因素约占 1.0 个百分点，新涨价因素约占 0.4 个百分点。

（资料来源：根据国家统计局网站资料整理。）

第一节　统计指数的意义和种类

一、统计指数的概念和性质

（一）统计指数的概念

统计指数，又称经济指数，是与数学指数完全不同的概念。统计指数产生于 18 世纪的欧洲。当时物价飞涨，社会动荡不安，于是产生了反映物价变动程度的需求，这就是物价指数产生的根源。最初的物价指数局限于单一商品的价格在不同时间上的对比（即个体指数），不能反映价格变动的全貌。

人们研究多种商品的价格变动是以研究个体指数为起点，然后对个体指数进行简单的算术平均、几何平均或调和平均，后来发展到加权平均，来反映全部商品的价格总变动，这便是统计总指数的雏形。在统计学理论中，统计指数主要指总指数。

对于统计总指数的概念，统计学界认为有广义和狭义两种理解。广义指数是指同类社会经济现象数量对比的相对数，如前所述的计划相对数、比较相对数、动态相对数等。狭义指数是指不能直接加总和对比的复杂社会经济现象总体综合变动的相对数。如要说明我国社会商品零售价格综合变动情况，由于各种商品的经济用途、规格、计量单位不同，不能直接将各种商品的价格简单对比，而要解决这种复杂经济现象各要素相加的问题，就要使用统计指数。统计学所要研究的指数，主要是指狭义指数。

统计指数在社会经济领域中具有广泛的应用。如股票价格指数是用来表示多种股票价格一般变动趋势的相对数，其中以发行量加权平均的综合股价指数，称为市价总额指数；以交易量加权平均的综合股价指数，称为成交总额指数。股票价格指数又称为一国经济晴雨表。再如工业生产指数是综合反映工业产品产量增减变动的相对数，用来表明一个国家国民经济发展的状况；居民消费价格指数就是通常所说的生活消费指数，可以用来表明居民生活费用变动的程度等。

（二）统计指数的性质

（1）相对性。指数是总体各变量在不同场合下对比形成的相对数，它可以度量变量在不同时间或不同空间的相对变化。总体变量在不同时间上对比形成的指数称为时间性指数，在不同空间上对比形成的指数称为区域性指数。

（2）综合性。同一现象总体在各项目间变化的情况往往相差悬殊，从狭义上讲指数不是

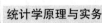

反映一种事物的变动，而是综合反映多种事物构成的总体的变动，即具有综合性。如股票价格指数是综合反映所有上市公司股票交易的价格变动，而不是某一上市公司股票价格的变动。

（3）平均性。由于各个个体的变动是参差不齐的，指数所反映的总体的变动只能是一种平均意义上的变动，即表示各个个体变动的一般程度。例如，上海证券交易所综合指数当天与前一天比股票指数上涨了 1.2%，表示平均来说上海证券交易所挂牌交易的所有上市公司平均股票价格当天比前一天上涨了 1.2%，但有的上市公司上涨超过 1.2%，也有的上市公司上涨未超过 1.2%甚至下跌。

二、统计指数的作用

（1）可用于测定不能直接相加和不能直接对比的现象综合变动方向和程度。在从事统计分析工作的时候，经常为所研究的总体中的个体不能直接相加所困扰，从而无法对社会经济现象总体做进一步的综合对比分析，以表 8-1 为例。

表 8-1　某企业三种产品产量统计表

产品名称	计量单位	上年产量	今年产量	今年为上年的百分比（%）
甲	双	2 000	24 000	120
乙	台	8 000	8 000	100
丙	千克	15 000	12 000	80

上述资料表明，今年该企业三种产品产量较上年有增有减，但由于三种产品使用价值不同、计量单位不同，因此就求不出该企业上年与今年的产品总量，前后期也无法进行综合对比，从总产量上无法搞清是增产还是减产。这时就需要利用统计指数的方法，把这些不能直接相加对比的现象，过渡到可以综合对比的数量，以计算出总体的综合变动方向和程度。

（2）分析现象总变动中各因素变动的影响方向和影响程度。社会经济现象总体的数量变化，往往是由两个或两个以上因素共同作用的结果。如生产成本由产量和单位产品成本两个因素构成。生产成本的增减与否及增减程度的大小，取决于产量和单位成本的增减与否及增减程度。对于经济现象总体，可以应用统计指数，根据其经济上的联系建立指数体系，分析各因素变动对总体的影响。分析可以从相对数和绝对数两个方面进行，这是统计分析中广泛采用的一种方法，通常称为因素分析法。

（3）研究社会经济现象在长时间内的发展变化趋势。由连续编制的动态统计指数形成的指数数列，可反映事物的长期发展变化趋势。这种方法尤其适用于对比分析有联系而性质又不同的时间数列之间的变动关系，因为用指数的变动进行比较，可以解决不同性质数列之间不能对比的问题。

知识拓展

指数与相对数

指数是一种表明社会经济现象发展动态的相对数，运用指数可以测定不能直接相加和不能直接对比的社会经济现象的总动态；可以分析社会经济现象总变动中各因素变动的影响程度；可以研究总平均指标变动中各组标志水平和总体结构变动的作用。指数按所反映的现象范围不同，分为个体指数和总指数。前者反映个体经济现象变动的相对数，如个别产品的物量指数、个别商品的价格指数等；后者是表明全部经济现象变动的相对数，如工业总产值指数、居民消费价格指数。

而一般的相对数，是两个有联系的指标的比值，它可以从数量上反映两个相互联系的现象之间的对比关系。相对数的种类很多，根据其表现形式可分为两类：一类是有名数，凡是由两个性质不同而又有联系的绝对数或平均数指标对比计算所得的相对数，一般都是有名数，而且多用复合计量单位。另一类是无名数，无名数可以根据不同的情况分别采用倍数、成数、系数、百分数、千分数等来表示，如人口出生率、死亡率等。相对数根据相互对比的指标的性质和所能发挥的作用不同，又可分为动态相对数、结构相对数、比较相对数、比例相对数、强度相对数、计划完成程度相对数。

因此，指数和一般相对数的区别在于：一般相对数是两个有联系的现象数值之比，而指数却是说明复杂社会经济现象的发展情况，并可分析各种构成因素的影响程度。

三、统计指数的种类

统计指数从不同的角度可以做如下分类：

1．指数按其说明的对象范围不同，分为个体指数与总指数

个体指数是反映复杂社会经济现象总体中个别要素变动情况的相对数，属于广义指数，如：

商品销售量个体指数：　　　　　　　　$k_q = q_1/q_0$

价格个体指数：　　　　　　　　　　　$k_p = p_1/p_0$

成本个体指数：　　　　　　　　　　　$k_z = z_1/z_0$

式中，q_1，p_1，z_1 为商品的报告期销售量、销售价格及单位成本；q_0，p_0，z_0 为同一种商品的基期销售量、销售价格及单位成本。

总指数是反映由不能直接相加的许多个别事物构成的现象总体综合变动的相对数，属于狭义指数。例如：工业生产指数、社会商品零售价格指数、社会商品零售量指数、居民消费价格指数等都是总指数。

2．指数按其计算方法不同，分为简单指数与加权指数

根据对个体指数加以平均求得总指数时所用的方法不同，统计指数可以分为简单指数和加权指数。凡是用简单平均法计算出的总指数称为简单指数；凡是用加权平均法计算出的总指数称为加权指数。目前常用的总指数都是加权指数。

3．总指数按其编制方法不同，分为综合指数、平均指数和平均指标指数

综合指数是通过确定同度量因素，把不能同度量的个体现象过渡为可以同度量，然后进行加总和对比而得到的统计指数。平均指数一般是指上述的加权指数。综合指数和平均指数是指数方法论中的主流。平均指标指数则是通过两个有联系的加权算术平均数对比而计算出的统计指数。

4．指数按其性质不同，分为数量指标指数和质量指标指数

数量指标指数，是用来反映社会经济现象物量变动水平的相对数。例如，职工人数指数、

产品产量指数、商品销售量指数等。质量指标指数，是用以反映社会经济现象质量内涵变动情况的相对数。例如，成本指数、物价指数、劳动生产率指数等。

5. 指数按其对比场合不同，分为动态指数和静态指数

动态指数，是说明现象在不同时间上发展变化情况的指数。例如，股票价格指数、社会商品零售价格指数、农副产品产量指数等。静态指数，是反映现象在同时期不同空间的对比情况的指数。例如，计划完成情况指数、地区经济综合评价指数等。

📖 **阅读材料**

大数据时代的来临，给政府统计工作带来了前所未有的挑战。统计部门按月发布的居民消费价格指数（简称 CPI）和工业生产者价格指数（简称 PPI）也正接受着各种资讯网、交易平台等提供的"数据财富"的挑战。因此，如何抢抓大数据时代机遇，利用现代信息技术手段和先进有效的分析方法，丰富价格统计的渠道，预测价格指数的走势，使统计工作与时俱进，更具时效性和前瞻性，是统计工作中一个十分重要的命题。

面对庞大的数据，有关研究人员利用数据爬虫软件从淘宝网和卓创资讯网抓取上百万条数据，对数据进行清洗、选择和处理后，利用所得网络大数据，计算了 PPI 和 CPI 指数；运用 K 均值聚类、层次聚类算法对数据进行了分析；运用随机森林和深度学习算法对大数据价格指数进行数据挖掘，并将大数据计算的价格指数和数据挖掘价格指数结果与国家统计局公布数据进行比较分析。研究发现，基于大数据的 PPI 和 CPI 指数计算和数据挖掘模型的结果是有效的、切实可行的，并提出推动大数据应用于价格指数调查的相关政策建议。

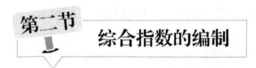

第二节　综合指数的编制

一、综合指数的概念及计算的一般原理

指数方法论主要是研究总指数的计算问题，根据总指数的编制方法不同，其基本形式有两种：一是综合指数，二是平均指数。两种指数有一定的联系，但又各有其特点。

综合指数是由两个时期范围相同的复杂现象总体总量指标对比形成的指数。在总量指标中包含两个或两个以上的因素时，将其中被研究因素以外的一个或一个以上的因素固定下来，仅观察被研究因素的变动，这样编制的指数，即为综合指数。

综合指数的重要意义，是它能够比较全面、准确地反映所研究的现象总体总的变动程度和随之产生的绝对数效果。

综合指数的特点是先综合后对比。其编制方法是：首先引入同度量因素，解决复杂总体在研究指标上不能直接加总和对比的困难，使其可以计算出总体的综合总量；其次将同度量因素固定，以消除同度量因素变动的影响；最后将两个时期的总量对比，其结果即为综合指数，也就综合地反映了复杂总体研究指标的变动。如甲、乙两种产品，由于使用价值不同、计量单位不同，其产量是不能直接相加的，但不同产品的价值量可以相加。因此，可以利用产值与产量和价格之间的联系，将产量乘以各自的价格，得到产值，则两种产品便可以加总了。这里，价格起到将不同产品同度量的作用，被称为同度量因素。我们所要研究的指标——产量，被称为指数化指标。如果我们的任务是研究甲、乙两种产品的价格变动情况，同样的道理，则可把价格作为指数化指标，仍然依据产值、价格与产量间的经济联系，把产量作为同度量因素，从而将两种产品综合起来。同时还要将同度量因素固定，消除同度量因素变动的影响。在第一种情况中，作为同度量因素的价格，报告期对基期也可能发生变动，在将两个时期的产值对比时，就不仅受到产品产量变动的影响，同时也受到两个时期价格变动的影响。因此，需要将价格固定，即两个时期的产值，均采用同一时期的价格计算，从而消除价格变动的影响。将采用同一时期价格计算的两个产值对比，其结果仅受到两种产品不同时期产量变动的影响，从而达到综合反映两种产品产量变动的目的。实际应用中，还有一个重要的问题需要解决，即固定的同度量因素所属时期的选择问题。选择将同度量因素固定在报告期还是固定在基期是十分重要的，因为同度量因素不仅有同度量的作用，还具有加权的作用，用不同时期的同度量因素计算，会得到不同的综合指数结果。

二、数量指标综合指数的编制

现以商品销售量综合指数的编制为例来说明数量指标综合指数编制的一般原则和方法。

以 $\overline{K}_q$ 代表销售量总指数，则有：

（1）以基期价格为同度量因素（权数），其计算公式为

$$\overline{K}_q = \frac{\sum q_1 p_0}{\sum q_0 p_0} \tag{8-1}$$

上式又称拉氏数量指数公式，它是 1864 年由德国学者拉斯贝尔提出的。

（2）以报告期价格为同度量因素（权数），其计算公式为

$$\overline{K}_q = \frac{\sum q_1 p_1}{\sum q_0 p_1} \tag{8-2}$$

上式又称派氏数量指数公式，它是 1874 年由德国学者派许提出的。

从理论上讲上述两个公式均可成立，但在实际工作中，编制销售量综合指数时，一般均采用基期价格作为同度量因素。这是因为编制销售量综合指数的目的，是要排除价格因素的影响，单纯反映销售量的总变动。为此，必须将价格固定在基期上，这才符合经济现象的客观实际。

编制数量指标综合指数的一般原则是采用基期的质量指标作为同度量因素。这一原则有两层含义：一是编制数量指标指数应以质量指标作为同度量因素，二是将同度量因素固定在基期。

例 8-1

某企业三种产品的价格与产量情况如表 8-2 所示，试计算三种产品的产量指数。

表 8-2 某企业三种产品的价格与产量资料

产 品	价格 (千元/台)		产量 (台)		产值 (千元)		
	基期 p_0	报告期 p_1	基期 q_0	报告期 q_1	$q_0 p_0$	$q_1 p_1$	$q_1 p_0$
A	40	42	200	240	8 000	10 080	9 600
B	30	33	800	880	24 000	29 040	26 400
C	60	68	500	480	30 000	32 640	28 800
合 计	—	—	—	—	62 000	71 760	64 800

解：根据拉氏数量指数公式，产量指数为

$$\overline{K}_q = \frac{\sum q_1 p_0}{\sum q_0 p_0} = \frac{64\,800}{62\,000} = 104.52\%$$

$$\sum q_1 p_0 - \sum q_0 p_0 = 64\,800 - 62\,000 = 2\,800（千元）$$

说明报告期与基期相比，三种产品的产量共增加了 4.52%，而使得产值增加了 2 800 000 元。

三、质量指标综合指数的编制

与计算商品销售量综合指数相似，计算价格综合指数时，也需要把作为同度量因素的商品销售量所属的时期固定。其计算方法上同样有拉氏与派氏两种指数公式可供使用。

以 $\overline{K}_p$ 代表价格综合指数，则有：

（1）以基期销售量为同度量因素（权数），得出拉氏价格指数公式为

$$\overline{K}_p = \frac{\sum p_1 q_0}{\sum p_0 q_0} \tag{8-3}$$

（2）以报告期价格为同度量因素（权数），得出派氏价格指数公式为

$$\overline{K}_p = \frac{\sum p_1 q_1}{\sum p_0 q_1} \tag{8-4}$$

从实际效果来看，人们更关心的是在报告期现实销售量的条件下，价格变动的幅度和所产生的经济效果，因此，把销售量固定在报告期，即用派氏价格指数公式计算更有实际意义。据此，编制质量指标综合指数的一般原则是采用报告期的数量指标作为同度量因素。这一原则有两层含义：一是编制质量指标指数应以数量指标作为同度量因素；二是将同度量因素固定在报告期。

例 8-2

以表 8-2 数据为依据，试计算三种产品的价格指数。

解：根据派氏价格指数公式，价格指数为

$$\overline{K}_p = \frac{\sum q_1 p_1}{\sum q_1 p_0} = \frac{71\,760}{64\,800} = 110.74\%$$

$$\sum q_1 p_1 - \sum q_1 p_0 = 71\,760 - 64\,800 = 6\,960(\text{千元})$$

说明报告期与基期相比，三种产品的价格共上涨了 10.74%，而使得产值增加了 6 960 000 元。

📖 知识拓展

增长率的计算

增长率的计算方法是（A–B）/B×100%（A 为报告期数据，B 为基期数据），所得结果就能够代表某一特定对象一定时期的增长率。然而，对于很长的一段时间，我们可能会困惑，为什么在 GDP 增长率的核算中，这一公式变得不再适用了呢？

举例来说，2015 年我国的 GDP 为 68.1 万亿元，2016 年我国的 GDP 为 74.4 万亿元，如果套用公式，我们可以得出 2016 年 GDP 增长率为（74.4–68.1）/68.1=9.25%。但实际上，2016 年 GDP 的实际增长率只有 6.7%。为什么会出现这一差别呢？是不是经济核算中不再使用这一公式，而是各种"高大上"的公式呢？其实并不是。经济核算中这一公式仍然适用，只是需要做一些调整。

国内生产总值（GDP）是一个价值量指标，其价值的变化受价格变化和物量变化两大因素影响。举例来说，假如一个社会只生产包子。在 2016 年，我们可以生产 100 个包子，每个包子价格为 1 元。2017 年，我们生产了 110 个包子，同时受到通货膨胀因素的影响，每个包子的价格涨到了 1.2 元。在核算 GDP 的时候，2016 年 GDP 为 100 元，2017 年 GDP 则为 132 元（110×1.2）。如果直接按上述公式计算，则 2017 年 GDP 增长率为 32%。但实际上，这之中很大一部分都是因为价格的变动引起的。因此，在核算增长率时，我们需要剔除价格变动的影响，那么实际增长率即为 10%。

四、综合指数的应用

综合指数的应用很广，在我国和其他各国，都有很多指数采用这种方法计算。下面来考察常用的几个方面。

（一）工业产量（产值）指数

我国现行统计制度规定，工业总产值按统一规定的不变价格计算。不同年份的工业总产值对比所确定的动态指标，即为工业产量指数。它是以不变价格为权数（同度量因素）的固定加权综合指数，用公式表示为

$$\overline{K}_q = \frac{\sum q_1 p_n}{\sum q_0 p_n} \tag{8-5}$$

式中，p_n 表示不变价格；$q_0 p_n$、$q_1 p_n$ 表示按不变价格计算的工业总产值。

用按不变价格计算的工业总产值来编制工业产量指数，具有如下优点：

（1）便于对较长时期的工业产量进行动态分析，观察工业产值增长变化趋势及其规律性。

（2）环比指数数列的连乘积等于定基指数，因而按不变价格计算便于定基指数和环比指数之间的相互换算。

（二）地区物价比较指数

前已述及，指数理论主要应用于现象变动的动态研究，但是随着社会经济的发展和科学技术的进步，它已拓展到应用于地区之间的综合比较。物价是经济领域中最富有敏感性的现象，因此需要编制物价对比的地区性指数，即地区物价比较指数。凡是在企业之间、地区之间甚至国家与国家之间相互比较的指数，都可称为地区性指数。编制地区性指数，其目的主要是从对比中找出差距，以便挖掘潜力，为领导决策提供依据。因此，在编制物价的地区性指数时，一般以对比基准地区的物量为同度量因素，即编制对比基准地区物量加权综合指数。如比较甲、乙两个城市全部商品的物价水平，甲城市为需要对比的城市，乙城市作为对比基准城市，则地区物价比较指数的计算公式为

$$\overline{K}_p = \frac{\sum q_乙 p_甲}{\sum q_乙 p_乙} \qquad (8\text{-}6)$$

（三）成本计划完成指数

检查成本计划执行情况时，需要编制成本计划完成指数。检查成本计划执行情况，一般有两种不同的要求：一种是检查包括可比产品和不可比产品在内的全部产品成本计划完成情况，在这种场合，应直接用计划产量为同度量因素（权数），加权综合求得成本计划完成指数，其计算公式为

$$\overline{K}_z = \frac{\sum q_n z_1}{\sum q_n z_n} \qquad (8\text{-}7)$$

式中，z_1 为报告期实际单位产品成本；z_n 为计划单位产品成本；q_n 为计划产量。

另一种是检查可比产品成本降低计划完成情况，在这种场合，编制计划时，成本计划完成指数是在基期的基础上确定的，采用的权数是计划产量。

第三节　平均指数的编制

一、平均指数的概念及与综合指数的关系

平均指数是计算总指数的另一种形式，它是在个体指数的基础上计算总指数。在解决复杂总体各组成要素不能直接相加与综合的问题上，平均指数与综合指数是不同的。平均指数是个体指数的加权平均数，它是先计算个体指数，然后将个体指数加权平均而得出的总指数。

平均指数和综合指数是计算总指数的两种形式，它们之间既有区别，又有联系。两者的区别在于：①解决复杂总体不能直接加总与对比问题的思想不同。综合指数是通过引进同度量因素，先计算出总体的总量，然后进行对比，即先综合，后对比；而平均指数是在个体指数的基础上计算总指数，即先对比，后综合。②运用资料的条件不同。综合指数需要研究总体的全面资料，起综合作用的同度量因素的资料要求比较严格，一般应采用与指数化指标有

明确经济联系的指标，且应有一一对应的全面实际资料，如计算产品实物量综合指数，必须一一掌握各产品的实际价格资料；平均指数则既适用于全面的资料，也适用于非全面的资料。③在经济分析中的具体作用不同。综合指数的资料是总体的、有明确经济内容的总量指标，因此除可表明复杂总体的变动方向和程度外，还可从指数化指标变动的绝对效果上进行因素分析；而平均指数除作为综合指数的变形加以应用的情况外，一般只能表明复杂总体的变动方向和程度，而不能用于对现象进行因素分析。

平均指数和综合指数的联系主要表现为在一定的权数条件下，两类指数间有变形关系。由于这种变形关系的存在，当掌握的资料不能直接用于综合指数的计算时，则可以在计算平均指数后变形转换，这种条件下的平均指数与其相应的综合指数具有完全相同的经济意义和计算结果。

二、平均指数的种类

（一）加权算术平均指数

1. 用综合指数变形权数计算加权算术平均指数

在一定条件下，加权算术平均指数可以是拉氏综合指数的变形，其计算公式为

$$\overline{K}_q = \frac{\sum q_1 p_0}{\sum q_0 p_0} = \frac{\sum \dfrac{q_1}{q_0} p_0 q_0}{\sum p_0 q_0} = \frac{\sum k_q p_0 q_0}{\sum p_0 q_0} \tag{8-8}$$

式中，k_q 为个体物量指数；$p_0 q_0$ 为权数。

加权算术平均指数可以成为综合指数的变形。

例 8-3

已知某企业四种主要商品的价格个体指数和销售量个体指数及有关销售额资料如表 8-3 所示，求商品销售量平均指数。

表 8-3　某企业四种商品销售资料

商品名称	价格个体指数（%）$k_p = \dfrac{p_1}{p_0}$	销售量个体指数（%）$k_q = \dfrac{q_1}{q_0}$	销售额（万元）	
			基期 $p_0 q_0$	报告期 $p_1 q_1$
甲	125	120	7 600.0	11 400.0
乙	110	110	1 200.0	1 452.0
丙	90	150	1 600.0	2 160.0
丁	105	90	1 500.0	1 417.5
合　计	—	—	11 900.0	16 429.5

解：采用加权算术平均法计算，四种商品销售量平均指数为

$$\overline{K}_q = \frac{\sum k_q p_0 q_0}{\sum p_0 q_0}$$

$$= \frac{120\% \times 7\,600 + 110\% \times 1\,200 + 150\% \times 1\,600 + 90\% \times 1\,500}{11\,900}$$

$$= 119.24\%$$

计算表明，四种商品销售量的平均指数为 119.24%。

2．用固定权数计算加权算术平均指数

当权数不是综合指数中的 $p_0 q_0$，而是某种固定权数 w 时，称为固定权数加权算术平均指数。W 是经过调整计算的一种不变权数，通常用比重表示。这时加权算术平均指数与综合指数不存在变形关系，两者计算结果不会一致。

设个体指数为 k，固定权数加权算术平均指数的一般表达式为

$$\overline{K} = \frac{\sum kw}{\sum w} \qquad (8-9)$$

以固定权数计算的加权算术平均指数在国内外统计工作中得到广泛的应用，如我国每年编制的商品零售物价总指数就是用固定加权平均法计算的。

下面以消费品零售物价指数（见表 8-4）为例，说明固定权数加权算术平均指数的编制方法。

表 8-4　某市消费价格指数和权数资料

消费品种类	个体指数 k_p（%）	固定权数 w（%）	$k_p w$
食品类	150	55	8 250
衣着类	120	25	3 000
日用品类	140	10	1 400
文化娱乐用品类	110	4	440
医药类	104	2	208
书报杂志类	102	1	102
燃料类	120	3	360
合　计	—	100	13 760

$$\overline{K}_p = \frac{\sum k_p w}{\sum w} = \frac{13\ 760}{100} = 137.6\%$$

（二）加权调和平均指数

1．用综合指数变形权数计算的加权调和平均指数

在一定条件下，加权调和平均指数可以是派氏综合指数的变形，其计算公式为

$$\overline{K}_p = \frac{\sum p_1 q_1}{\sum p_0 q_1} = \frac{\sum p_1 q_1}{\sum \dfrac{1}{\dfrac{p_1}{p_0}} p_1 q_1} = \frac{\sum p_1 q_1}{\sum \dfrac{p_1 q_1}{k_p}} \qquad (8-10)$$

式中，k_p 为个体物量指数；$p_1 q_1$ 为权数。

加权调和平均指数就是综合指数的变形。

例 8-4

依据表 8-3 的数据，试计算四种商品的价格综合指数。

解：采用加权调和平均法计算，四种商品价格综合指数为

$$\overline{K}_p = \frac{\sum p_1 q_1}{\sum \dfrac{p_1 q_1}{k_p}}$$

$$= \frac{16\,429.5}{\dfrac{11\,400}{125\%} + \dfrac{1\,452}{110\%} + \dfrac{2\,160}{90\%} + \dfrac{1\,417.5}{105\%}}$$

$$= 115.78\%$$

计算表明，四种商品价格的综合指数为 115.78%。

2．用固定权数计算的加权调和平均指数

把权数定为某种固定权数 w，加权调和平均指数公式为：

$$\overline{K}_q = \frac{\sum w}{\sum \dfrac{1}{k}w} \tag{8-11}$$

例 8-5　指数在 SPSS 软件中的实现

根据所给条件计算：

① 根据表中各类粮食的报告期和基期价格，计算其个体价格指数。

② 计算细粮小类和粗粮小类的价格指数。

③ 计算居民消费价格总指数。

指数分析（SPSS）

解：

（1）个体价格指数的计算在 SPSS 中步骤如下：

建立数据文件，输入细粮小类和粗粮小类各品种的名称 name、基期价格 p_0、报告期价格 p_1 和权数 w 的数据。如图 8-1 所示。

依次点击【转换】→【计算变量】，弹出"计算变量"对话框，在"目标变量"框中输入 k_p 计算个体指数变量，右边输入公式 p_1/p_0，如图 8-2 所示。点击【确定】，输出的个体指数结果如图 8-3 所示。

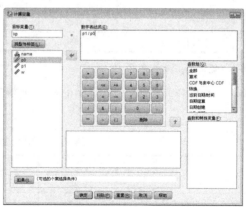

图 8-1　建立数据文件　　　　　　　图 8-2　"计算变量"对话框

（2）利用图 8-3 算出的个体指数的数据，根据加权算术平均指数方法，可计算细粮小类和粗粮小类的价格指数。具体操作步骤如下：

1）计算细粮小类的价格指数。

建立细粮小类数据文件，如图 8-4 所示。

图 8-3　个体指数结果

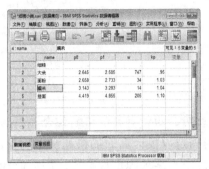
图 8-4　细粮小类数据

先对个体指数变量 k_p 进行加权，点击【数据】→【加权个案】，打开"加权个案"对话框，如图 8-5 所示。选择变量 w 作为权数。

对加权后的 k_p 数据计算加权算术平均数。点击【分析】→【描述统计】→【描述】，打开"描述性"对话框，选择对变量 k_p 计算 Mean 统计量，如图 8-6 所示。输出结果见表 8-5，计算出细粮小类的平均指数为 98.23%。

图 8-5　"加权个案"对话框

图 8-6　"描述性"对话框

表 8-5　细粮小类的价格指数

	N	极 小 值	极 大 值	均 值	标 准 差
k_p	1 000	0.95	1.10	0.982 3	0.061 91
有效的 N（列表状态）	1 000				

2）计算粗粮小类的价格指数。

依据同样的方法可以计算粗粮小类的价格指数，如表 8-6 所示，算出粗粮小类的平均数指数为 89.06%。

表 8-6　粗粮小类的价格指数

	N	极 小 值	极 大 值	均 值	标 准 差
k_p	1 000	0.86	0.92	0.890 6	0.034 45
有效的 N（列表状态）	1 000				

（3）计算居民消费价格总指数。

根据算出的食品大类价格指数数据和其他大类已知数据，建立各大类价格指数数据文件，如图 8-7 所示。

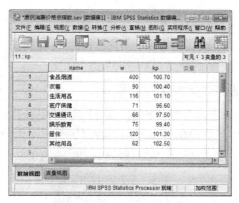

图 8-7　各大类价格指数数据

先将变量 w 设为加权变量，再对指数变量 k_p 计算平均数，结果如表 8-7 所示，计算出居民消费价格总指数为 100.30%。

表 8-7　居民消费价格总指数

	N	极 小 值	极 大 值	均 值	标 准 差
k_p	1 000	96.60	102.50	100.303 2	1.453 1
有效的 N（列表状态）	1 000				

第四节　指数体系与因素分析

一、指数体系的概念与作用

（一）指数体系的概念

由三个或三个以上具有内在联系的指数构成的有一定数量对等关系的整体，称为指数体系。指数体系的形式不是随意的，而是由现象间客观存在的必然联系决定的。例如：

商品销售额＝商品销售量×商品价格

产品产值＝产品产量×产品价格

上述这些现象在数量上存在的联系，表现在动态变化上，就可以形成如下指数体系：

商品销售额指数＝商品销售量指数×商品价格指数

产品产值指数＝产品产量指数×产品价格指数

在指数体系中，包括的指数分为两大类：一类是反映现象总变动的指数，通常表现为总指数，这类指数在一个指数体系中只有一个，一般放在算式的左边。另一类是反映某一因素变动的指数，称为因素指数，这类指数在一个指数体系中可以有多个，一般放在等式的右边。

（二）指数体系的作用

指数体系的作用有以下几点：

1．指数体系是进行因素分析的基础

利用指数体系，可以定量分析复杂经济现象各因素对总体的影响方向和程度。这种分析可以从绝对数和相对数两个方面进行。

2．根据指数体系可以进行指数间的相互推算

利用综合指数体系中已知的两个指数数值，通过指数体系的数量关系即可求出未知指数的数值；或者在统计分析工作中，利用指数体系中的数量关系，可以限制某个因素变动的影响。如某个工业企业计划增产 20%，而生产总成本只能比基期增加 10%，则单位产品预计成本指数为

$$1.1 \div 1.2 = 91.67\%$$

也就是说，产品单位成本至少降低 8.33% 才能达到增产目的。

3．指数体系也是确定同度量因素所属时期的依据之一

如经济方程式：商品销售额=销售量×销售价格，在编制销售量指数时把同度量因素——价格固定在基期，那么根据数量关系要求，在编制销售价格指数时，同度量因素——销售量只能固定在报告期。

二、总量指标变动的因素分析

（一）总量指标的两因素分析

对复杂现象总体的总量指标进行因素分析，要在编制综合指数的基础上进行。如要分析多种商品销售额的变动，就要编制商品销售额指数来反映所有商品总的变动情况，并以商品销售量综合指数和商品价格综合指数为因素指数，分别反映销售量和价格两个因素的变动对销售额变动的影响。现仍用表 8-2 资料进行分析。其计算公式为

$$产品产值指数=产品产量指数×产品价格指数$$

$$\overline{K}_{qp} = \frac{\sum q_1 p_1}{\sum q_0 p_0} = \frac{\sum q_1 p_0}{\sum q_0 p_0} \times \frac{\sum q_1 p_1}{\sum q_1 p_0} = \overline{K}_q \times \overline{K}_p \tag{8-12}$$

$$\sum q_1 p_1 - \sum q_0 p_0 = \left(\sum q_1 p_0 - \sum q_0 p_0 \right) + \left(\sum q_1 p_1 - \sum q_1 p_0 \right) \tag{8-13}$$

（1）产值指数：

$$\overline{K}_{qp} = \frac{\sum q_1 p_1}{\sum q_0 p_0} = \frac{71\,760}{62\,000} = 115.74\%$$

$$\sum q_1 p_1 - \sum q_0 p_0 = 71\,760 - 62\,000 = 9\,760（千元）$$

（2）产量指数：

$$\overline{K}_q = \frac{\sum q_1 p_0}{\sum q_0 p_0} = \frac{64\,800}{62\,000} = 104.52\%$$

$$\sum q_1 p_0 - \sum q_0 p_0 = 64\,800 - 62\,000 = 2\,800（千元）$$

（3）价格指数：

$$\overline{K}_p = \frac{\sum q_1 p_1}{\sum q_1 p_0} = \frac{71\,760}{64\,800} = 110.74\%$$

$$\sum q_1 p_1 - \sum q_1 p_0 = 71\,760 - 64\,800 = 6\,960（千元）$$

（4）指数体系：

$$115.74\% = 104.52\% \times 110.74\%$$

$$9\,760\,千元 = 2\,800\,千元 + 6\,960\,千元$$

说明三种商品销售额报告期比基期总体增长了 15.74%，绝对额增加 9 760 000 元，是由于三种商品销售量总体增长了 4.52%，使销售额增加 2 800 000 元；价格总体上升了 10.74%，使销售额增加 6 960 000 元。

显然，本例销售额的增长是销售量和价格两个因素共同作用的结果，其中价格上涨起到了主要作用。

（二）总量指标的多因素分析

客观现象是比较复杂的，有时某一现象的变动可能要受到三个或三个以上因素的影响。当一个总量指标可以表示为三个或三个以上因素指标的连乘积时，同样可以利用指数体系测定各因素变动对总变动的影响，这种分析即是对总量指标的多因素分析。如：原材料费用总额=产量（q）×单位产品原材料消耗量（m）×单位原材料价格（p），即

$$qmp = q \times m \times p$$

在运用多因素分析法时，可以采用连环替代法，步骤如下：

（1）确定各因素的排列顺序。各因素之间的排列顺序，要符合它们之间相互联系的客观情况，具体要做到以下两点：

1）数量指标在前，质量指标在后。

2）相邻的指标相乘有实际的经济意义。

这里 q 是数量指标，排在最前面。接下来有两种排法，即 qmp 和 qpm。qm 相乘表示生产 q 数量的成品需要 qm 量的原材料，有实际意义。由于 q 是成品的产量，p 是原材料的价格，qp 相乘没有实际意义。因此，排列顺序为 qmp。

（2）逐次替换。排好顺序后，由数量指标到质量指标，按顺序逐次替换。在分析各因素的变动时，可以按综合指数确定同度量因素的一般原则进行，即分析质量指标的变动时将数量指标固定在报告期，分析数量指标的变动时将质量指标固定在基期。具体的连环替代步骤如下：

$$q_0 m_0 p_0 \xrightarrow{\ q\ } q_1 m_0 p_0 \xrightarrow{\ m\ } q_1 m_1 p_0 \xrightarrow{\ p\ } q_1 m_1 p_1$$

（3）编制指数。编制各个指数时，根据上述产量指数 $\overline{K}_q$ 的公式为

$$\overline{K}_q = \frac{\sum q_1 m_0 p_0}{\sum q_0 m_0 p_0} \tag{8-14}$$

同样根据上述步骤可以得到单位产品原材料消耗量指数和单位原材料价格指数：

$$\overline{K}_m = \frac{\sum q_1 m_1 p_0}{\sum q_1 m_0 p_0} \tag{8-15}$$

$$\overline{K}_p = \frac{\sum q_1 m_1 p_1}{\sum q_1 m_1 p_0} \tag{8-16}$$

总变动指数等于替换步骤中最右边的连乘积之和，除以最左边的连乘积之和，即

$$\overline{K}_{qmp} = \frac{\sum q_1 m_1 p_1}{\sum q_0 m_0 p_0} \tag{8-17}$$

原材料费用总额指数可以分解为由三个指数构成的指数体系，即

原材料费用总额指数=产量指数×单位产品原材料消耗量指数×单位原材料价格指数

$$\frac{\sum q_1 m_1 p_1}{\sum q_0 m_0 p_0} = \frac{\sum q_1 m_0 p_0}{\sum q_0 m_0 p_0} \times \frac{\sum q_1 m_1 p_0}{\sum q_1 m_0 p_0} \times \frac{\sum q_1 m_1 p_1}{\sum q_1 m_1 p_0} \tag{8-18}$$

$$\sum q_1 m_1 p_1 - \sum q_0 m_0 p_0 = (\sum q_1 m_0 p_0 - \sum q_0 m_0 p_0) + \\ (\sum q_1 m_1 p_0 - \sum q_1 m_0 p_0) + (\sum q_1 m_1 p_1 - \sum q_1 m_1 p_0) \tag{8-19}$$

总指数编制以后，因素分析后面的步骤和两因素分析相似，这里不再重复。

⊡ 课堂练习

产品利润可以分解为利润率（r）、销量（q）和价格（p），试用连环替代法编制利润率指数、销量指数、价格指数和利润总指数。

三、平均指标变动因素分析

（一）平均指标变动因素分析的意义

平均指标是表明社会经济总体一般水平的指标。总体一般水平取决于两个因素：一是总体内部各部分（组）的水平，二是总体的结构，即各部分（组）在总体中所占的比重。总体平均指标的变动是这两个因素变动的综合结果。平均指标变动的因素分析，就是利用指数因素分析方法，从数量上分析总体各部分（组）水平与总体结构这两个因素的变动对总体平均指标变动的影响。如一个部门的劳动生产率水平取决于部门内各单位（组）的劳动生产率水平和不同劳动生产率水平的单位（组）在部门内的比重两个因素。通过因素分析，可以弄清这两个因素各自影响指标的方向、程度和数量，从而可以对部门劳动生产率的变动有深入的认识。

平均指标变动的因素分析是一种重要的统计分析方法，对经济管理与研究有重要的意义。

影响总体平均指标变动的上述两类因素具有不同的性质。总体各部分（组）的水平，主要取决于各部分（组）内部的状况，反映了其内部各种因素的作用。而总体结构则是一种与总体全局有关的因素，总体结构状况确定着总体的一些基本特征。经济管理与研究的一项重要任务就是优化结构，使其合理化，而平均指标的因素分析为这方面的深入研究提供了重要依据。

（二）平均指标变动因素分析的方法

依据指数因素分析法的一般原理，可列出平均指标变动因素分析的指数体系，用公式表达为

相对数：
$$\frac{\overline{x_1}}{\overline{x_0}} = \frac{\dfrac{\sum x_1 f_1}{\sum f_1}}{\dfrac{\sum x_0 f_0}{\sum f_0}} = \frac{\dfrac{\sum x_1 f_1}{\sum f_1}}{\dfrac{\sum x_0 f_1}{\sum f_1}} \times \frac{\dfrac{\sum x_0 f_1}{\sum f_1}}{\dfrac{\sum x_0 f_0}{\sum f_0}} \tag{8-20}$$

绝对数：
$$\frac{\sum x_1 f_1}{\sum f_1} - \frac{\sum x_0 f_0}{\sum f_0} = \left(\frac{\sum x_1 f_1}{\sum f_1} - \frac{\sum x_0 f_1}{\sum f_1}\right) + \left(\frac{\sum x_0 f_1}{\sum f_1} - \frac{\sum x_0 f_0}{\sum f_0}\right) \tag{8-21}$$

令 $\overline{x_n} = \dfrac{\sum x_0 f_1}{\sum f_1}$，则平均指标变动因素分析的指数体系可用如下简明形式表明：

$$\frac{\overline{x_1}}{\overline{x_0}} = \frac{\overline{x_1}}{\overline{x_n}} \times \frac{\overline{x_n}}{\overline{x_0}} \tag{8-22}$$

$$\overline{x_1} - \overline{x_0} = (\overline{x_1} - \overline{x_n}) + (\overline{x_n} - \overline{x_0}) \tag{8-23}$$

上述列出的指数体系包括了三个指数，$\dfrac{\overline{x_1}}{\overline{x_0}}$ 称为可变构成指数，$\dfrac{\overline{x_1}}{\overline{x_n}}$ 称为固定构成指数，$\dfrac{\overline{x_n}}{\overline{x_0}}$ 称为结构影响指数。

（1）可变构成指数。可变构成指数简称可变指数，是根据报告期和基期总体平均指标的实际水平对比计算的，包括了总体各部分（组）水平和总体结构两个因素变动的综合影响。它全面地反映了总体平均水平的实际变动状况。在结构影响较大的情况下，可变构成指数的数值有可能超出各个部分的变动程度范围。也就是说，与各个部分（组）的指数相比较，可变构成指数有可能比最大的部分指数还大，也有可能比最小的部分指数还小。

（2）结构影响指数。它是将各部分（组）水平固定在基期条件下计算的总平均指标指数，用以反映总体结构变动对总体平均指标变动的影响。

（3）固定构成指数。它是将总体构成（即各部分比重）固定在报告期计算的总平均指标指数。该指数消除了总体结构变动的影响，专门用以综合反映各部分（组）水平变动对总体平均指标变动的影响。因而在其数值表现上，它总是介于各部分（组）指数的范围内。事实上，固定构成指数是各个部分（组）指数的加权算术平均数。

例 8-6

某企业的生产资料情况如表 8-8 所示，试对劳动生产率指数进行因素分析。

表 8-8 某企业生产资料情况

产 品	产量（吨）		生产工人数（人）		劳动生产率（吨/人）	
	基 期	报告期	基期 f_0	报告期 f_1	基期 x_0	报告期 x_1
甲	100.0	156.0	100	130	1.00	1.20
乙	76.5	85.5	85	90	0.90	0.95
合 计	—	—	185	220	—	—

解：

（1）劳动生产率指数（可变构成指数）：

$$\frac{\overline{x}_1}{\overline{x}_0} = \frac{\dfrac{\sum x_1 f_1}{\sum f_1}}{\dfrac{\sum x_0 f_0}{\sum f_0}} = \frac{1.098}{0.95} = 115.58\%$$

$$\overline{x}_1 - \overline{x}_0 = 1.098 - 0.95 = 0.148$$

（2）固定构成指数：

$$\frac{\overline{x}_1}{\overline{x}_n} = \frac{\dfrac{\sum x_1 f_1}{\sum f_1}}{\dfrac{\sum x_0 f_1}{\sum f_1}} = \frac{1.098}{0.96} = 114.38\%$$

$$\overline{x}_1 - \overline{x}_n = 1.098 - 0.96 = 0.138$$

（3）结构影响指数：

$$\frac{\overline{x}_n}{\overline{x}_0} = \frac{\dfrac{\sum x_0 f_1}{\sum f_1}}{\dfrac{\sum x_0 f_0}{\sum f_0}} = \frac{0.96}{0.95} = 101.05\%$$

$$\overline{x}_n - \overline{x}_0 = 0.96 - 0.95 = 0.01$$

（4）指数体系：

$$115.58\% = 114.38\% \times 101.05\%$$

绝对数变动的关系是：

$$0.148 = 0.138 + 0.01$$

说明该企业劳动生产率提高了 15.58%，企业每个工人的平均产量增加 0.148 吨。其中，由于各车间劳动生产率提高了 14.38%，使得每人平均多生产 0.138 吨；由于各车间工人数增加了 1.05%，使得每人平均多生产 0.01 吨。劳动生产率的提高是上述两个因素共同作用的结果。

本章小结

指数的编制方法分为综合指数法和平均指数法。

综合指数按其性质不同分为数量指标指数和质量指标指数。综合指数编制的关键是同度量因素的选择和同度量因素时期的确定。编制数量指标指数时一般选择质量指标作为同度量因素，且固定在基期；编制质量指标指数时一般选择数量指标作为同度量因素，且固定在报告期。

平均指数法较综合指数法更为灵活，便于实际工作中的应用，可以把平均指数法看作综合指数法的变形。平均指数的计算方法有两种：加权算术平均指数和加权调和平均指数。实际工作中究竟采用哪种方法，要依据资料取得的条件而定。

根据经济方程式建立指数体系是因素分析的基础，因素分析一般可分为两个方面，即相对数分析和绝对数分析。

主要公式

数量指标综合指数	$$\overline{K}_q = \frac{\sum q_1 p_0}{\sum q_0 p_0}$$
质量指标综合指数	$$\overline{K}_p = \frac{\sum p_1 q_1}{\sum p_0 q_1}$$
数量指标算术平均指数	$$\overline{K}_q = \frac{\sum k_q p_0 q_0}{\sum p_0 p_0}$$
质量指标调和平均指数	$$\overline{K}_q = \frac{\sum p_1 p_1}{\sum \frac{p_1 q_1}{k_p}}$$
多因素指数体系相对数	$$\overline{K}_{qmp} = \overline{K}_q \overline{K}_m \overline{K}_p$$ $$\frac{\sum q_1 m_1 p_1}{\sum q_0 m_0 p_0} = \frac{\sum q_1 m_0 p_0}{\sum q_0 m_0 p_0} \times \frac{\sum q_1 m_1 p_0}{\sum q_1 m_0 p_0} \times \frac{\sum q_1 m_1 p_1}{\sum q_1 m_1 p_0}$$
多因素指数体系绝对数	$$\sum q_1 m_1 p_1 - \sum q_0 m_0 p_0$$ $$= (\sum q_1 m_0 p_0 - \sum q_0 m_0 p_0) + (\sum q_1 m_1 p_0 - \sum q_1 m_0 p_0) +$$ $$(\sum q_1 m_1 p_1 - \sum q_1 m_1 p_0)$$
平均指标指数体系相对数	$$\frac{\overline{x}_1}{\overline{x}_0} = \frac{\overline{x}_1}{\overline{x}_n} \times \frac{\overline{x}_n}{\overline{x}_0}$$ $$\frac{\frac{\sum x_1 f_1}{\sum f_1}}{\frac{\sum x_0 f_0}{\sum f_0}} = \frac{\frac{\sum x_1 f_1}{\sum f_1}}{\frac{\sum x_0 f_1}{\sum f_1}} \times \frac{\frac{\sum x_0 f_1}{\sum f_1}}{\frac{\sum x_0 f_0}{\sum f_0}}$$
平均指标指数体系绝对数	$$\overline{x}_1 - \overline{x}_0 = (\overline{x}_1 - \overline{x}_n) + (\overline{x}_n - \overline{x}_0)$$ $$\frac{\sum x_1 f_1}{\sum f_1} - \frac{\sum x_0 f_0}{\sum f_0} = (\frac{\sum x_1 f_1}{\sum f_1} - \frac{\sum x_0 f_1}{\sum f_1}) + (\frac{\sum x_0 f_1}{\sum f_1} - \frac{\sum x_0 f_0}{\sum f_0})$$

练习与案例分析

一、单项选择题

1. 反映现象总规模或总水平变动程度的指数是（　　　　）。

A. 质量指标指数　　　　　　　　　　B. 数量指标指数

C. 平均指数　　　　　　　　　　　　D. 个体指数

2. 反映多种项目或变量综合变动的相对数称为（　　　）。

A. 个体指数　　　　B. 总指数　　　　C. 综合指数　　　　D. 平均指数

3. 公式 $\overline{K} = \dfrac{\sum kw}{\sum w}$ 称为（　　　）。

A. 固定权数加权算术平均指数公式　　B. 固定权数加权调和平均指数公式

C. 综合指数公式　　　　　　　　　　D. 指数体系公式

4. 某企业 2017 年总生产成本比 2016 年上升了 50%，产量增加了 25%，则单位成本提高了（　　　）。

A. 25%　　　　　　B. 2%　　　　　　C. 75%　　　　　　D. 20%

5. 若物价上涨，销售额持平，则销售量指数（　　　）。

A. 增长　　　　　　B. 降低　　　　　　C. 不变　　　　　　D. 与物价上涨幅度一致

6. 平均指数是通过（　　　）加权平均而成的指数。

A. 总指数　　　　B. 数量指标指数　　C. 质量指标指数　　D. 个体指数

7. 编制总指数的两种形式是（　　　）。

A. 个体指数和综合指数　　　　　　　B. 动态指数和静态指数

C. 综合指数和平均指数　　　　　　　D. 数量指标指数和质量指标指数

8. 计算商品销售量指数的目的是测定某项指标的总变动，该项指标是（　　　）。

A. 各种商品销售量　　　　　　　　　B. 各种商品销售额

C. 各种商品零售价格　　　　　　　　D. 居民购买力

9. 指数划分为综合指数和平均指数的依据是（　　　）。

A. 按指数所反映的对象的范围不同　　B. 按指数所反映的现象特征不同

C. 按总指数编制方法不同　　　　　　D. 按确定同度量因素的原则不同

二、多项选择题

1. 综合指数（　　　）。

A. 是总指数的一种形式

B. 可变形为平均指数

C. 是由两个总量指标对比而形成的指数

D. 是由两个平均指标对比而得到的指数

E. 是对个体指数进行加权平均而得到的总指数

2. 平均指数（　　　）。

A. 是个体指数的加权平均数　　　　　B. 是计算总指数的唯一形式

C. 是计算总指数的一种形式　　　　　D. 可以作为一种独立的指数形式

E. 可作为综合指数的变形来使用

3. 三种商品的综合价格指数为 105%，其绝对影响为 68 万元，这表明（　　　）。

A. 三种商品的价格平均上涨 5%

B. 由于价格上涨使销售额增长 5%

C. 由于价格上涨使居民在维持一定生活水准的情况下多支出 68 万元

D. 由于价格上涨使商店在一定销售量条件下多收入 68 万元

E. 报告期价格与基期价格的绝对差额为 68 万元

4. 在计算综合指数时，同度量因素时期的选择（　　　）。

　A. 应根据指数的经济内容来决定

　B. 在计算数量指标综合指数时，应将同度量因素固定在基期

　C. 在计算质量指标综合指数时，应将同度量因素固定在报告期

　D. 在实际应用中，可将不变价格作为同度量因素

　E. 应根据基期或报告期资料是否全面来决定

5. 下列属于数量指标指数的有（　　　）。

　A. 产品销售量指数　　　　　　B. 产品成本指数

　C. 工业总产出指数　　　　　　D. 零售物价指数

　E. 职工人数指数

6. 编制总指数的方法有（　　　）。

　A. 综合指数法　　　　　　　　B. 平均指数法

　C. 数量指标指数法　　　　　　D. 质量指标指数法

　E. 因素指数法

7. 编制综合指数首先必须明确的概念有（　　　）。

　A. 指数化指标　　B. 同度量因素　　C. 数量化指标　　D. 权数

　E. 指标间的数量关系

8. 指数的作用有（　　　）。

　A. 综合反映社会经济现象总体的变动方向

　B. 综合反映社会经济现象总体的变动程度

　C. 分析经济发展变化中各种因素的影响方向和程度

　D. 研究现象的长期变动趋势

　E. 对经济现象进行综合评价和测定

9. 下列属于质量指标指数的有（　　　）。

　A. 产品销售量指数　　　　　　B. 产品成本指数

　C. 工业总产出指数　　　　　　D. 零售物价指数

　E. 劳动生产率指数

10. 假定商品零售物价指数为 115.4%，则说明（　　　）。

　A. 甲商品零售价格上涨了 15.4%

　B. 甲商品零售价格上涨可能超过 15.4%

　C. 甲商品零售价格上涨可能低于 15.4%

　D. 总体上看，零售物价上涨了 15.4%

　E. 总体上看，零售物价上涨了 115.4%

三、判断题

1. 个体指数是综合指数的一种形式。　　　　　　　　　　　　（　　）

2．平均指数是综合指数的一种形式。 （   ）

3．同度量因素时期选择的一般原则是：数量指标综合指数的同度量因素时期固定在报告期，质量指标综合指数的同度量因素时期固定在基期。 （   ）

4．如果基期或报告期的资料不全，则不能计算总指数。 （   ）

5．指数一般是用百分比表示的相对数。 （   ）

6．同度量因素的作用是把不能直接相加的指标过渡到能够相加和比较的指标。

（   ）

7．某企业按 1990 年不变价格编制的 2007 年工业总产出指数为 134.8%，这表明该企业 2007 年的产量是 1990 年的 1.348 倍。 （   ）

8．指数体系可以测定各因素的变动对总变动的影响，进行因素分析。 （   ）

9．居民消费价格指数（CPI）属于静态指数。 （   ）

四、综合应用题

1．某商场三种商品销售量和零售价格资料如下表：

产 品 名 称	价格（元/件）		销售量（件）	
	基　　期	报 告 期	基　　期	报 告 期
甲	200	220	4 000	5 000
乙	100	120	8 000	6 000
丙	160	150	3 000	4 000

若根据上述资料编制三种商品的销售量指数和零售价格指数，并分析销售量和价格变动对销售额的影响，请回答下述问题：

（1）商品销售量指数为（   ）。

　　A．107.69%　　　B．116.35%　　　C．92.86%　　　D．90.56%

（2）商品零售价格指数为（   ）。

　　A．105.67%　　　B．108.04%　　　C．90.28%　　　D．94.62%

（3）销售量变动对销售额的影响程度和金额分别为（   ）。

　　A．由于销售量的变动，使销售额上升 16.35%，增加 34 万元

　　B．由于销售量的变动，使销售额上升 7.69%，增加 16 万元

　　C．由于销售量的变动，使销售额下降 7.14%，减少 14 万元

　　D．由于销售量的变动，使销售额下降 9.44%，减少 19 万元

（4）价格变动对销售额的影响程度和金额分别为（   ）。

　　A．由于价格的变动，使销售额上升 5.67%，增加 13 万元

　　B．由于价格的变动，使销售额上升 8.04%，增加 18 万元

　　C．由于价格的变动，使销售额下降 9.72%，减少 22 万元

　　D．由于价格的变动，使销售额下降 5.38%，减少 12 万元

2．某企业三种产品的单位产品成本和产量资料如下表：

产 品 名 称	单位产品成本（元/吨）		产量（吨）	
	基　　期	报 告 期	基　　期	报 告 期
甲	350	320	50	60
乙	180	176	50	50
丙	30	30	160	200

若根据上表资料编制三种产品的总成本指数、单位产品成本总指数和产量总指数，并分析由于单位产品成本和产量变动对产品总成本的影响，请回答下述问题：

（1）总成本指数为（　　　）。

A．108.62%　　　B．118.04%　　　C．92.05%　　　D．98.45%

（2）产量总指数为（　　　）。

A．114.86%　　B．115.02%　　C．86.94%　　D．87.06%

（3）单位产品成本总指数为（　　　）。

A．96.57%　　B．94.44%　　C．105.88%　　　D．106.65%

（4）单位产品成本变动对总成本的影响程度和金额分别为（　　　）。

A．由于单位产品成本的变动，使总成本上升 5.88%，增加 2 117 元

B．由于单位产品成本的变动，使总成本上升 6.65%，增加 2 400 元

C．由于单位产品成本的变动，使总成本下降 5.56%，减少 2 000 元

D．由于单位产品成本的变动，使总成本下降 3.43%，减少 1 235 元

（5）产量变动对总成本的影响程度和金额分别为（　　　）。

A．由于产量的变动，使总成本上升 15.02%，增加 4 700 元

B．由于产量的变动，使总成本上升 14.86%，增加 4 650 元

C．由于产量的变动，使总成本下降 13.06%，减少 4 087 元

D．由于产量的变动，使总成本下降 12.94%，减少 4 050 元

3．某电器城 5 月和 6 月所销售的三种电器资料如下：

产　品	销售量（台）		销售价格（元/台）	
	基　　期	报　告　期	基　　期	报　告　期
冰箱	500	600	2 000	2 200
彩电	600	400	1 000	1 200
空调	400	500	1 500	1 400

利用以上所给资料，完成下列题目：

（1）彩电销售量变动的相对数是一个（　　　）。

A．总指数　　　B．综合指数　　　C．平均指数　　　D．个体指数

（2）不可以利用题干中所给资料计算得到（　　　）。

A．数量指标综合指数　　　　　　B．质量指标综合指数

C．个体指数　　　　　　　　　　D．静态指数

（3）利用题干中所给资料计算得到的销售量指数属于（　　　）。

A．数量指标综合指数　　　　　　B．质量指标总指数

C．个体指数　　　　　　　　　　D．总指数

（4）利用题干中所给资料计算得到的销售价格指数属于（　　　）。

A．数量指标综合指数　　　　　　B．质量指标总指数

C．个体指数　　　　　　　　　　D．总指数

（5）利用题干中所给资料计算得到的销售额指数属于（　　　）。

A．数量指标综合指数　　　　　　B．质量指标总指数

C．个体指数　　　　　　　　　　D．总指数

（6）利用题干中所给资料计算得到的销售量指数为（　　　）。

　　A．106.82%　　　　B．106.38%　　　　C．113.64%　　　　D．105.83%

（7）利用题干中所给资料计算得到的销售价格指数为（　　　）。

　　A．106.82%　　　　B．106.38%　　　　C．113.64%　　　　D．105.83%

（8）利用题干中所给资料计算得到的销售额指数为（　　　）。

　　A．106.82%　　　　B．106.38%　　　　C．113.64%　　　　D．105.83%

（9）下列说法中，正确的是（　　　）。

　　A．与 5 月相比，该电器城 6 月的销售额增加了 30 万元，其中，价格增加使销售额增加 15 万元、销售量增加使销售额增加 15 万元

　　B．与 5 月相比，该电器城 6 月的销售额增加了 30 万元，其中，价格增加使销售额增加 12 万元、销售量增加使销售额增加 18 万元

　　C．与 5 月相比，该电器城 6 月的销售额增加了 30 万元，其中，价格增加使销售额增加 18 万元、销售量增加使销售额增加 12 万元

　　D．以上说法都不对

（10）下列说法中，正确的是（　　　）。

　　A．与 5 月相比，该电器城 6 月的销售额上升了 13.64%，其中，价格提升导致销售额上升 6.82%、销售量提升促使销售额上升 6.82%

　　B．与 5 月相比，该电器城 6 月的销售额上升了 12.76%，其中，价格提升导致销售额上升 6.38%、销售量提升促使销售额上升 6.38%

　　C．与 5 月相比，该电器城 6 月的销售额上升了 13.20%，其中，价格提升导致销售额上升 6.82%、销售量提升促使销售额上升 6.38%

　　D．与 5 月相比，该电器城 6 月的销售额上升了 13.20%，其中，价格提升导致销售额上升 6.38%、销售量提升促使销售额上升 6.82%

五、综合案例

CPI 是怎么计算出来的？如何调查统计？

居民消费价格指数 CPI 作为与老百姓日常生活最息息相关的民生指标，无论是白领还是街坊大妈都已耳熟能详。虽然该数据每月都会定期公布，但绝大部分市民都不知道，CPI 到底是如何计算出来的。下面简单介绍 CPI 是怎么计算出来的，又是如何调查统计的。

1．CPI 调查网点及统计方式

据国家统计局云南调查总队综合处副处长王建伟介绍，云南全省设立了 38 个调查市县，代表全省的居民消费价格水平。调查市县分布广，区域类型多样，且涵盖了全省所有的州市政府所在地，对全省具有很强的代表性。

据悉，云南省已经形成了较为成熟的 CPI 调查网络，共有包括各种商场、农贸市场、服务网点在内的 2 700 余个调查点，其中农贸市场 110 个，商场超市约 1 400 个，服务网点约 1 200 个。

据介绍，采集价格需要专职调查员和辅助调查员共同来履行这项工作，而云南省从事这项工作的专职或兼职价格调查人员已有近千人。

2．CPI 统计的商品类型

采价按照制度要求，如鲜活商品（粮食、肉、禽、蛋、菜、果、水产品以及豆制品）等

和老百姓生活密切相关的生活必需品，要求每个月要采六次价。同时，还要保证这些价格具有代表性。例如在昆明，某一种规格品就需要去不同的调查点同时采价。

而规格品来自于各个调查点，即在几百万个商品中，要选取具有一定代表性的商品，通过其价格变动来反映整个消费价格的波动。确定规格品也要有一定原则，即从全部商品和服务项目中选择出具有代表性的一小部分，并以此为代表来计算规格品的价格指数。一般而言，一个调查市，通常需要选取 600 多个商品和服务项目的代表规格品作为经常性调查项目。

3．CPI 是怎么计算出来的

价格采集后，先把每一代表规格品在所有调查时间的所有调查点的价格进行简单算术平均，得到月平均价格。以白菜为例，白菜某个月的价格即是在这一个月采六次价，六次平均，同时以调查点的数量再平均。同时，白菜的价格不是采报价，而是采实际成交价，遇到商贩对多名顾客卖价不一的，需取"众数"。对于日用工业品，每月采价三至四次。对服务项目，每月采价一至两次。

据国家统计局云南调查总队官渡调查队贾建云队长介绍，为了确保 CPI 的计算是科学合理的，需根据城市居民家庭生活消费支出结构，分别赋予每种代表规格品以不同的权数（比重），计算出月度平均指数，即月度 CPI。将全年各月的 CPI 进行平均，就是全年的 CPI。

在价格数据采集结果出来之后，云南省内各地的 CPI 价格资料通过专用传输网络进入云南调查总队的 CPI 汇总系统，调查总队按照统一的标准、口径和计算方法计算 CPI，再经过严格的审核程序，产生全省的 CPI 调查数据并上报国家统计局，经审核反馈确认，即得出当月云南省居民消费价格指数。之后，全省的 CPI 调查数据由国家统计局云南调查总队按照国家统计局的数据发布规定每月进行发布。

实践训练

实训目标：

（1）增强对指数标志工作的感性认识。

（2）培养编制价格指数并利用价格指数进行分析的初步能力。

实训内容与要求：

按班级 4～6 人一组建立调查小组，每组确定一名组长，深入农贸市场或集市，收集蔬菜价格，调查当月和四个月前六种蔬菜的销售价格数据。用所学知识，将相关数据编制成价格指数，并对该价格指数进行因素分析。

实训成果与检测：

各组就各自分析的结果在班级进行交流、讨论后，在教师主持下就计算及分析结果进行评判，并做出评价打分。

附　　录

附表 A　标准正态分布表

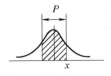

x	0.00	0.01	0.02	0.03	0.04	0.05	0.06	0.07	0.08	0.09
0.0	0.000 0	0.008 0	0.016 0	0.023 9	0.031 9	0.039 9	0.047 8	0.055 8	0.063 8	0.071 7
0.1	0.079 7	0.087 6	0.095 5	0.103 4	0.111 3	0.119 2	0.127 1	0.135 0	0.142 8	0.150 7
0.2	0.158 5	0.166 3	0.174 1	0.181 9	0.189 7	0.197 4	0.205 1	0.212 8	0.220 5	0.228 2
0.3	0.235 8	0.243 4	0.251 0	0.258 6	0.266 1	0.273 7	0.281 2	0.288 6	0.296 1	0.303 5
0.4	0.310 8	0.318 2	0.325 5	0.332 8	0.340 1	0.347 3	0.354 5	0.361 6	0.368 8	0.375 9
0.5	0.382 9	0.389 9	0.396 9	0.403 9	0.410 8	0.417 7	0.424 5	0.431 3	0.438 1	0.444 8
0.6	0.451 5	0.458 1	0.464 7	0.471 3	0.477 8	0.484 3	0.490 7	0.497 1	0.503 5	0.509 8
0.7	0.516 1	0.522 3	0.528 5	0.534 6	0.540 7	0.546 7	0.552 7	0.558 7	0.564 6	0.570 5
0.8	0.576 3	0.582 1	0.587 8	0.593 5	0.599 1	0.604 7	0.610 2	0.615 7	0.621 1	0.626 5
0.9	0.631 9	0.637 2	0.642 4	0.647 6	0.652 8	0.657 9	0.662 9	0.668 0	0.672 9	0.677 8
1.0	0.682 7	0.687 5	0.692 3	0.697 0	0.701 7	0.706 3	0.710 9	0.715 4	0.719 9	0.724 3
1.1	0.728 7	0.733 0	0.737 3	0.741 5	0.745 7	0.749 9	0.754 0	0.758 0	0.762 0	0.766 0
1.2	0.769 9	0.773 7	0.777 5	0.781 3	0.785 0	0.788 7	0.792 3	0.795 9	0.799 5	0.802 9
1.3	0.806 4	0.809 8	0.813 2	0.816 5	0.819 8	0.823 0	0.826 2	0.829 3	0.832 4	0.835 5
1.4	0.838 5	0.841 5	0.844 4	0.847 3	0.850 1	0.852 9	0.855 7	0.858 4	0.861 1	0.863 8
1.5	0.866 4	0.869 0	0.871 5	0.874 0	0.876 4	0.878 9	0.881 2	0.883 6	0.885 9	0.888 2
1.6	0.890 4	0.892 6	0.894 8	0.896 9	0.899 0	0.901 1	0.903 1	0.905 1	0.907 0	0.909 0
1.7	0.910 9	0.912 7	0.914 6	0.916 4	0.918 1	0.919 9	0.921 6	0.923 3	0.924 9	0.926 5
1.8	0.928 1	0.929 7	0.931 2	0.932 8	0.934 2	0.935 7	0.937 1	0.938 5	0.939 9	0.941 2
1.9	0.942 6	0.943 9	0.945 1	0.946 4	0.947 6	0.948 8	0.950 0	0.951 2	0.952 3	0.953 4
2.0	0.954 5	0.955 6	0.956 6	0.957 6	0.958 6	0.959 6	0.960 6	0.961 5	0.962 5	0.963 4
2.1	0.964 3	0.965 1	0.966 0	0.966 8	0.967 6	0.968 4	0.969 2	0.970 0	0.970 7	0.971 5
2.2	0.972 2	0.972 9	0.973 6	0.974 3	0.974 9	0.975 6	0.976 2	0.976 8	0.977 4	0.978 0
2.3	0.978 6	0.979 1	0.979 7	0.980 2	0.980 7	0.981 2	0.981 7	0.982 2	0.982 7	0.983 2
2.4	0.983 6	0.984 0	0.984 5	0.984 9	0.985 3	0.985 7	0.986 1	0.986 5	0.986 9	0.987 2
2.5	0.987 6	0.987 9	0.988 3	0.988 6	0.988 9	0.989 2	0.989 5	0.989 8	0.990 1	0.990 4
2.6	0.990 7	0.990 9	0.991 2	0.991 5	0.991 7	0.992 0	0.992 2	0.992 4	0.992 6	0.992 9
2.7	0.993 1	0.993 3	0.993 5	0.993 7	0.993 9	0.994 0	0.994 2	0.994 4	0.994 6	0.994 7
2.8	0.994 9	0.995 0	0.995 2	0.995 3	0.995 5	0.995 6	0.995 8	0.995 9	0.996 0	0.996 1
2.9	0.996 3	0.996 4	0.996 5	0.996 6	0.996 7	0.996 8	0.996 9	0.997 0	0.997 1	0.997 2
3.0	0.997 3	0.997 4	0.997 5	0.997 6	0.997 6	0.997 7	0.997 8	0.997 9	0.997 9	0.998 0

附表B t分布表

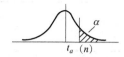

自由度 n	单尾	0.1	0.05	0.025	0.01	0.005	0.001	0.000 5
	双尾	0.2	0.1	0.05	0.02	0.01	0.002	0.001
1		3.078	6.314	12.706	31.821	63.657	318.309	636.619
2		1.886	2.920	4.303	6.965	9.925	22.327	31.599
3		1.638	2.353	3.182	4.541	5.841	10.215	12.924
4		1.533	2.132	2.776	3.747	4.604	7.173	8.610
5		1.476	2.015	2.571	3.365	4.032	5.893	6.869
6		1.440	1.943	2.447	3.143	3.707	5.208	5.959
7		1.415	1.895	2.365	2.998	3.499	4.785	5.408
8		1.397	1.860	2.306	2.896	3.355	4.501	5.041
9		1.383	1.833	2.262	2.821	3.250	4.297	4.781
10		1.372	1.812	2.228	2.764	3.169	4.144	4.587
11		1.363	1.796	2.201	2.718	3.106	4.025	4.437
12		1.356	1.782	2.179	2.681	3.055	3.930	4.318
13		1.350	1.771	2.160	2.650	3.012	3.852	4.221
14		1.345	1.761	2.145	2.624	2.977	3.787	4.140
15		1.341	1.753	2.131	2.602	2.947	3.733	4.073
16		1.337	1.746	2.120	2.583	2.921	3.686	4.015
17		1.333	1.740	2.110	2.567	2.898	3.646	3.965
18		1.330	1.734	2.101	2.552	2.878	3.610	3.922
19		1.328	1.729	2.093	2.539	2.861	3.579	3.883
20		1.325	1.725	2.086	2.528	2.845	3.552	3.850
21		1.323	1.721	2.080	2.518	2.831	3.527	3.819
22		1.321	1.717	2.074	2.508	2.819	3.505	3.792
23		1.319	1.714	2.069	2.500	2.807	3.485	3.768
24		1.318	1.711	2.064	2.492	2.797	3.467	3.745
25		1.316	1.708	2.060	2.485	2.787	3.450	3.725
26		1.315	1.706	2.056	2.479	2.779	3.435	3.707
27		1.314	1.703	2.052	2.473	2.771	3.421	3.690
28		1.313	1.701	2.048	2.467	2.763	3.408	3.674
29		1.311	1.699	2.045	2.462	2.756	3.396	3.659
30		1.310	1.697	2.042	2.457	2.750	3.385	3.646
31		1.309	1.696	2.040	2.453	2.744	3.375	3.633
32		1.309	1.694	2.037	2.449	2.738	3.365	3.622
33		1.308	1.692	2.035	2.445	2.733	3.356	3.611
34		1.307	1.691	2.032	2.441	2.728	3.348	3.601
35		1.306	1.690	2.030	2.438	2.724	3.340	3.591
36		1.306	1.688	2.028	2.434	2.719	3.333	3.582
37		1.305	1.687	2.026	2.431	2.715	3.326	3.574
38		1.304	1.686	2.024	2.429	2.712	3.319	3.566

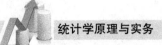
（续）

自由度 n	单尾	0.1	0.05	0.025	0.01	0.005	0.001	0.000 5
	双尾	0.2	0.1	0.05	0.02	0.01	0.002	0.001
39		1.304	1.685	2.023	2.426	2.708	3.313	3.558
40		1.303	1.684	2.021	2.423	2.704	3.307	3.551
50		1.299	1.676	2.009	2.403	2.678	3.261	3.496
60		1.296	1.671	2.000	2.390	2.660	3.232	3.460
70		1.294	1.667	1.994	2.381	2.648	3.211	3.435
80		1.292	1.664	1.990	2.374	2.639	3.195	3.416
90		1.291	1.662	1.987	2.368	2.632	3.183	3.402
100		1.290	1.660	1.984	2.364	2.626	3.174	3.390
120		1.289	1.658	1.980	2.358	2.617	3.160	3.373
∞		1.282	1.645	1.960	2.326	2.576	3.090	3.291

参 考 文 献

[1]　苏继伟，黄应绘. 统计学原理[M]. 2版. 北京：高等教育出版社，2016.

[2]　刘桂荣. 统计学原理[M]. 3版. 上海：华东理工大学出版社，2016.

[3]　林侠，郑小丽，杨安怀. 统计学原理与实务[M]. 3版. 北京：北京师范大学出版社，2016.

[4]　程世娟. 统计学原理[M]. 成都：西南交通大学出版社，2015.

[5]　黄良文，陈仁恩. 统计学原理[M]. 4版. 北京：中央广播电视大学出版社，2006.

[6]　王亚芬. 统计基础与实务[M]. 北京：机械工业出版社，2011.

[7]　韩千里. 统计基础与实务[M]. 天津：天津大学出版社，2016.

[8]　梁前德. 统计学学习指导与习题训练[M]. 2版. 北京：高等教育出版社，2012.

[9]　梁前德. 基础统计[M]. 5版. 北京：高等教育出版社，2014.

[10]　贾俊平. 统计学：基于 SPSS [M]. 2版. 北京：中国人民大学出版社，2016.

[11]　贾俊平，何晓群，金勇进. 统计学[M]. 6版. 北京：中国人民大学出版社，2015.

[12]　贾俊平. 《统计学（第六版）》学习指导书[M]. 北京：中国人民大学出版社，2015.

[13]　黄艳丽，陈烨. 经济统计基础[M]. 西安：西安电子科技大学出版社，2016.

[14]　贺胜军，黎鹰. 统计基础与应用[M]. 北京：电子工业出版社，2015.

[15]　孙雪姣，曹依江. 统计基础学习指导[M]. 北京：中国人民大学出版社，2014.

[16]　姜燕，张喜春，李鹰. 统计基础项目化教程[M]. 南京：南京大学出版社，2015.

[17]　池洁如，赵慧卿，沈江丽. EXCEL 统计基础分析[M]. 天津：南开大学出版社，2015.

[18]　中国统计教育学会. 统计基础知识与统计实务[M]. 北京：中国财政经济出版社，2014.

[19]　康燕燕，刘红英. 统计基础理论与实务[M]. 北京：北京大学出版社，2013.

[20]　中国统计教育学会. 《统计基础知识与统计实务》学习指导[M]. 北京：中国财政经济出版社，2013.